ज़िंदगी

ज़िंदगी

संजय सिन्हा

प्रभात प्रकाशन, दिल्ली
ISO 9001:2008 प्रकाशक

प्रकाशक • **प्रभात प्रकाशन**
4/19 आसफ अली रोड,
नई दिल्ली–110002

संस्करण • प्रथम, 2015
मूल्य • चार सौ रुपए
मुद्रक • आर–टेक ऑफसेट प्रिंटर्स, दिल्ली

ZINDAGI *by* Sanjay Sinha ₹ 400.00
Published by Prabhat Prakashan, 4/19 Asaf Ali Road, New Delhi-2
e-mail: prabhatbooks@gmail.com ISBN 978-93-5186-478-3

ज़िंदगी

बचपन में मैं कुम्हार बनना चाहता था। मेरे घर के पास ही एक कुम्हार का परिवार रहता था और मैं रोज उन्हें मिट्टी के बर्तन बनाते देखता था। माँ से कहता था कि मुझे भी एक मिट्टी के बर्तन बनाने वाली वो चकरी लाकर दे दो, मैं गोल-गोल घुमाऊँगा और मिट्टी के ढेर सारे खिलौने बनाऊँगा।

माँ हँसती, कहती कि जरूर बनाना। ज़िंदगी सृजन का ही नाम है।

माँ के मुँह से जब कभी मैं ज़िंदगी शब्द सुनता तो मुझे लगता कि ये कोई ऐसी चीज है जिसका रिश्ता मेरे बड़े होने और मिट्टी के खिलौनों से है, लेकिन अभी नहीं, जब मैं बड़ा हो जाऊँगा, तब। मुझे बहुत उम्मीद थी कि मैं बड़ा होता जाऊँगा और माँ मेरे लिए कुम्हार का वो चाक जरूर खरीद कर ला देगी। माँ वो चाक लाकर देगी, मैं ज़िंदगी का सृजन करूँगा। तब मुझे न सृजन का अर्थ मालूम था, न ज़िंदगी का। इन दोनों से नाता जुड़ता इससे पहले माँ मुझे छोड़कर इस संसार से चली गई।

दुनिया के सभी बच्चों की तरह मैं भी बड़ा होता चला गया। ज़िंदगी से तो मेरा नाता बहुत दिनों तक नहीं जुड़ पाया। न ज़िंदगी से, न सृजन से। पर माँ से मेरा नाता कभी टूटा नहीं। दुनिया की निगाह में वो कैंसर की मरीज होकर इस संसार से चली गई थी, लेकिन वो अक्सर मुझसे मिलने आती रही।

ऐसी ही किसी शाम वो मेरे पास आई और उसने कहा कि तुम मिट्टी के खिलौने बनाना चाहते थे, तुम चाक चलाना चाहते थे, तुम सृजन करना चाहते थे। मैंने कहा, हाँ माँ मैं यही चाहता हूँ।

माँ ने कहा कि तुम रिश्तों को जोड़ो। फेसबुक पर लोगों से मिलो। काल्पनिक संसार को हकीकत के संसार में तबदील करो। देखो, तुम्हारे पास एक नहीं, कई-कई माँएँ होंगी, बहनें होंगी, भाई होंगे, रिश्तों का पूरा कारवाँ होगा और इस तरह तुम रिश्तों का पूरा संसार खड़ा कर लोगे अपने आसपास।

मैंने माँ से पूछा कि ये फेसबुक क्या होता है। माँ ने कहा, "जो रिश्ते मैंने अपने घर में, पड़ोस में, आसपास, पिताजी के दफ्तर में तुम्हारे लिए जोड़े हैं, वही फेसबुक है। मिट्टी के खिलौनों में ज़िंदगी तलाशने की कोशिश से कहीं बेहतर है, आदमी के रिश्तों में ज़िंदगी तलाशने की कोशिश करना।

माँ का कहा, मेरे मन में बस गया। और फिर बेतार के संसार के जरिए मैं जुड़ गया आपसे। माँ ने सच कहा था। मुझे फेसबुक पर माँ मिल गई। बहनें मिल गईं। भाई मिल गए। सारे रिश्ते यहीं फेसबुक पर मिल गए। मैं रोज अपने फेसबुक परिजनों के लिए कुछ लिखता हूँ। ठीक वैसे ही जैसे एक प्रेमी अपनी प्रेमिका के लिए हर रोज खत लिखता है, मैं आपके लिए पोस्ट लिखता हूँ।

मैंने पिछले साल 15 नवंबर को अपने सभी रिश्तों का आह्वान किया कि बेतार के संसार से निकल कर आप मुझसे मिलने आएँ। आप सबने मेरी आवाज सुनी और मेरे एक बुलावे पर पूरी दुनिया से उठ कर मेरे रिश्तों का कारवाँ आ खड़ा हुआ। मेरी तमाम पोस्ट को मिलाकर आपने किताब का रूप दिया और आपने ही उसे नाम दिया—रिश्ते। ये आपका प्यार ही है कि मेरा लिखना नहीं रुका और आज मेरी कुछ और पोस्ट को मिला कर एक नई किताब सामने है। इस बार भी आपने ही नाम दिया है—ज़िंदगी।

मैं संसार का सबसे भाग्यशाली व्यक्ति हूँ। एक माँ को खोकर मैंने कई माँएँ पाईं। बहनें पाईं। भाई पाए। इस तरह मेरी रुकी हुई ज़िंदगी चलने लगी।

किताब की भूमिका में मैं ज्यादा नहीं लिख सकता, सिवाय इसके कि मैं, संजय सिन्हा, सचमुच आप सभी से बहुत प्यार करता हूँ। बहुत ज्यादा। आप ही मेरे रिश्ते हैं, आप ही मेरी ज़िंदगी हैं। मुमकिन है तकनीक के संसार में मैं कभी पागल करार दे दिया जाऊँ, पर दिल के संसार में मेरा आपके साथ कायम हुआ प्रेम अमर रहेगा। अमर प्रेम।

लिखते-लिखते भावुक हो जाना एक लेखक की कमजोरी होती है। मैं भी रिश्तों के मामलों में कमजोर हूँ। 35 साल पहले माँ चली गई, फिर पिता चले गए और पिछले साल मेरा छोटा भाई चला गया। उसके बाद से मेरी ज़िंदगी में कोई अगर है तो बस आप हैं।

"अब तो है तुमसे, हर खुशी अपनी..."

* * *

किताब है, तो किसी-न-किसी ने इसे लिखा भी होगा ही। जिसने लिखा, वही लेखक है।

किताब पढ़ते हुए सबके मन में ये जानने की इच्छा होती है कि लेखक कौन है। मैं लंबी-चौड़ी भूमिका नहीं बाँधना चाहता। दरअसल लंबी-चौड़ी भूमिका लायक कुछ है भी नहीं। बस इतना बता दूँ कि मेरा ही नाम संजय सिन्हा है।

मेरा ही नाम? या मेरा भी नाम? या फिर मेरा नाम?

छोड़िए न, इसमें क्या बहस की बात है। अब संजय सिन्हा ऐसा कोई दुर्लभ नाम तो है नहीं कि मैं यह कहूँ कि आपने आज से पहले ये नाम सुना ही नहीं होगा। पिछले 25 वर्षों में जहाँ-जहाँ मैंने नौकरी की, वहाँ-वहाँ मुझे एक या दो नहीं, कई-कई संजय मिले। कई संजय उम्र में मुझसे बड़े थे तो कई छोटे। कोई मेरी उम्र का भी जरूर रहा होगा, लेकिन मुझे अपनी ही जन्मतिथि के विषय में ठीक से ज्ञात नहीं, तो मैं किसी को हमउम्र कैसे कह दूँ।

मैं बचपन में कुम्हार बनना चाहता था, नहीं बना। फिर मैं गाड़ी चलाने वाला ड्राइवर बनना चाहता था, वो भी नहीं बना। आखिर में पत्रकार बनने की सोचने लगा, बन गया। दस साल से ज्यादा समय तक जनसत्ता में रहा। फिर ज़ी न्यूज में चला गया। ज़ी न्यूज से ही अमेरिका चला गया। कोई चार साल अमेरिका में रहा, पाँच साल ज़ी में। एक दिन लगा कि बहुत हुआ अंग्रेजी बोलना, अब वापस चलते हैं हिंदी वाले देश में। पत्नी और बेटे के साथ अमेरिका के डेनवर शहर से सीधे न्यूयार्क पहुँचा और न्यूयार्क से दिल्ली। दिल्ली आते ही सहारा होते हुए आजतक न्यूज चैनल में पहुँच गया। आजतक में संपादक बना और फिर कंपनी को पता नहीं कैसे मुझमें एक चैनल चलाने की प्रतिभा दिखने लगी, तो मैं आजतक के ही सहयोगी चैनल तेज में कार्यकारी संपादक बन गया।

चैनल की टैग लाइन है—'बोरिंग न्यूज खल्लास'।

मेरी टैग लाइन है, बोरिंग ज़िंदगी खल्लास। मैं रिश्तों में यकीन करता हूँ भावनाओं से संचालित होता हूँ और दिल की आवाज सुनना पसंद करता हूँ। ओबामा, सोनिया गांधी, नरेंद्र मोदी, अरविंद केजरीवाल, अमिताभ बच्चन, शाहरुख खान, प्रियंका चोपड़ा, आलिया भट्ट, सबसे मिल चुका हूँ फोटो खिंचवा चुका हूँ। इसलिए मुझे कोई ये धौंस नहीं दे सकता कि मैं बड़े-बड़े लोगों को नहीं जानता।

मेरी दिलचस्पी बड़े लोगों में और राजनीति करने वालों में नहीं। राजनीति पर तो मैं रोज लिखता हूँ, उस पर किताब क्या लिखूँ।

मेरी दिलचस्पी आप में है, आपके साथ जीने में है। इसलिए मैं रोज आपसे ही रूबरू होता हूँ। अपनी कहानी भी आपके लिए ही लिखता हूँ।

विश्वास है, जैसे मैं आपसे प्यार करता हूँ वैसे ही आप भी मुझसे प्यार करते हैं, करते रहेंगे।

बस आपके प्यार के सिवा मुझे और किसी चीज की दरकार नहीं।

''तुम पे मरना है ज़िंदगी अपनी...''

—संजय सिन्हा

21 नवंबर

एक बार पार्वतीजी ने शिवजी से गुजारिश की कि हमें सभी देवताओं को खाने पर बुलाना चाहिए। साथ ही नारायण-नारायण करनेवाले श्री नारद मुनिजी को भी निमंत्रण देना चाहिए।

शिवजी ने पार्वतीजी को समझाया कि देवी, वो नारद मुनि हैं। चाहे जितनी खातिर कर लो, वे उसमें कमी ढूँढ़ ही लेंगे। तुम्हारी तारीफ करने की बजाय घूम-घूमकर तुम्हारी निंदा ही करेंगे।

लेकिन पार्वतीजी नहीं मानीं। कहने लगीं, ''ऐसा कैसे हो सकता है। वे मेरे फेसबुक फ्रेंड हैं। मैंने कई बार उनसे चैट की है, वे भले हैं। उनका अपना कोई परिवार नहीं है, वो तो लोगों तक अपनी ओजस्वी वाणी से धर्म का प्रचार ही करते हैं। मुझे नहीं लगता कि उन्हें बुलाने में कोई समस्या है। वैसे भी बिना आजमाए तो किसी के बारे में कोई राय कायम नहीं करनी चाहिए।''

शिवजी मुस्कुराने लगे। मुस्कुराते हुए समझाने लगे, ''देवी, धोखा खाकर यह समझना जरूरी तो नहीं कि वह धोखेबाज है। किसी के व्यवहार को लोगों की राय से भी तो समझा जा सकता है। अब मेरे दोस्त विष्णु के पास वे हमेशा मँडराते हैं, उनके नाम की माला जपते हैं, और इधर-उधर की जोड़-तोड़कर उनके कान भरते हैं; लेकिन मौका पड़ने पर उनको भी नहीं छोड़ते। कल ही मुझे ब्रह्माजी बता रहे थे कि नारद उनके पास पहुँचे थे और विष्णु तथा लक्ष्मी की शिकायत कर रहे थे। कह रहे थे कि विष्णु के पास कोई काम तो है नहीं, दिन भर शेषनाग पर लेटकर लक्ष्मी से पाँव दबवाते रहते हैं; और लक्ष्मी को देखो, इतनी बार जाता हूँ, नारायण-नारायण करता हूँ, पर वह एक कप चाय के लिए भी नहीं पूछती।''

पार्वतीजी की आँखें चमकीं। कहने लगीं, ''तभी तो कह रही हूँ कि नारद को भी खाने पर बुलाओ। वे भोले हैं। उनकी सेवा करनी चाहिए।''

शिव ने बहुत समझाने की कोशिश की, ''अरे, वह राजनीतिक दिमाग वाला है, उससे ऐसे दिल मत लगाओ, देवी। अगर आपका इतना ही मन कर रहा है तो 33 करोड़ देवी-देवता मौजूद हैं आपकी वॉल पर, जिसे मन हो, बुला लें; सारे देवता आकर खुश होंगे, आपकी तारीफ करेंगे, पर इस नारायणधारी को मत बुलाइए। इसके पास कोई काम-धाम नहीं। यह ऐसे ही इधर-उधर की करके खाता है। दुनिया इससे घबराती है। मैं तो यह भी नहीं कह सकता कि यह जिस थाली में खाता है, उसी में छेद करता है क्योंकि इसके पास थाली भी नहीं। आप 'रिश्तों' की बात करेंगी, यह 'किश्तों' की बात करेगा। आप कहेंगी—नारद, तुम मेरे 'भाई' हो, ये संसार भर में घूम-घूमकर कहेगा कि माँ पार्वती ने मुझे 'कसाई' कहा। यह अर्थ का अनर्थ निकालता है। यह अपनी वॉल पर तुम्हारे खिलाफ अंड-बंड लिखेगा और तुम्हारे प्यार भरे निमंत्रण में भी कोई-न-कोई खोट निकाल लेगा। हो सकता है, कोई 'मोटिव' भी निकाल ले।''

पर पार्वती नहीं मानीं।

पार्वती ने बड़े प्यार से अपने आईफोन से सबको एस.एम.एस. भेजा, कंप्यूटर से मेल किया। नारद को खास तौर पर लिखा, ''भेज रही हूँ नेह निमंत्रण मुनिवर तुम्हें खिलाने को, हे नारायणपति, तुम भूल न जाना आने को।''

नारदजी मन-ही-मन प्रसन्न हुए। पर उन्होंने लिख भेजा, ''माँ पार्वती, मन तो बहुत है, पर थोड़ा बिजी हूँ। टिकट वगैरह का जुगाड़ भी करना पड़ेगा। पर आऊँगा जरूर।''

खैर, पार्वती नारद के स्वागत की तैयारी में जुट गईं।

आखिर वह घड़ी भी आ ही गई। सारे देवता आए। नारदजी भी आए। पार्वतीजी ने पलक-पाँवड़े बिछाकर सबका स्वागत किया। हाथ-मुँह धुलाए। आसन बिछाए। छप्पन प्रकार के भोजन परोसे। हाथों से पंखा झलती रहीं। सबने खाया। खूब तारीफ की।

नारदजी ने भी चपड़-चपड़कर खूब खाया। लंबी-सी डकार मारी और पेट पर हाथ फेरते हुए उठ खड़े हुए। माँ पार्वती ने उनके पाँव छुए, दान-दक्षिणा दी, और चलते हुए पूछा कि प्रभु कोई कमी तो नहीं रह गई?

नारद मुस्कुराए। कहने लगे, ''देवी! आपकी सेवा में कमी?''

सारे देवता चले गए। नारदजी भी चले गए।

पार्वतीजी खुश हो गईं। देर रात शिवजी आए तो पार्वतीजी उनसे लिपटकर कहने लगीं, ''देखा, आप कहते थे कि नारद किसी का नहीं। पर आज वे बहुत खुश होकर गए हैं। मैंने उनकी भरपूर सेवा की। कोई कमी छोड़ी ही नहीं।''

शिवजी मुस्कुराने लगे। कहने लगे, ''अपना आईपैड लाओ। फेसबुक खोलो और नारद की पोस्ट पढ़ो।''

पार्वजी ने पोस्ट पढ़ना शुरू किया।

''यह शिव की पत्नी आजकल मुझे पटाने में लगी है। कई महीनों से मुझे 'अप्रोच' कर रही थी। मैं मना कर रहा था, पर बार-बार बुला रही थी। कह रही थी—मुनिवर आओ, तुम्हें खाना खिलाऊँगी। अपने हाथों से छप्पन प्रकार के भोजन बनाऊँगी। एक तो इसने ऐसा खाना बनाया कि मुझे पता ही नहीं चला कि मैं कब ओवरईटिंग कर बैठा। मेरा पेट फूल गया था। इसने जान-बूझकर अति स्वादिष्ट भोजन बनाया ताकि मेरे जैसा संत खाते-खाते मर जाए। खैर, खाना खाकर निकलने लगा तो मेरे पाँव छूने लगी। मैं ठहरा ब्रह्मचारी। पर चलो, कोई बात नहीं। मैं तो किसी को मना नहीं करता। तो, मैं चला गया इनके पास खाने के लिए, लेकिन मेरा मकसद था यह जाँचना कि आखिर पार्वती के मन में है क्या। क्यों वह बेचैन थी मुझे खिलाने के लिए? यों ही तो कोई किसी को नहीं बुलाता। मैंने बनारस, राँची, दिल्ली में कई और लोगों से भी पता किया, इनके मन में पाप था। ये चाहती हैं कि मैं विष्णु का खेमा छोड़कर शिव के खेमे में चला आऊँ। मैं नारायण-नारायण करने की जगह शिव-शिव करूँ।''

आगे पार्वती नहीं पढ़ पाईं। उनकी आँखों से आँसू निकल पड़े।

शिव ठीक कहते थे, पहले लोगों को आजमाना चाहिए, फिर भरोसा करना चाहिए। पहले भरोसा करके आजमाने वाले पार्वती और संजय सिन्हा की तरह सब करके भी तन्हा रह जाते हैं।

पार्वती और संजय सिन्हा की तरह उस दिन को कोसते हैं, जब नारद को निमंत्रण देते हैं। लेकिन वे करें भी तो क्या करें। वे भावनाओं से संचालित होते हैं। हजार बार चोट खाने के बाद फिर एक नारद पकड़ लाएँगे अगले साल।

ये धोखा खाने के लिए ही बने हैं।

जैसे नारद नहीं सुधरते, वैसे ही पार्वती और संजय सिन्हा भी नहीं सुधरेंगे। थोड़ा रोएँगे, फिर शिव को मनाने लगेंगे कि एक बार और...एक बार और बुलाओ न नारद को। क्या पता इस बार वे मुझे समझ लें! क्या पता उसका दिल बदल गया हो!

खैर, पार्वती को भरोसा है बाकी के 33 करोड़ देवी-देवताओं पर। एक नारद के कहने से क्या हुआ, बाकी तो सब तारीफ कर रहे हैं।

□

22 नवंबर

दस साल का अनाथ सिकंदर अपनी माँ की मजार पर छोटी बहन की उँगली थामे हुए बिलख रहा था। उसके सामने अँधेरा था, बहुत घना अँधेरा। तभी पता नहीं कहाँ से खान बाबा वहाँ आ गए और रोते हुए सिकंदर को समझाते हुए बोले, ''सुनो सिकंदर, मौत से किसकी रिश्तेदारी है? आज मेरी तो कल तुम्हारी बारी है।''

सिकंदर उनकी ओर देखता रहा। खान बाबा रोते हुए सिकंदर को समझाते रहे, ''अरे, रो मत सिकंदर। हँसो, हँसो और हँसो। एक दिन तकदीर तुम्हारे कदमों में होगी और तुम मुकद्दर के बादशाह बनोगे।''

बहुतों के लिए यह फिल्मी दृश्य होगा, लेकिन मेरे लिए जीवन का सच था।

आज की ही बात है। वो दिन भी शनिवार ही था। बीच में कब और कैसे रविवार से लेकर शुक्रवार तक निकल गए, मुझे नहीं पता।

पिछले शनिवार को मेरी मुलाकात ज़िंदगी से हुई थी और अभी तक उसके नशे में डूबा हूँ। उस सुबह तकदीर मेरे कदमों में थी और मैं मुकद्दर का बादशाह था।

मैं अपनी माँ के कलेजे से चिपटा हुआ था। खुशी के मारे पल भर को लगा कि दिल की धड़कन थम ही जाएगी। मैंने काले रंग का चश्मा पहन रखा था। बहुत से लोगों को लगता है कि काले रंग का चश्मा मैं और भी खूबसूरत दिखने के लिए पहनता हूँ। लेकिन ऐसा नहीं है। मेरी माँ कहा करती थी कि मैं संसार का सबसे खूबसूरत बच्चा हूँ और माँ के कहे को मैंने आँख बंद कर स्वीकार किया। माँ बेशक चली गई, लेकिन हकीकत यही है कि मैं संसार का सबसे सुंदर बच्चा था।

कहते हैं कि बच्चे का साथ जिस उम्र में माँ से छूट जाता है, बच्चे का विकास वहीं रुक जाता है। मेरा विकास भी वहीं रुक गया। मुझे यह कहते हुए कोई अफसोस नहीं कि मैं आज भी वहीं, उसी उम्र में रुका हुआ एक बच्चा हूँ, जिसका तन बड़ा हो गया, पर मन नहीं। जैसे बच्चे अपनी माँ की गोद में दूसरे बच्चे को देखकर जलन से

भर उठते हैं, मैं आज भी उन तमाम बच्चों से जलन का भाव रखता हूँ जो माँ की गोद में बैठकर स्वर्ग के मजे लूटते हैं।

मैंने पहले भी लिखा है कि मेरा ही छोटा भाई जब हुआ और माँ की गोद में बैठकर उसकी छाती से लगकर दूध पीता तो मैं जल उठता था। जिस भाई को मैंने अपने जीवन का सबकुछ माना, उससे भी जलन?

हाँ, माँ के मामले में तो थी।

वो माँ की छाती से चिपटकर दूध पीता और मेरा मन मचलता कि माँ मुझे अब गाय का दूध क्यों पिलाती है! खैर, इस विषय पर मैं कई पोस्ट लिख चुका हूँ। अभी तो बात करनी थी अपनी माँ की और अपने काले चश्मे की।

हाँ, तो मैं बता रहा था कि काला चश्मा पहनकर मैं ज्यादा सुंदर लगता हूँ, ऐसा नहीं है। मुझे पता है कि मैं बिना चश्मे के ज्यादा हैंडसम दिखता हूँ, और इसमें मेरा योगदान कम, मेरी माँ का योगदान ज्यादा है। मेरी माँ ने अपने चेहरे की सारी खूबसूरती मुझ में समाहित कर दी थी। मेरे बाकी भाई-बहन बेशक मुझसे रश्क भी करते होंगे कि माँ ने अपनी सारी सुंदरता सिर्फ संजू पर लुटा दी।

इसका मतलब यह हुआ कि मैं उस दिन जो काला चश्मा पहनकर फेसबुक परिजन मिलन समारोह में घूम रहा था, वह मेरी खूबसूरती का हिस्सा नहीं था।

फिर क्या था?

जीवन में जब-जब मुझे पता होता है कि मेरे आँसू मेरी लाख कोशिशों के बाद भी नहीं रुकेंगे, मैं काला चश्मा पहन लेता हूँ। मुझे पता था कि उस दिन जब मेरी माँ मेरी आँखों के सामने होगी, जब मेरी बहनें मेरे सीने में सिमटी होंगी, जब मेरे भाई मेरे कंधे को पकड़े होंगे, मैं भला कितनी बार खुद को रोक पाऊँगा रोने से?

मैं रोने से खुद को रोक नहीं सकता था और रोता हुआ दिखना नहीं चाहता था। ऐसे में काला चश्मा बहुत कारगर हथियार होता है।

जब मैं छतरपुर के उस फार्म हाउस में घुसा, जहाँ कार्यक्रम होने जा रहा था, तो सबसे पहले मेरी निगाह माँ पर ही पड़ी। माँ ने भी पावर का जो चश्मा पहन रखा था, उसका शीशा धूप में काला लग रहा था। मैंने माँ के पाँव छुए, फिर गले से लगा। दोनों काले शीशे उस धूप में ओस की बूँदों में डूबे हुए थे। मैंने कई बार देखा था माँ को, धीरे से चश्मे के किनारे से आँखों से छलकते प्यार को पोंछते हुए। मैंने क्या पोंछा और क्या समेटा, मैं क्या कहूँ?

मैं खुद को ज्यादा देर तक खुश नहीं देख सकता। मैं माँ की छाती से निकलकर

आगे बढ़ गया। मैं इतनी खुशी सहने के लिए बना ही नहीं हूँ। 34 साल बाद माँ को सामने पाकर मेरे पास कहने और सुनने को कुछ नहीं था।

आगे बढ़ा तो जवाहर गोयल इंतजार कर रहे थे। उन्होंने मुझे ऐसे गले लगाया मानो मेरी माँ ने पहले से सारा खेल रच दिया हो कि तुमने इतने साल अकेले गुजारे हैं, तो ये लो, तुम्हारा एक बड़ा भाई भी तुम्हारे लिए साथ लाई हूँ।

मैं चश्मा उतारना चाहता था। लेकिन जवाहर गोयल ने हाथों के स्पंदन के आगे चश्मा उतरने की जगह और ऊपर चढ़ता चला गया। आँखों के ओस कण भीतर से शीशे को फिर गीला कर चुके थे।

आगे किनसे मिला, किनसे हाथ मिलाया, किनसे गले मिला, सब याद है।

मैं उन्हें आज सार्वजनिक नहीं कर सकता। जैसे-जैसे आज का दिन चढ़ता जाएगा, मैं पिछले शनिवार के नशे में डूबता चला जाऊँगा।

मैं कई बार घर में अकेला बैठकर भी शनिवार को काला चश्मा पहन लेता हूँ। जानते हैं क्यों?

29 मार्च, 1980 को जिस दिन सुबह साढ़े दस बजे मेरी माँ ने अपने दोनों हाथ जोड़कर पिताजी को अलविदा कहा था और मेरी ओर देखने से पहले उसने आँखें फेर ली थीं, ताकि मैं उसकी गीली आँखों को न देख पाऊँ, वो दिन भी शनिवार था। शनिवार को माँ मुझसे नजरें चुराते हुए चुपके से सुबह साढ़े दस बजे मुझे छोड़कर कहीं चली गई थी। और वही माँ 34 साल बाद शनिवार को एक बार फिर सुबह साढ़े दस बजे आँखों पर काला शीशा लगाए हुए मेरे सामने खड़ी थी।

मैं चाहता तो बिलख-बिलखकर वहीं रो सकता था। लेकिन नहीं...।

खान चाचा ने मुझसे ही तो कहा था, 'मौत पर आँसू मत बहा, सिकंदर! तू हँस, तू हँस कि तकदीर तेरे कदमों में होगी और तू मुकद्दर का बादशाह बनेगा।'

एक हफ्ता बीत चुका है। फेसबुक परिजन अपनी-अपनी यादें समेटकर लौट चुके हैं। लेकिन मैं जानता हूँ कि जो इस मिलन समारोह में आया, वह उन यादों से मुक्त नहीं हुआ होगा। ठीक वैसे ही, जैसे मैं नहीं हुआ हूँ। जैसे मैं आज इस पोस्ट को लिखते हुए भी काला चश्मा पहने बैठा हूँ। मैं नहीं चाहता कि आँखों की इस नमी का एक अंश भी उन तक पहुँचे, जो मुझसे जुड़े हैं। सारा सुख बाँट सकता हूँ, लेकिन दुःख की एक बूँद नहीं। यह दुःख ही तो मेरी धरोहर है, मेरी निजी धरोहर।

□

23 नवंबर

बी. ए. में पढ़ता था, तब मामा ने मेरे जन्मदिन पर मुझे अमीर खुसरो की एक किताब बतौर उपहार दी थी। मैं पटना से भोपाल गया, भोपाल से मॉस्को, मॉस्को से दिल्ली, लेकिन वह किताब हमेशा अपने सूटकेस में साथ रखता था। वैसे तो मेरे पास कई किताबें थीं जिन्हें मैं बार-बार पढ़ता था, लेकिन अमीर खुसरो की वह किताब मेरे लिए कुछ अलग ही अहमियत रखती थी।

अमीर खुसरो की कई कविताएँ, कई रुबाइयों के बीच मेरी निगाहें उस किताब में बाबा फरीद की उन दो पंक्तियों पर अटक जाती थीं—

''कागा सब तन खाइयो मेरा, चुन-चुन खाइयो मांस।
ये दो नैना मत खाइयो, मोहे पिया मिलन की आस॥''

उफ! इतनी बड़ी गुजारिश? कागा, मेरी मौत के बाद तुम मेरे शरीर को नोच-नोचकर खा जाना, लेकिन मेरी दो आँखों को छोड़ देना, क्योंकि उन आँखों को अभी अपने प्रियतम से मिलने की आस है।

मरने के बाद भी आस?

मैं इन दो पंक्तियों को पढ़ता और यह भूल जाता कि कवि ने कागा से अपनी दो आँखों को छोड़ देने की गुजारिश ईश्वर दर्शन के लिए की होगी। मुझे तो इन दो पंक्तियों में संसार की सारी प्रेम कहानियाँ समाहित नजर आती थीं। इन्हीं दो पंक्तियों में लैला-मजनू, रोमियो-जूलिएट, शीरी-फरहाद का प्यार सिमटा नजर आता। इन दो पंक्तियों को पढ़ते हुए ऐसा लगता मानो वृंदावन से राधा चीत्कार कर रही हों कि चाहे जो हो, ''मेरी इन दो आँखों को ऐसे ही छोड़ देना, मुझे अपने कान्हा के दर्शन का इंतजार है।''

जीवन के बाद की अंतिम इच्छा की पूर्ति के लिए एक कौवे से किया गया यह अनुरोध मेरे दिल के सारे तार झनझना जाता। अपनी अंतिम इच्छा में माँगने वाले ने जो कुछ माँगा, इतनी शिद्दत से माँगा कि मुझे हमेशा लगता कि कागा भी सचमुच पूरे शरीर को नोचने से पहले एक बार सिहर जाता होगा कि कहीं इन आँखों को तो चोट नहीं पहुँचेगी!

ये है प्यार। ये है प्यार की प्यास। जिन आँखों को मौत के बाद भी प्रियतम से मिलन की आस और प्यास बची रह जाए, उन आँखों को भला कोई कागा कैसे छूने की हिम्मत करेगा? इन पंक्तियों को पढ़ते हुए मेरे मन में हमेशा यह ख्याल आता कि इस दुनिया में शायद ही कोई ऐसा हो, जिसकी आँखों को एक बार अपने प्रियतम से मिलने का इंतजार न हो। तो इसका मतलब यह हुआ कि कागा चाहे पूरे शरीर को नोच-नोचकर खा जाए, पर उन आँखों को छोड़ दे, क्योंकि हर आँख को पिया मिलन की आस होती है।

मुझे नहीं पता कि कितने लोगों की यह मुराद पूरी होती है। जीते जी या मर जाने के बाद। पर मेरा भरोसा कीजिए, मेरी मुराद पूरी हो गई है।

पिछले हफ्ते जब फेसबुक परिजन मिलन समारोह के बाद मेरी आँखों ने माँ, भाई, बहन, दोस्त सबके दर्शन कर लिये। मेरे दोनों नयन आज तृप्त हैं।

बी.ए. में मामा से मिली वो किताब मैंने शायद इसीलिए सँभालकर रखी थी ताकि अमीर खुसरो की वो चाहतें मेरी निगाहों से पूरी हों। अमीर खुसरो मुझसे कम भाग्यशाली थे। उन्हें तो मरने के बाद पिया मिलन की आस थी, पर मेरी किस्मत देखिए, मेरी हर आस जीते जी पूरी हो गई। इस संसार में कौन है इतना भाग्यशाली, जिसे उसकी खोई हुई माँ मिल जाए, भाई मिल जाए, बहन मिल जाए!

दरअसल, जीवन का पूरा सफर ही चंद इंतजारों पर टिका है। जन्म से लेकर मृत्यु तक के सफर को अगर गौर से देखें तो यह हर सुबह शुरू होने वाला एक इंतजार है। सुबह से शाम का इंतजार, शाम से सुबह का इंतजार। कभी जीवन का इंतजार तो कभी मौत का इंतजार। आदमी उम्मीद की कोख से पैदा होता है और इंतजार की गोद में दम तोड़ता है। ऐसे विरले ही होते हैं, जिनकी सारी मुरादें पूरी हो जाती हैं। पर सुखद मौत उनकी ही होती है, जिन्हें किसी का इंतजार नहीं होता।

कोई नहीं। संजय सिन्हा इस संसार का सबसे भाग्यशाली आदमी है। उसे कागा से यह अनुरोध करने की दरकार भी नहीं कि उसके मरने के बाद वो उसकी दोनों आँखों को छोड़ दे।

"सुनो कागा, मैं अपने सभी प्रियतम से मिल चुका हूँ। मैं अंदर तक संतोष के सरोवर में गोता लगा चुका हूँ। मेरी सारी इच्छाएँ पूरी हो चुकी हैं। कागा, तुम मुझे नोच-नोच खाते हुए इस बात का लिहाज मत करना कि मेरी दोनों आँखें सुरक्षित बची हैं कि नहीं। इन आँखों ने अपने जीवनकाल में अपनी माँ के दर्शन कर लिये हैं, भाई के दर्शन कर लिये हैं। इन्हें और कुछ नहीं चाहिए था। कुछ भी नहीं। मेरे सभी इंतजार पूरे हो चुके हैं।"

□

24 नवंबर

दसवीं कक्षा में फिजिक्स के टीचर पलकधारी प्रसाद पास्कल के सिद्धांत को पढ़ाते हुए जब कभी अति भावुक हो जाते तो क्लासरूम में एक गिलास पानी गिरा देते। फिर हम बच्चों से कहते कि गौर से देखो, पानी का बहाव किस ओर है। हम सब जमीन पर धीरे-धीरे पानी को एक छोर से दूसरे छोर तक जाते हुए देखते।

पानी का वो सफर लंबा नहीं होता, लेकिन बहुत दिलचस्प होता। हम कई मिनट तक एकदम खामोश रहते, पलकधारी प्रसाद बहते हुए पानी को देखने के लिए जमीन पर बैठ जाते और अपने मोटे चश्मे से उस पानी को ऐसे देखते जैसे समंदर की लहरें हों, और उन्हें ज्वार-भाटा का इंतजार हो।

अचानक पलकधारी प्रसाद उठते और छात्रों से पूछते, तुमने क्या देखा?

कोई कहता, "सर, पानी बह रहा है।" कोई कहता, "जमीन पर पानी गिरा है।"

पलकधारी प्रसाद मुस्कुराते, कहते, "गौर से देखो इस पानी को। मैंने गिलास से पानी को जमीन पर गिरा दिया, पानी रुका नहीं है। यह उस ओर बढ़ रहा है, जिस ओर जमीन नीची है।"

"मतलब द्रव अपनी सतह स्वयं ढूँढ़ लेता है।"

फिजिक्स पढ़ाने का यह उनका अपना ही अंदाज था। मुझे नहीं पता कि आप लोगों में से कितने लोगों ने पास्कल के सिद्धांत को पढ़ा है, और यह भी नहीं पता कि पास्कल के सिद्धांत को समझाने के लिए आपके टीचर क्लासरूम में पानी गिराया करते थे या नहीं।

लेकिन पलकधारी प्रसाद के इस अंदाज से मेरे मन में पास्कल के विषय में

जानने की बहुत इच्छा जाग गई। उन दिनों कंप्यूटर या गूगल जैसी सुविधा तो थी नहीं, इसलिए मैं पलकधारी प्रसाद के पीछे पड़ गया, ''ये पास्कल हैं कौन?''

पलकधारी प्रसाद को उस वैज्ञानिक के विषय में कितना पता था, नहीं पता। लेकिन वो कहते कि वह बहुत बड़ा गणितज्ञ था। कैलकुलेटर की खोज भी उसी ने की थी।

इससे ज्यादा उन्हें पास्कल के विषय में शायद नहीं पता था, लेकिन द्रव विज्ञान पर पास्कल की खोज से मेरे टीचर इतने प्रभावित थे कि निश्चित ही इसे जीवन के किसी फलसफे से जोड़ते रहे होंगे।

मैं स्कूल से निकल गया। कॉलेज में गया, तो विज्ञान की पढ़ाई छोड़ दी। विज्ञान और पलकधारी दोनों के चले जाने के बाद 'द्रव' से तो पाला पड़ा, लेकिन 'पास्कल' से नहीं। हालाँकि मेरे जेहन में टीचर की कही वो बात हमेशा गूँजती, ''द्रव अपनी सतह स्वयं ढूँढ़ लेता है।''

अभी कुछ दिनों पहले जब फेसबुक पर मेरे पाँच हजार दोस्तों की संख्या पूरी हो गई, तो कई लोगों ने सलाह दी कि मुझे अपना एक पेज बना लेना चाहिए। तब शायद पाँच हजार से ज्यादा लोग मुझसे जुड़ सकेंगे। मैंने भी बहुत सोचा, बहुत विचारा, लेकिन अब तक कर नहीं पाया। कई लोगों के फ्रेंड रिक्वेस्ट मेरे पास पड़े हैं, करीब एक हजार से ज्यादा, लेकिन पाँच हजार की सीमा होने की वजह से मैं उन्हें दोस्तों की सूची में शामिल नहीं कर पाता। लेकिन कभी-कभी देखता हूँ कि अचानक मेरे पाँच हजार दोस्तों की गिनती में से दो लोग कम हो गए। जैसे ही ये दो कम होते हैं, मैं दो और लोगों को अपने दोस्तों की सूची में जोड़ लेता हूँ।

वो कौन लोग हैं जो फेसबुक पर मेरे दोस्त बने थे, वो कौन लोग हैं जो अचानक अपना नाम दोस्त की सूची से हटा लेते हैं, मुझे नहीं पता चलता। पर ऐसा अपने आप होता है। इस तरह अब तक करीब पचास दोस्त बने हैं, यानी पचास लोग खुद-ब-खुद चले गए। कुछ लोगों को तो मैं जानता हूँ, उन्होंने खुद स्वीकार किया था कि वो फर्जी आईडी से मुझसे जुड़े थे। मसलन, कोई लड़का लड़की बनकर, तो कोई लड़की लड़का बनकर। या फिर कोई यों ही फेक आईडी बनाकर जुड़ा था। मैंने बार-बार लिखा कि मुझसे जो फेक आईडी के जरिए भी जुड़ा हो तो मुझे बुरा नहीं लगता, क्योंकि मेरे लिए वो उसी रूप में असली है।

लेकिन मेरे बुरा नहीं लगने से क्या होगा?

हर आदमी के भीतर एक इंसान होता है। एक सच्चा इंसान। जब आप किसी पर भरोसा करते हैं, तो ज्यादातर आदमी उस भरोसे को नहीं तोड़ना चाहते। एकाध विरले को छोड़ दें तो बात दूसरी है, ज्यादातर आदमी सच के साथ ही जीना चाहते हैं। ऐसे में मेरे भरोसे को देखते हुए तमाम लोगों की ये स्वीकारोक्ति ही इस संसार के अच्छा होने का प्रमाण है कि उन्होंने अपने नकलीपन को माना, और खुद-ब-खुद नकली प्रोफाइल के साथ मेरी वॉल से अलग होते चले गए, होते जा रहे हैं। वो अलग होते जा रहे हैं और नए लोग आ रहे हैं।

मैं सोच रहा था कि फेसबुक के संस्थापक को एक मेल करूँगा कि तुम पाँच हजार की सीमा खत्म करो। लेकिन अब लगता है कि अगर मैंने उसे ऐसा लिखा तो वो उलट कर मुझे लिख भेजेगा कि क्या स्कूल में पलकधारी प्रसाद की शिक्षा भूल गए? उन्होंने नहीं पढ़ाया था कि द्रव अपनी सतह स्वयं ढूँढ़ लेता है?

पाँच हजार दोस्त बहुत होते हैं। पहले द्रव को अपनी सतह स्वयं तलाशने दो। तुम पानी के लिए रास्ता नहीं तलाश सकते। नदियाँ बनाई नहीं जातीं, नदियाँ बनती हैं। तुम भी रिश्तों की नदी बनने दो। तुमने तो नहीं चुना पाँच हजार लोगों को। पाँच हजार लोगों ने तुम्हें चुना है। इनमें से कोई दो-तीन नामों से है, कोई पूरी तरह नकली प्रोफाइल के साथ है। तुमने तो सबको आत्मसात् किया। अब इंतजार करो। पलकधारी प्रसाद ने क्लास रूम में पानी गिरा दिया है। तुम बैठकर देखो कि पानी किधर को जा रहा है। यह विज्ञान नहीं है, यह ज़िंदगी का फलसफा है। पास्कल के इसी सिद्धांत से प्रेशर सीरिंज का आविष्कार हुआ, लेकिन पलकधारी प्रसाद ने तुम्हें जो पढ़ाया है, उससे तुम्हारे लिए रिश्तों का आविष्कार हो रहा है।

पाँच हजार लोग उस सभा में कम होते हैं, जहाँ किराए की भीड़ होती है। असली के तो पाँच सौ भी बहुत ज्यादा होते हैं। थोड़ा और इंतजार करो। पानी धीरे-धीरे सतह को ढूँढ़ते हुए आगे बढ़ता है। तुम्हारे अगले फेसबुक मिलन समारोह से पहले तुम्हारे रिश्तों का पानी अपने लिए सतह तलाश चुका रहेगा। तब पाँच के पाँच हजार असली लोगों के रिश्तों का कारवाँ तुम्हारे साथ होगा।

तब तुम आना और कहना कि मार्क जुकरबर्ग, ये पाँच हजार की सीमा कम है। मैं तब कुछ-न-कुछ करूँगा।

लेकिन अभी तो द्रव को अपनी सतह स्वयं ढूँढ़ने दो।

□

28 नवंबर

चेन्नई में मरीना बीच पर घूमते हुए अगर आपकी निगाह किसी केकड़े पर पड़ जाए तो यह देखकर आप हैरान रह जाएँगे कि वो कोशिश करते हुए भी भाग नहीं सकता।

ऐसा नहीं है कि वो भागना नहीं चाहता, लेकिन सच यह है कि वो भाग नहीं पाता।

किसी भी समुद्री तट पर इन छोटे-छोटे केकड़ों को देखकर मुझे अपने शिक्षक की वो कहानी याद आ जाती है, जिसमें वे बताते थे कि मछुआरे जब केकड़ा पकड़ते हैं तो उन्हें टोकरी में बंद करके नहीं रखते, बल्कि एक के ऊपर दूसरे केकड़े को रखते चले जाते हैं। मैं जितनी बार यह कहानी सुनता, हर बार शिक्षक से पूछता कि जब ये केकड़े खुले में होते हैं, तो फिर भाग क्यों नहीं जाते? या फिर भागना ही नहीं चाहते?

शिक्षक मुस्कुराते और कहते कि यही तो दुर्भाग्य है केकड़ों का। हर केकड़ा उस टोकरी से निकल भागने की जुगत लगाता है, निकलने की कोशिश भी करता है, लेकिन कोई दूसरा केकड़ा उसकी टाँग पकड़कर उसे पीछे खींच लेता है। फिर जब वो दूसरा बाहर निकलने की कोशिश करता है, तो तीसरा उसकी टाँग खींच लेता है। इसका मतलब ये हुआ के केकड़े एक-दूसरे की टाँग खिंचाई के चक्कर में न खुद भाग पाते हैं, न दूसरे को भागने देते हैं।

केकड़ों के व्यवहार के बारे में बताते हुए हमारे शिक्षक हर बार हमें बताते कि केकड़े दूसरों को आगे नहीं निकलने देने की होड़ में खुद को पीछे कर लेते हैं। उनका कहना था कि 'केकड़ापन' अध्ययन का विषय है, नफरत का नहीं। जिस घर में, जिस मुहल्ले में, जिस शहर में, जिस देश में ऐसे लोग होते हैं, जो दूसरों को नीचा दिखाकर खुद ऊपर निकलने की होड़ में रहते हैं, वे न तो खुद आगे बढ़ पाते हैं, न अपने

आसपास के समाज को बढ़ने देते हैं। दूसरों को रोकने के प्रयास में अंतत: वो खुद भी मारे जाते हैं।

शिक्षक ये सब बताते और मैं महसूस करता कि किसी मछुआरे की टोकरी में अगर जिंदा मछली भी हो तो वो भी उछलकर पानी में समा जाने की कई अधूरी कोशिशें करती है, और कई बार कामयाब भी हो जाती है। लेकिन पकड़े जाने के बाद मैंने एक भी केकड़े को भागने में सफल होते हुए नहीं देखा है। मछुआरे केकड़े को लेकर बहुत आश्वस्त नजर आते कि इसे भागने से रोकने के लिए कोई कोशिश करनी ही नहीं, इसके संगी–साथी ही एक–दूसरे को रोकते रहेंगे। हाँ, जब तक वो अकेला उसकी टोकरी में रहता है, तब तक उसके भागने की आशंका बनी रहती है, ऐसे में इकलौते केकड़े को ढकना पड़ता है।

जब हमारे शिक्षक हमें कहानियाँ सुनाते, उसके बाद वे कोई–न–कोई संदेश जरूर देते थे। वो हम बच्चों से कहते कि तुम्हें अपने जीवन में केकड़ा नहीं बनना चाहिए। कोई अगर टोकरी से निकलकर अपनी जान बचा सकता है तो तुम उसकी मदद कर पाने में समर्थ चाहे न हो, लेकिन उसको रोकने की कोशिश कभी मत करना। ध्यान रखना, तुम्हारे पास जो होगा, तुम वही लौटाओगे।

उस समय सारी बातें समझ में नहीं आईं, लेकिन शिक्षक ने कहा था तो मैंने मनन तो बहुत कर लिया था। जब आगे की पढ़ाई के लिए दूसरे शहर गया तो इसी शिक्षा से सबसे पहले पाला पड़ा। हाई स्कूल के बाद मैंने कई कॉलेजों में दाखिले के लिए फार्म भरे। मुझे कॉलेज के नाम से कोई फर्क नहीं पड़ता था, मैं चाहता था कि घर के पास वाले कॉलेज में ही पढ़ूँ, ताकि आने–जाने का समय बचे। एडमिशन की सूची आने वाली ही थी कि मुझे मेरे स्कूल वाले शिक्षक एक दिन मिल गए।

पूछने लगे, ''कहाँ एडमिशन ले रहे हो?''

मैंने कहा, ''पास वाले कॉलेज में।''

उन्होंने कहा, ''वहाँ केकड़े रहते हैं। तुम उस कॉलेज में दाखिला मत लेना।''

मैंने उन्हें कुरेदा, ''केकड़े मतलब?''

उन्होंने कहा, ''वहाँ तुम्हें कोई आगे नहीं बढ़ने देगा। सब एक–दूसरे को रोकते हैं। तुम्हें आगे निकलना है।''

मैंने उनकी बात मान ली। मैं दूसरे कॉलेज में चला गया। मैं साल दर साल पास

होता हुआ निकलता चला गया। बाद में मैंने नोट किया कि मेरे कुछ सहपाठी, जो वहाँ गए थे, बुरी तरह फँसे हुए थे। कभी हड़ताल, कभी पथराव, कभी परीक्षा का बायकॉट।

कई छात्रों के साल बरबाद हुए। उन्हें केकड़ों ने न बढ़ने दिया, न पढ़ने दिया। बाद में किसी तरह निकलकर वे किसी नौकरी में गए तो वहाँ भी केकड़ों ने उन्हें घेर लिया। कुछ दिनों बाद वे खुद भी केकड़ा बन गए। फिर उन्होंने भी दूसरों को रोकने का काम शुरू कर दिया।

मैं समय पर पढ़कर निकल गया। समय पर नौकरी पा गया। कॉलेज के सभी लोग मुझे रोकने की जगह आगे बढ़ने को उकसाते। नौकरी में सारे सीनियर शानदार मिले। मैं आगे, और आगे बढ़ता ही गया। मैं जिसके संपर्क में था, उसने मुझे आगे बढ़ने का मौका दिया, जो मेरे संपर्क में आया, उसे मैंने आगे बढ़ने का मौका दिया।

लेकिन मेरे केकड़े साथी खुद रुके, और अपने साथ वालों को रोकने में भी कामयाब रहे।

मैं फेसबुक पर आया तो मेरे साथियों ने मुझे खूब आगे बढ़ने का मौका दिया। सीने से लगाया। पलकों पर बिठाया।

मेरे जो साथी केकड़ा बन गए, उन्हें दूर से मुझे और मेरे साथियों को देखकर आज तकलीफ होती होगी। होनी भी चाहिए। उनका कसूर नहीं है। जो पाया है, वही देंगे। लेकिन मुझे परवाह नहीं। मैंने जो पाया है, मैं भी तो वही दूँगा। तो मैंने पाया है एक-दूसरे से प्यार करने का हुनर, एक-दूसरे को आगे बढ़ाने का हुनर। जो है, वो दे रहा हूँ। जिनके हिस्से नफरत है, ईर्ष्या है, दुःख है, वो वही बाँटेंगे। जिस घर में रहेंगे, जिस मुहल्ले में रहेंगे, जिस फेसबुक वॉल पर रहेंगे।

जिसके पास प्यार है, भाईचारा है, खुशी है वो भी वही बाँटेगा। जिस घर में रहेगा, जिस मुहल्ले में रहेगा, जिस फेसबुक वॉल पर रहेगा।

मेरे शिक्षक ने कहा था, जिसके पास जो रहेगा, वो वही लौटाएगा।

चेन्नई में मरीना बीच पर कल शाम मैं बहुत से केकड़ों को देखकर यही सोचता रहा कि काश! उन्हें स्कूल में मेरा वह शिक्षक मिला होता तो आज वे एक-दूसरे को रोकने की जगह, एक-दूसरे को आगे बढ़ने को उकसा रहे होते।

□

29 नवंबर

मुझे नहीं पता कि आप में से कितनों ने बच्चों की फिल्म 'मॉनस्टर इंकॉर्पोरेटेड' देखी है। जिन लोगों ने देखी है, वो समझ रहे होंगे कि मैं क्या लिखने जा रहा हूँ। जिन लोगों ने नहीं देखी है, वो मेरी पोस्ट पढ़कर समझ जाएँगे कि क्या लिखना चाहता हूँ।

'मॉनस्टर इंक' हॉलीवुड की एनिमेटेड फिल्म है। यह मेरी सबसे ज्यादा पसंदीदा फिल्मों में से एक है। आज मैं आपको बहुत संक्षेप में फिल्म की कहानी सुनाता हूँ।

फिल्म में एक ऐसे संसार की कल्पना की गई है, जहाँ राक्षस रहते हैं, लेकिन उनका संसार हमारे संसार से बहुत उन्नत है। उनके लोग धरती लोक के बच्चों के सपनों में आते हैं, उन्हें डराकर चीखने पर मजबूर करते हैं। उनकी चीख से जो ऊर्जा निकती है, उसे अपने पात्र में जमा करते हैं और फिर उस ऊर्जा को अपने लोक में ले जाकर उससे बिजली बनाते हैं।

कुल मिलाकर राक्षसों के उस संसार में बिजली का स्रोत धरती के बच्चों की चीखें हैं। वहाँ के राक्षस इस काम के लिए तरह-तरह के हथकंडे अपनाते हैं कि कैसे यहाँ के छोटे बच्चों की नींद में आकर उन्हें डरावने सपने दिखाकर डराएँ और ज्यादा-से-ज्यादा चीखें जमा कर लें। राक्षस इसके लिए तरह-तरह के डरावने रूप धारण करते हैं और बच्चों को डराने के लिए हर रोज नए तरीके अख्तियार करते हैं।

एक बार एक छोटे राक्षस को नौकरी मिलती है धरती के बच्चों के सपनों में घुसकर उन्हें डराने की। लेकिन वह बच्चों को डराना नहीं चाहता। उसे लगता है कि यह तो इन मासूमों के साथ अन्याय है। वह डराने के लिए धरती के बच्चों के पास आता तो है, लेकिन अपने काम को अंजाम नहीं दे पाता। इसके लिए उसे राक्षस लोक में कई तरह की सजा भी मिलती है।

एक बार बहुत मजबूरी में वह अपने काम को अंजाम देने आता है और एक बच्चे के सपने में घुसकर जब उसे डराना चाहता है, तो अपनी हरकतों से बच्चे को हँसा देता है। बच्चा नींद में हँसता है और उसकी हँसी से जो ऊर्जा निकलती है, उसे अपने पात्र में जमा कर अपने लोक तक ले जाता है। वहाँ वह पूरी घटना बताता है तो उसके अधिकारी नाराज होते हैं कि तुम्हें जिस काम के लिए रखा गया है, उसे तुम ठीक से नहीं कर रहे। वह बहुत लंबी बहस करता है कि इस तरह बच्चों को डराकर अपने यहाँ के लिए बिजली जुटाना उसे सही नहीं लगता। वह कहता है कि बच्चों को हँसाया भी तो जा सकता है। वह दलील देता है कि उनकी हँसी से निकली बिजली की गुणवत्ता अलग होगी। उनकी चीख से निकली बिजली घटिया बिजली होगी।

बच्चों की फिल्म थी, जिस तरह के डॉयलाग लिखे जा सकते थे, लिखे गए। लेकिन इस फिल्म को देखते हुए मैंने जो समझा, वो यही समझा।

उसे तमाम तकलीफों का सामना करना पड़ता है, लेकिन आखिर में वह सभी को यह समझा पाने में कामयाब हो जाता है कि चाहे जैसे भी हो, उसे ऊर्जा लाने से मतलब है। अगर वो हँसा कर लाए, तो किसी को क्यों तकलीफ हो?

वह धरती पर फिर आता है। बच्चों के सपनों में समाता है और उनके सपनों में एक प्यारा सा रिश्ता कायम करता है। बच्चे उसे देखकर खुश होते हैं, और नींद में ही जोर-जोर से हँसने लगते हैं। उनकी हँसी को वह अपने पात्र में जमा करता है और उसकी ऊर्जा राक्षस लोक में ले जाता है। वहाँ के लोग उस ऊर्जा का परीक्षण करते हैं और पाते हैं कि सचमुच हँसी से निकली ऊर्जा चीख की तुलना में निकली ऊर्जा से ज्यादा कारगर है।

और फिल्म यह संदेश देते हुए खत्म होती है कि राक्षसों का संसार नकारात्मक बिजली की जगह सकारात्मक बिजली पाने के प्रयास में जुट जाता है।

मेरे पिताजी कहा करते थे कि तुमने अपनी ज़िंदगी में पैसे कितने कमाए, इस बात को कभी महत्त्व मत देना, बल्कि इस बात को महत्त्व देना कि पैसे कैसे कमाए।

उनकी निगाह में हर पैसा एक जैसा नहीं हुआ करता था। उनकी नजर में सकारात्मक पैसा घर की उन्नति में काम आने वाला पैसा था और नकारात्मक पैसा अवनति का साधन था। मैं दावे से कह सकता हूँ कि मेरे पिताजी ने दफ्तर में कभी किसी से एक डिब्बा मिठाई भी नहीं स्वीकार की होगी। बाद में जब मैं मामा के पास चला गया, तो मैंने देखा कि मेरे आईपीएस मामा के घर में महीने की 25 तारीख को

हम बच्चों की गुल्लक तोड़कर सब्जी आदि का जुगाड़ किया जाता था। सुनने में हैरानी हो सकती है, लेकिन मामा को एसपी/आईजी/डीजी पुलिस रहते हुए जितनी सैलरी मिलती थी, उससे हमारा घर नहीं चल पाता था। उनकी कमाई का बहुत बड़ा हिस्सा किताबों की खरीद में चला जाता और अक्सर आखिर में दो-चार सौ रुपयों के लिए हम लोग तरस जाया करते थे।

मेरे मामा का भी यही कहना था कि वही पैसा शरीर और आत्मा को लगता है, जिसे हम ईमानदारी से कमाते हैं। उनके इंस्पेक्टर तक के बच्चे जब मोटर साइकिलों पर घूमा करते थे, हम कॉलेज साइकिल से जाया करते थे। खैर, आज मेरा मकसद अपने पिता और मामा की ईमानदारी की कहानी सुनाना नहीं। मेरा मकसद है सकारात्मक सोच और नकारात्मक सोच पर चर्चा करना।

जब हम कोई काम अच्छे मन से करते हैं तो उसका फल अच्छा मिलता है। जब हम कोई काम बुरे मन से करते हैं तो उसका फल बुरा मिलता है।

आज मैं जरा व्यक्तिगत हुआ हूँ तो सिर्फ इसलिए कि हर सुबह, जब मैं फेसबुक पर लिखने बैठता हूँ तो मेरे मन में एक भाव होता है, भाव रिश्तों को जोड़ने का। फेसबुक पर अनजान से अनजान रिश्तों के तार को झंकृत करने का। उन्हें यह बताने का कि जो आदमी अपने अहं और अपनी श्रेष्ठता का गुलाम होता है, वह एक दिन इस संसार में अकेला रह जाता है। दुनिया के किसी तानाशाह की कहानी पढ़ लीजिए, उनकी जवानी चाहे जितनी हसीन रही हो, बुढ़ापा बहुत तनहा रहा।

आप में से बहुत से लोगों को अकेलेपन के दंश का अंदाजा भी नहीं होगा। लेकिन अपने टूटते रिश्तों को अगर आपने आज नहीं जोड़ा, तो देर हो जाएगी। जोड़ लीजिए उन सबसे अपने रिश्तों के तार को, जिन्हें आपने अपनी नकारात्मक ऊर्जा के कारण टूटने दिया है। ढूँढ़ने चलेंगे तो हर चीज में बुराई है। मत ढूँढ़िए बुराई।

सकारात्मक ऊर्जा से बनी बिजली से अपने घर को रोशन तो करके देखिए।

फिल्म में मॉनस्टर वर्ल्ड के राक्षसों ने तो पहचान लिया था सकारात्मक और नकारात्मक ऊर्जा का फर्क। हम कब पहचानेंगे?

□

1 दिसंबर

पता नहीं क्यों, बैंगलोर की सड़कों पर घूमते हुए मुझे कल रात 'राजाओं के राजा' की कहानी बार-बार याद आती रही। उम्मीद है, राजाओं के राजा ओजिमैंडियस का नाम आपने सुना होगा। आपने अंग्रेजी के महान् कवि शेली की कविता 'ओजिमैंडियस' भी पढ़ी होगी। आपने किलाओं के इतिहास में तबदील होने की उस करुण गाथा को भी पढ़ा ही होगा। और आपने यह भी पढ़ा ही होगा कि कैसे 'राजाओं के राजा' ने रेत के समंदर में गोते लगाते हुए रिश्तों के पथिक से गुहार लगाई थी कि कुछ भी सत्य नहीं है। सत्य है तो बस यह कि 'न कोई रहा है, न कोई रहेगा'। माउंट एवरेस्ट पर चढ़नेवाले उस यात्री को भी उस पर से उतरना ही होता है। हर पथिक शिखर पर पहुँचता तो एक राजा की तरह है, लेकिन उतरता एक थके हुए यात्री की तरह ही है। बैंगलोर मेरे लिए एक ऐसा ही शहर है। एक ऐसा शहर जिसे मैं 'शहरों का शहर' मानता रहा हूँ। उसने अपनी गाथा आज मुझे 'ओजिमैंडियस' के स्टाइल में सुनाई। 'ओजिमैंडियस' एक ऐसे राजा की कहानी है, जिसका अपना इतिहास सिर्फ एक शिल्पकार की मूर्ति में समाया भर है। जिस शिला पर मूर्ति कभी रखी गई थी, उसपर लिखा है—''मेरा नाम है 'ओजिमैंडियस'। राजाओं का राजा। अगर तुम अपने को ताकतवर समझते हो तो, मेरे किए हुए कामों को देखो और अवसाद में डूब जाओ। आज तुम जो कुछ करोगे, मैं बहुत पहले कर चुका हूँ।'' 'ओजिमैंडियस' की उस टूटी हुई मूर्ति पर तो उसके दर्प की इतनी ही गाथा लिखी थी। लेकिन बैंगलोर शहर में टहलते हुए पता नहीं, क्यों मुझे उसका बिखरा हुआ दर्प भी स्पष्ट नजर आ रहा है। उसने नहीं लिखा, लेकिन मैं पढ़ रहा हूँ। तुम मेरे दर्प को देखो, मेरे अहंकार को देखो। तुम देखो मेरे इन विशाल पाँवों को। यहीं इन पाँवों के पास बिखरे पड़े पत्थर के मेरे धड़ को देखो। मेरे टूटे-फूटे उस पथरीले चेहरे को देखो, और देखो कि कैसे एक मूर्तिकार ने मेरे होंठों को इतनी बारीकी से पत्थरों पर उकेरा है कि उसमें भी मेरी क्रूरता साफ नजर आ रही है। मैंने पूरे संसार को रौंदा। न सिर्फ रौंदा, बल्कि मैंने पूरी सभ्यता को रेगिस्तान में तबदील कर दिया, अपनी ताकत

के बूते। मैं ताकतवर था। सबसे ज्यादा ताकतवर, क्योंकि मैं था राजाओं का राजा। आज इस रेगिस्तान में आने वाला अनजान पथिक मेरी ओर हिकारत भरी नजरों से देखते हुए राह बदलकर आगे बढ़ जाता है। मेरी टूटी-फूटी दास्ताँ ये बयाँ करने के लिए कम है क्या कि हर अहंकार का अंत मेरी तरह ही होता है। एक दिन मेरा खोया हुआ नाम बस किसी कवि की कविता में रह जाएगा। मैं नहीं रहूँगा। यह रेत रह जाएगी। मेरी यादों के अवशेष भी रह जाएँगे। मेरे इस पतन की गाथा में तुम्हारा हिस्सा बहुत छोटा सा होगा। जो होगा सिर्फ मेरा ही होगा। मिट ही जाना है, शहर हो या इंसान। चाहे पत्थर ही क्यों न हो, लेकिन मियाद तो उसकी भी होगी ही। दर्प बुरा होता है, सत्ता का हो या सुंदरता का। ये सब रेगिस्तान में बिखर जाने के लिए ही होते हैं। ठीक वैसे ही जैसे मैं 'ओजिमैंडियस' आज बिखरा पड़ा हूँ, टूटे-फूटे सिर और धड़ के साथ। चंद टूटी-फूटी पंक्तियों और बिना व्याकरण की शुद्धियों के साथ। यही मेरी नियति थी। यही सबकी नियति है। तुम्हारे जाने के बाद फिर कोई आएगा इस शहर की पथरीली सड़कों को नापने के लिए, रेत में बिखरे मेरे अवशेषों को देखकर मुँह फेर लेने के लिए। कोई आएगा 'ओजिमैंडियस' की कहानी फिर से पढ़ने के लिए। यही संसार है। ऐसे ही संसार चलता रहेगा।

□

3 दिसंबर

बहुत आश्चर्य हो रहा है आज मुझे। ऐसा भी हो सकता है, मैं सोच भी नहीं सकता था। आज वो हुआ जो मेरे लिए कल्पना के भी परे है। लेकिन जो भी हुआ, मैं सुबह से आनंद में हूँ।

कल रात बहुत देर से सोया। आम तौर पर मैं चाहे जब भी सोऊँ, लेकिन सुबह साढ़े चार या पाँच बजे के आसपास मेरे शरीर का अलार्म मुझे एक बार जागने पर मजबूर करता है। उसी वक्त मैं जागता हूँ, कंप्यूटर ऑन करता हूँ और बिस्तर पर ही बैठकर जो कुछ भी मन में आता है, उसे फेसबुक पोस्ट के रूप में लिख देता हूँ। कई बार तो दुबारा भी नहीं पढ़ता और पोस्ट करने के बाद उसमें से टाइपिंग संबंधी गलतियों को दुरुस्त करता रहता हूँ।

लेकिन आज ऐसा नहीं हुआ। आज मैं नींद में जागा। ध्यान दीजिएगा नींद से नहीं जागा, नींद में जागा।

पहले तो मैं सारी रात सपना देखता रहा कि अचानक मेरी माँ मेरे पास चली आई है। वो मुझे सारी रात अपनी गोद में बिठाकर प्यार करती रही। पता नहीं क्या-क्या बातें करती रही। मैंने उसे अपनी किताब के विषय में बताया, कहा कि रोज फेसबुक पर जो लिखता हूँ, उसमें से कुछ पोस्ट को छाँट कर बतौर किताब का रूप दिया गया है। माँ किताब लेकर पढ़ने लगी। फिर मुझे लगा कि जब तक माँ किताब पढ़ रही है, मैं आज की पोस्ट लिख दूँ। मैंने घड़ी देखी तो सुबह के साढ़े चार बज चुके थे। मैं नींद में जागा, फटाफट पोस्ट लिखने बैठ गया।

मैं पोस्ट लिखता रहा, माँ किताब पढ़ते हुए मुझे दुलार करती रही। अभी लिखते वक्त मैं भूल रहा हूँ कि क्या-क्या सपने में देखा, पर सच यह है कि मैंने पूरी पोस्ट सपने में लिख दी। फिर माँ के साथ बैठ गया। माँ कह रही थी, ''तुम बहुत जल्दी परेशान हो जाते हो। तुम्हें परेशान नहीं होना चाहिए। मैं तो तुम्हारे साथ ही हूँ।''

मैंने माँ से कहा, "पता नहीं आप कहाँ चली जाती हैं। इतने-इतने दिन बीत जाते हैं, आप नहीं आतीं।"

माँ हँसने लगीं। कहने लगीं, "बड़े हो गए हो।"

"बड़ा हो गया हूँ, तभी तो आपकी और जरूरत है मुझे।"

माँ ने आश्चर्य से पूछा, "क्यों भला?"

मैंने कहा, "जब तक छोटा था, मेरे सारे फैसले आपके हुआ करते थे। तब अगर मैं कोई गलती करता था तो आप मुझे गलती करने से रोक लेती थीं। और तब मेरी गलतियों का दायरा छोटा था। अब मैं बड़ा हो गया हूँ। देश दुनिया भर में लोगों से मिलता हूँ। अपनी तरह से फैसले लेता हूँ। अब मुझसे जो गलतियाँ होती हैं, उनका असर दूर तक होता है। ऐसे में आप होतीं तो मैं सारे काम आपसे पूछकर ही करता। गलतियाँ कम करता। मुझे तो लगता है कि लड़कों को पूरी ज़िंदगी माँ का साथ मिलना चाहिए। लड़कियों में तो खुद ही एक स्वाभाविक माँ छिपी होती है। लेकिन लड़के? उनके पास अगर माँ होती है, तो हजार गलतियाँ करने से वो बच जाते हैं।"

माँ मुस्कुरा रही थी। कह रही थी, "गलतियाँ क्यों करते हो?"

"जान-बूझकर थोड़े ही करता हूँ। कई बार समझ में ही नहीं आता कि क्या करूँ? आप होतीं तो मैं हर बार आपसे पूछ लिया करता।"

"खैर, अब आप मत जाइएगा। मेरे पास रहिए, यहीं पर।"

माँ फिर हँसने लगीं। खिलखिलाकर हँसती हुई कहने लगीं, "कोई माँ अपने बच्चे से दूर नहीं जाती। यह तो बच्चे ही माँ से दूर चले जाते हैं। जैसे-जैसे बड़े होते जाते हैं, माँ की जरूरत खत्म होती चली जाती है। खैर, मुझे लग रहा कि तुम बड़े ही नहीं हो रहे, इसलिए तुम्हारे मन से मैं नहीं मिट रही।"

मैंने कहा, अभी तो आपने कहा कि मैं बड़ा हो गया हूँ, इसलिए आप चली गई थीं।

माँ मुस्कुराने लगी। कहने लगी, "34 साल हो गए हैं मुझे इस संसार को छोड़े हुए, सब मुझे छोड़ चुके हैं। एक तुम ही हो, जिसके जेहन से मैं नहीं मिट रही। बेटा, अब तुमको बड़ा होना है।"

"माँ, कोई डिबेट नहीं। अगर यही शर्त है तो मैं कभी बड़ा नहीं होना चाहता।"

इतना कहकर मैं माँ की गोद में दुबक गया। यकीन कीजिए, ये पंक्ति लिखते वक्त मेरे रोम–रोम खड़े हैं। साढ़े चार बजे से सुबह के सात बज गए। मैं इस बीच दो बार नींद से सचमुच में जागा और यह सोचकर दुबारा सो गया कि पोस्ट तो मैं सुबह लिख ही चुका हूँ। मेरे मन में यह बात बैठ गई थी कि सुबह साढ़े चार बजे मैं माँ की बगल में बैठकर आज की पूरी पोस्ट लिख चुका हूँ और इसीलिए नींद जब–जब खुली, मैं निश्चिंत था कि पोस्ट तो लिख ही चुका हूँ, थोड़ी देर और सो लेता हूँ।

अचानक सुबह सात बजे एक फोन आया। फोन करनेवाले ने मुझसे पूछा कि सुना है, आज फिल्म स्टार अजय देवगन आपकी किताब से एक पोस्ट लोगों के सामने पढ़ने जा रहे हैं। अगर आप समय के विषय में ठीक से बता दें, तो मैं रिपोर्टर वहाँ भेज दूँगा।

इस फोन से मेरी पूरी नींद खुली। मैं थोड़ी देर तक यकीन ही नहीं कर पाया, इतना सबकुछ सपने में हो रहा था। मतलब सपने में सपना देख रहा था मैं।

आम तौर पर मैं फोन पर विनम्रता से बात करता हूँ। लेकिन आज मैं जरा तल्ख हुआ। मैंने कहा कि यह बात तो आप थोड़ी सुबह और होने पर भी पूछ सकते थे। अभी इतनी सुबह यह पता करने की जल्दी क्या थी कि अजय देवगन कब मेरी किताब के कुछ चैप्टर लोगों के सामने पढ़ने जा रहे हैं।

उधर से फोन करनेवाले ने कहा, "आप इतना परेशान क्यों हो रहे हैं। मैंने तो यही सुना है कि आप सुबह जल्दी जागकर पोस्ट लिखते हैं। फिर अब तो सात बज चुके हैं, कायदे से तो आपकी पोस्ट आ जानी चाहिए थी।"

मैं दोनों आँखें खोलकर जागा। "अरे, क्या सात बज गए?"

उधर से आवाज आई, "जी, जनाब।"

मैं फोन पर ही हँसने लगा। मैंने फोन करनेवाले से सॉरी कहा, और कहा कि भाई जरा तल्ख हुआ इसके लिए माफी चाहता हूँ। दरअसल, माँ की गोद में बैठा था और वहाँ से उठने का मन ही नहीं हो रहा था। इसीलिए सुबह साढ़े चार बजे ही आज पोस्ट लिखकर निश्चिंत हो गया था।

फोन करनेवाले ने पूछा कि साढ़े चार बजे पोस्ट लिख दी? पर मुझे तो आपकी पोस्ट मिली ही नहीं।

मैं अब कुछ और कहता तो वो मुझे पागल समझने लगता। मैं उसे कैसे बताता

कि मैंने सपने में पोस्ट लिखी, सपने में उसे फेसबुक पर डाल दिया। सपने में सोच बैठा कि अपना काम कर चुका हूँ, अब माँ की गोद में बैठा हूँ, और जब माँ की गोद में बैठा हूँ तो मुझे भला किसी और बात की दरकार ही क्यों हो।

लेकिन इतना सब मैंने उससे नहीं कहा। हाँ, इतना कहा कि माँ की गोद में एक बार आप बैठकर देखिए तो सही। फिर समझ में आएगा कि मैं क्या कह रहा हूँ।

उधर से वो बुदबुदाया, "सर, आप बड़े ही नहीं हो रहे।"

माँ कह रही थी, "तुम बड़े नहीं हो रहे।"

मेरी बहनें कहती हैं, "मैं बड़ा नहीं हो रहा।"

मेरे फेसबुक परिजन कहते हैं, "संजय, तुम बड़े हो जाओ। तुम रोया मत करो। तुम परेशान मत हुआ करो।"

मैं पूछता हूँ, आप में से कौन है, जिसे माँ की गोद में आज भी बैठने का मौका मिले और वो यह कहकर खुद को बैठने से रोक ले कि वो तो बड़ा हो गया है। अगर बड़ा होने का अर्थ माँ की गोद से वंचित हो जाना होता है तो मुझे नहीं बड़ा होना। सारी ज़िंदगी बच्चा ही बने रहना चाहता हूँ।

अजय देवगन आज दिल्ली में कनॉट प्लेस के पास मेरी किताब से रिश्तों पर एक चैप्टर पढ़कर लोगों को सुनाएँगे। कल मेरी बात उनसे हो रही थी। कह रहे थे, "आदमी चाहे जितना कुछ कर ले, एक दिन सब छूट जाएगा। रह जाएँगे तो बस रिश्ते।"

मेरे कानों में कल से गूँज रहा है, "सबकुछ छूट जाएगा, रह जाएँगे तो बस रिश्ते।"

मैं भी तो उसी रिश्ते को जिंदा रखना चाहता हूँ। फिर सब मुझसे यह क्यों कहते हैं कि मैं बड़ा नहीं हो रहा!

□

6 दिसंबर

पिछले दिनों मुझसे कई लोगों ने पूछा कि मैं रिश्तों पर इतना क्यों लिखता हूँ। मैं भावनाओं पर इतना जोर क्यों देता हूँ? क्या भावनाएँ ही सबकुछ हैं?

जिन दिनों मैं पढ़ रहा था, हमारा परिचय उस शहर में एक बहुत सीनियर आईएएस अधिकारी से था। वो बहुत ईमानदार और सज्जन व्यक्ति थे। मैं बहुत छोटा था, लेकिन जब कभी उनके घर जाता तो उस बहुत बड़े घर में बहुत सारी खामोशी मुझे नजर आती थी। हालाँकि उनके दो बेटे थे और दोनों बेटे बहुत होनहार तथा अच्छे थे। बड़ा बेटा पढ़ने में बहुत काबिल था। डॉक्टरी पढ़कर वो इंग्लैंड चला गया था आगे की पढ़ाई के लिए। फिर सुना कि वहीं रह गया।

छोटा बेटा भी बहुत योग्य था। उसने भी कुछ अच्छा ही किया।

पत्नी की मौत हो चुकी थी।

घर की आन-बान-शान सबसे अलग थी। हम लोग जब कभी उनके घर जाते तो लगता कि सचमुच किसी बहुत बड़े आदमी के घर आए हैं। बड़े से मेरा मतलब उनके पूरे व्यक्तित्व से था। वे बहुत कम बोलते थे। बहुत कम मुस्कुराते थे। ज्यादा समय लिखने-पढ़ने में लगाते थे।

मैं उनके घर जितनी बार गया, मुझे उनके घर की खामोशी काटती थी। समझ में नहीं आता था कि यहाँ सबकुछ तो है, फिर वो कौन सी चीज है, जो मुझे कचोटती है।

फिर मैं नौकरी करने दिल्ली चला आया।

एक दिन खबर आई कि वो चुनाव लड़ रहे हैं। मुझे बहुत खुशी हुई। इतने सज्जन और ईमानदार व्यक्ति राजनीति में आ रहे हैं, तो यकीनन बहुत अच्छा है।

उन्होंने अपने प्रशासनिक कार्यकाल में जो इज्जत कमाई थी, जो शोहरत उन्हें मिली थी, उसी का फल था कि लोगों ने उन्हें राजनीति में हाथोंहाथ लिया।

वो चुनाव जीत गए, सांसद बन गए। हालाँकि चुनाव जीतने के बाद मैं उनके घर नहीं गया, लेकिन मुझे हमेशा लगता था कि अब वहाँ रौनक होगी। हँसी होगी, ढेर सारे लोग होंगे। चहल-पहल होगी।

मुझसे वहाँ का कोई मिलता तो मैं उनके बारे में जरूर चर्चा करता। लोग उनकी तारीफ करते, लेकिन कहते थे कि सबकुछ ठीक है, पर उनके घर सन्नाटा सा रहता है। मैं उस सन्नाटे का मतलब नहीं समझता था। मैं उधेड़-बुन में रहता और सोचता कि सबकुछ है, फिर क्या नहीं है।

बहुत दिन बीत गए। मैं पत्रकारिता में था। खबरों के संसार में था। दुनिया जहान की खबरें मेरे पास आतीं और मैं उन्हें अपने हाथों से सँवारता।

एक दिन मेरे पास एक खबर आई कि एक पूर्व सांसद ने अपने घर की छत से कूद कर खुदकुशी कर ली।

मेरे हाथ काँप रहे थे। अरे, ये तो वही हैं। इतने सीनियर आईएएस अधिकारी रहे। अपने बच्चों को इतनी अच्छी शिक्षा दी। इतना खूबसूरत घर बनाया। इतनी इज्जत कमाई। इतनी शोहरत मिली। अपने बूते चुनाव जीतकर लोगों की सेवा करने के लिए सांसद बने। फिर क्या कमी थी जिसने उन्हें ऐसा करने पर मजबूर किया।

मैं सोचता हूँ कि आदमी चाहे जितने दिन जीए, अगर मौत अच्छी नहीं हुई तो समझिए कि कुछ ऐसा हुआ जैसे खाने के आखिरी कौर में बहुत बड़ा कंकड़ मुँह में चला आया हो। सारा खाना ही बेस्वादी हो जाता है।

तो, उन्होंने आत्महत्या कर ली। वो मुक्त हो गए। लेकिन मैं मुक्त नहीं हुआ। मैं कई दिनों तक सोचता रहा। इसका मतलब यह कि उनके घर जो खामोशी मुझे नजर आती थी, जो सन्नाटा लोगों को दिखता था, यह उसी का प्रतिफल था?

हाँ, यह उसी का प्रतिफल था।

आप इस सच पर यकीन नहीं करेंगे, लेकिन सच यही है कि कई वर्षों बाद जब मेडिकल साइंस और उन्नत हो चुका होगा, जब हम बीमारियों पर नियंत्रण कर चुके होंगे, जब हम धन-धान्य से संपूर्ण हो चुके होंगे, जब सारा वैभव हमारे पीछे होगा, तब हम में से बहुत से लोग अकेले पड़ चुके होंगे। आप यकीन कीजिए या न

कीजिए, लोग आत्महत्या करके मरने का रास्ता चुनेंगे। जिनके पास सबकुछ होगा, उनके पास रिश्ते नहीं होंगे। जिनके पास रिश्ते नहीं होंगे, वे तन्हा होंगे। जो तन्हा होंगे, वे एक दिन खुद से ऊब जाएँगे। जो खुद से ऊब जाएँगे, उनके लिए जीने का अर्थ खत्म हो चुका होगा।

मैंने खबर पढ़ी है तो आपने भी पढ़ी ही होगी। यूरोप में कहीं 'आत्महत्या शहर' बनाया गया है। वहाँ कानूनन खुदकुशी करने की आजादी मिली है। जिन्होंने पूरी ज़िंदगी खुद को भावनाओं से दूर रखा, रिश्तों से अलग रखा, वो अपने जीवन के आखिरी दौर में वहाँ जाकर रजिस्ट्री करा रहे हैं, और वहाँ पूरी टीम है, जो उन्हें आसानी से मौत चुनने का रास्ता बताती है। अब तक करीब चार सौ लोग वहाँ रजिस्ट्री कराकर अपनी जान दे चुके हैं। यह तो बहुत छोटा आँकड़ा है। ये चार सौ लोग तो वे हैं, जिन्होंने बहुत साहस करके स्वीकारा कि उनकी ज़िंदगी पैसे कमाने, शोहरत कमाने में खर्च हो गई। रिश्तों के नाम पर वो बहुत अभागे निकले। और एक दिन पैसों से उनका मन भर गया, शोहरत की दरकार नहीं रही, तो उन्हीं पैसों के बूते वे यूरोप के उस शहर में आसान मौत खरीदने पहुँच गए।

क्या मिला? कुछ नहीं।

इससे तो बेहतर होगा कि आदमी भावनाओं से खुद को संचालित होने दे। लोगों से रिश्ते बनाए। खुलकर हँसे, खुलकर रोए। एक-दूसरे के हाथों में हाथ डालकर जिए। मरना तो सबको है, लेकिन मौत में यम का खौफ न हो।

यम का खौफ उन्हें नहीं होता, जिन्हें ज़िंदगी का खौफ नहीं होता। लेकिन जो अकेले पड़ जाते हैं, उन्हें तो ज़िंदगी हर पल डराती है। इतना डराती है कि वो डर कर अपनी आँखें बंद कर लेना चाहते हैं। वो अपने अकेलेपन से मुक्ति चाहते हैं।

'समझौता' फिल्म में मोहम्मद रफी ने एक गाना गाया है, जो आज बेहद प्रासंगिक लग रहा है—

''सबके रहते, लगता है जैसे, कोई नहीं है मेरा, सूरज को छूने निकला था, आया हाथ अँधेरा।''

□

7 दिसंबर

मैं एक लड़की को जानता हूँ, जिसकी शादी को कई साल बीत चुके हैं। उसका बच्चा भी है। पूरा परिवार जानता है कि वह अपने पति के साथ बहुत खुश है। उसका पति भी जानता है कि वह उसके साथ बहुत खुश है। लेकिन मैं जानता हूँ कि वह लड़की खुश नहीं। वह हर रात पति के साथ गुजारती है, और गुजरती है 'इंफ्रारेड' के दंश से।

आप सोच रहे होंगे कि ये 'इंफ्रारेड' का दंश क्या है?

मैं इसे बताऊँगा। लेकिन पहले आपसे एक सवाल।

रिश्ते कैसे होने चाहिए?

बहुत अजीब सा सवाल है यह। रिश्तों की कोई परिभाषा होती है क्या? रिश्ते तो रिश्ते होते हैं।

नहीं, रिश्ते सिर्फ रिश्ते नहीं होते। कुछ रिश्ते होते हैं, जो आपको गुदगुदाते हैं। कुछ रिश्ते होते हैं, जो आपको तकलीफ देते हैं। कुछ रिश्ते होते हैं, जिन्हें आप सिर्फ निभाते हैं। कुछ रिश्ते होते हैं, जो नहीं निभकर भी आपके रोम-रोम में होते हैं।

आपने राजेश खन्ना की फिल्म 'आनंद' देखी होगी। उसमें राजेश खन्ना एक बार कहते हैं कि आपकी ज़िंदगी में भी ऐसे लोग आए होंगे, जिन्हें आप नहीं जानते, जिनसे आप नहीं मिले, लेकिन जब उनसे मिलते हैं तो लगता है कि इनसे कोई पुराना नाता है। और कई बार ऐसे लोग मिलते हैं, जिन्होंने आपका कभी कुछ बिगाड़ा नहीं, पर लगता है कि जनम-जनम के दुश्मन हैं।

किसी से मिलकर यह लगना कि वह आपका प्रेम है, यही है रिश्ता।

ऐसा कई दफा होता है, जब आप किसी को मिलते हैं, तो आपके मन में उसके

लिए प्यार का भाव पनपता है। आपके मन में उसके लिए भरोसा जगता है। सच कहें तो आपके दिल में उसके लिए घंटी बजती है। जानते हैं क्यों होता है ऐसा?

विज्ञान की भाषा में इसे 'ब्लू टूथ' तकनीक कहते हैं।

अब जो लोग नए मोबाइल फोन इस्तेमाल कर रहे हैं, उन्हें पता होगा कि ब्लू टूथ तकनीक क्या है। अगर आपने ब्लू टूथ तकनीक के विषय में नहीं सुना तो आप 'वाई-फाई' से परिचित होंगे। इंटरनेट के इस्तेमाल ने पिछले कुछ सालों में इन शब्दों से सबको परिचित करा दिया है।

रिश्ता इसी वाई-फाई और ब्लू टूथ तकनीक पर टिका फलसफा है। याद कीजिए अपने टीवी के रिमोट को। टीवी और उसका रिमोट दोनों आपस में एक रिश्ता कायम करते हैं, जिसे 'इंफ्रारेड' तकनीक कहते हैं। इस तकनीक में आपके टीवी के सामने और रिमोट के सामने बल्ब लगे होते हैं, जो अदृश्य रोशनी फेंकते हैं। जब इन रोशनियों का आपस में मिलन होता है तो दोनों एक-दूसरे से संचालित होते हैं। इस रिश्ते की सबसे बड़ी कमी यह होती है कि जब तक टीवी और रिमोट आमने-सामने नहीं होंगे, उनके बीच रिश्ता कायम नहीं हो सकता। यह एक थोपा हुआ रिश्ता है टीवी और रिमोट के बीच।

लेकिन जैसे ही 'ब्लू टूथ' तकनीक सामने आई, इसने बिना आमने-सामने हुए भी गुप्त कोड के जरिए अपने जैसी मशीनों से रिश्ता कायम करना शुरू कर दिया। ठीक वैसे ही जैसे वाई-फाई तकनीक में आपके कंप्यूटर बिना तार के भी हवा में दूसरे कंप्यूटरों से बात करने लगते हैं।

आपमें से बहुत से लोग इस सच से वाकिफ होंगे कि कई दफा एक घर, एक कमरा और एक बिस्तर पर रहकर भी रिश्ते प्रगाढ़ नहीं रहते। वो रिश्ते दरअसल इंफ्रारेड दंश के शिकार होते हैं। इसमें टीवी और रिमोट के बीच जो रिश्ता कायम होता है, वह एकदम सामने से बल्ब से बल्ब को मिलाकर फेंकी गई रोशनी से कायम होता है। लेकिन जहाँ ब्लू टूथ तकनीक से रिश्ता बनता है, उसमें यह शर्त नहीं होती कि दोनों का मिलन हो। दोनों एक-दूसरे से जुड़ जाते हैं एक खास फ्रिक्वेंसी पर आकर। वाई-फाई तकनीक में भी तारों से एक-दूसरे के जुड़ने की दरकार नहीं होती। वहाँ भी एक रिश्ता दे रहा होता है, दूसरा ले रहा होता है। और इस तरह बिना किसी तामझाम के यह रिश्ता कायम हो जाता है।

अगर इसे बहुत सामान्य भाषा में कहें तो ये रोम-रोम से जुड़ने के समान हुआ।

जो रिश्ते रोम-रोम से जुड़ जाते हैं, उन रिश्तों की मियाद लंबी होती है। उन रिश्तों में तड़प होती है। वो रिश्ते दीर्घायु होते हैं। जिन रिश्तों में आमने-सामने बैठकर बल्ब से बल्ब की रोशनी मिलाने की दरकार होती है, वो थुपे हुए रिश्ते होते हैं।

पता नहीं कहाँ पढ़ा था, लेकिन एक महिला का हवाला देकर किसी ने लिखा था कि अपने पति के साथ होते हुए वह किसी फिल्मी हीरो या अपने किसी साथी को मन-ही-मन जीती थी। यह एक फंतासी है, लेकिन मुझे लगता है कि दुनिया की बहुत सी पत्नियाँ और बहुत से पति ऐसी कल्पनाओं में जीते होंगे। जो लोग ऐसी कल्पनाओं में जीते हैं, वो इंफ्रारेड से अपने रिश्ते तो जोड़ लेते हैं, लेकिन एक-दूसरे के साथ थुपे हुए होकर। उनका मन तो ब्लू टूथ की उड़ानभर कर कहीं और पहुँच चुका होता है।

दुनिया की निगाह में वो व्यक्ति उस वक्त उसके साथ होता है, जिसके साथ वो रह रहा होता है, पर हकीकत में उसका मन किसी और के मन से 'ब्लू टूथ' और 'वाई-फाई' से जुड़ा होता है।

रिश्तों को इसी आजादी की दरकार होती है। उसे अपनी मर्जी से जुड़ने की आजादी जब मिलती है, तब वो खिलता है।

बँधे हुए रिश्ते टीवी और उसके रिमोट की तरह होते हैं, जो सिर्फ आपके ड्राइंग-रूम की शोभा बढ़ा सकते हैं कि देखो मेरे पास इतना बड़ा और महँगा टीवी है। दरअसल ज़िंदगी ड्राइंग-रूम की शान से नहीं चलती। ड्राइंग-रूम तो दूसरों के लिए होता है।

□

8 दिसंबर

मेरी एक दोस्त है, जिसका नाम रूबी है। नहीं–नहीं, रूबी भी कोई नाम हुआ! उसका नाम मीता है।

मुझे तो यह नाम भी अजीब ही लग रहा है। फिर उसका नाम क्या है?

ओह! दोस्त मेरी है तो आपको उसका नाम कैसे पता होगा?

आपको उसका नाम नहीं पता, लेकिन आपको उसकी कहानी पता है। यह मैं नहीं कह रहा, बल्कि उसी ने कल मुझे इनबॉक्स में अपनी कहानी सुनाई और साथ में यह भी लिखा कि कहानी सबको पता है।

मैंने मेसेज करके उससे पूछा भी कि क्या तुम्हारी कहानी अपनी वॉल पर लिख दूँ? उसने जवाब दिया, ''लिख दो। लेकिन लिखने को इसमें नया क्या है? यह तो सबकी कहानी है।''

''सबकी?''

''सबकी नहीं, पर बहुतों की तो होगी।''

''अजीब हो तुम। मैं तुम्हारे नाम से कहानी लिख दूँगा। लिख दूँगा कि रूबी ने अपनी कहानी मुझे सुनाई है।''

''रूबी ने क्यों? संध्या, सुनयना, ममता, मीता, जया, बेबी, अर्चना, सरिता, किसने तुम्हें यह कहानी नहीं सुनाई?''

''हाँ, लेकिन मुझे तो एक नाम लिखना पड़ेगा न! आखिर कहानी में सच्चाई तो होनी चाहिए।''

''चलो, तुम्हारा इतना मन है तो मेरे नाम से ही लिख दो। लेकिन तुम्हें तो रूबी

नाम ही नहीं पसंद। फिर मीता लिख दो।''

''नहीं, मीता नाम भी मुझे नहीं पसंद। अगर यह नमिता होता तो मैं लिख देता।''

''ठीक है, बाबा, जो तुम्हें पसंद हो, उसी का नाम लिख दो।''

''मैं किसी का नाम नहीं लिखूँगा। मैं लिखूँगा संसार की सबसे बड़ी अभिनेत्री की कहानी। आखिर तुमने खुद को अभिनेत्री ही तो कहा है।''

''हाँ, मैं अभिनेत्री हूँ। मैं संसार की सबसे बड़ी एक्टर हूँ। रुपहले परदे पर तो लोग तीन घंटे की एक्टिंग करते हैं। मैं तीस साल से एक्टिंग कर रही हूँ। तीस साल में तुम चाहो तो तीन-चार साल घटा लो। लड़कियों को घटी हुई उम्र अच्छी लगती है। लेकिन मैं तो तीन-चार साल घटाने की बात इसलिए कर रही हूँ क्योंकि शुरू के तीन या चार साल तक मुझे अपने अभिनय कला का ज्ञान नहीं था। लेकिन जैसे ही मेरे घर छोटा भाई आया, मुझे अपने अभिनय के बारे में अचानक ज्ञान हुआ, और उस दिन से मैं एक्टिंग करने लगी।

एक्टिंग का पहला प्रयोग मैंने उस दिन किया, जिस दिन भाई ने मेरी गुड़िया तोड़ दी और मैंने आँसुओं को रोक लिया। मैं गुड़िया से बहुत प्यार करती थी, लेकिन भाई से कम।

रोना तो मुझे बहुत आया, लेकिन मैं मुस्कुरा कर रह गई।

फिर और बड़ी हुई तो माँ मुझे रोकने-टोकने लगी कि ये मत करो, वो मत करो। ऐसे मत रहो, वैसे मत रहो। मैं बिलख उठती थी, लेकिन मैं तब तक अपने दु:ख को छुपा लेने में उस्ताद हो चुकी थी। मैंने माँ का कभी प्रतिवाद नहीं किया।

एक दिन स्कूल से घर लौटते हुए क्लास के एक लड़के से बात कर रही थी, तो पिताजी ने पता नहीं कहाँ से देख लिया। वे मुझसे पहले घर पहुँच गए और घर में घुसते ही मेरे गाल पर एक झन्नाटेदार थप्पड़ पड़ा। मुझे थप्पड़ से डर नहीं लगा, लेकिन पिताजी की आँखों में मेरे लिए उपजी नफरत से बहुत डर लगा। मैं तब आठवीं में थी, और मेरी क्लास का वो लड़का मेरा दोस्त था। सबके दोस्त थे। मेरा भी दोस्त था। मुझे नहीं पता था कि आठवीं में पढ़ने वाली लड़कियों के दोस्त नहीं होने चाहिए। वो मुझे क्रिकेट के स्कोर सुनाया करता, कहानियों की किताब दिया करता था। अच्छा था वो। लेकिन पता नहीं क्यों, पिताजी को वो ठीक नहीं लगा। मुझे

तो समझ भी नहीं आया था कि स्कूल से घर लौटते हुए उसके साथ बात करने में बुराई क्या थी।

खैर, मैं अभिनय में माहिर हो चली थी। मैंने पिताजी के थप्पड़ का बुरा मानते हुए भी उनके सामने कुछ नहीं कहा।

बाद में माँ ने बताया कि तुम बड़ी हो चली हो। तुम्हें लड़कियों के साथ ही घूमना चाहिए। लड़के अच्छे नहीं होते।

मैं माँ से पूछना चाह रही थी कि लड़के अच्छे नहीं होते, तो फिर तो एक दिन मेरा भाई भी बुरा हो जाएगा।

लेकिन मैं जानती थी कि माँ भाई के बारे में कुछ नहीं सुन सकती। भाई छोटा था, लेकिन वो कितनी-कितनी देर तक मुहल्ले में खेलता रहता, उसे तो कोई नहीं टोकता था। माँ ने कहा, लड़कियों को भले-बुरे का ज्ञान होना चाहिए। मैंने मन में सोच लिया कि लड़कियों को किसी बात का ज्ञान हो न हो, उसे अच्छी एक्टिंग आनी चाहिए।

मैं तो एक्टिंग में माहिर हो ही चली थी, मैंने बिना प्रतिवाद के माँ से कहा कि आप ठीक कह रही हैं।

मैं और बड़ी होती गई। मैं शहर के उस कॉलेज में पढ़ना चाहती थी जहाँ फिजिक्स की पढ़ाई सबसे अच्छी होती थी। लेकिन पिताजी ने कहा कि वहाँ लड़के पढ़ते हैं। लड़के गंदे होते हैं, इसलिए मुझे लड़कियों के कॉलेज में भेजा गया। मैंने फिजिक्स की जगह इतिहास की पढ़ाई की।

अब तक मेरी एक्टिंग पुख्ता हो चुकी थी। मैंने प्रतिवाद करना बंद कर दिया था। मैं पिताजी के सामने ही नहीं पड़ती थी। पड़ना चाहती ही नहीं थी। कभी पड़ जाती तो ऐसा चेहरा बना लेती कि पिताजी को लगता कि उनकी बिटिया से ज्यादा खुश इस संसार में किसी की बेटी नहीं।

मेरे पिता को नेल पॉलिश, लिप्स्टिक, इन सबसे नफरत थी। वे इसे महिलाओं के चरित्र के लिए बुरा मानते थे।

खैर, अच्छे एक्टर की खासियत ही यह होती है कि वो अपने सफेद होंठों को भी अपनी एक्टिंग से गुलाबी दिखा ले। मैं भी एक्टिंग करती कि यह फैशन-वैशन तो

नकली लोगों के लिए है। जो सुंदर नहीं, उनके लिए है। मैं तो सुंदर हूँ, कुदरती तौर पर। मुझे इनकी क्या दरकार?

फिर एक दिन आया, जब पिताजी कहीं से एक लड़के की तस्वीर लेकर आए। कह रहे थे कि अगले महीने रूबी नहीं, मीता, अरे बाबा, संध्या, सुनयना, जो भी उन्होंने मेरा नाम रखा था, उसकी शादी कर देंगे। मैं कहना चाहती थी कि अगले महीने तो मेरी फाइनल परीक्षा होने वाली है। लेकिन मैं जानती थी कि ऐसा कुछ कहने से फायदा नहीं, क्योंकि पिताजी को फिर इतना कमाऊ लड़का नहीं मिलने का डर था।

एक बार सोचा भी कि कह दूँ कि लड़के तो बुरे होते हैं, फिर आप किसी लड़के से शादी करके मुझे उसके घर क्यों भेज रहे हैं?

लेकिन एक्टर अच्छे वो होते हैं, जो निर्देशक से सवाल नहीं करते। पिताजी निर्देशक थे। जन्म से लेकर मेरी शादी तक के निर्देशक। मैं एक्टर थी, वो जो चाहेंगे, मैं करूँगी।

उन्होंने कहा, लड़के बुरे होते हैं, लड़के बुरे हुए। अब कह रहे हैं कि यह लड़का अच्छा है, इसकी जीवन-संगिनी बन जाओ, तो मैं जीवन-संगिनी बनूँगी।

मेरी शादी हो गई। पढ़ाई छूट गई।

बी.ए. करके भी इंटर पास रह गई। शादी हो गई तो वो सब भी हुआ जो होना ही था।

मेरी भी सास थी। मेरे भी ससुर थे। मेरा उनके साथ कर्तव्य का रिश्ता था, खून का नहीं। खून के रिश्ते को मेरी कहानी नहीं समझ में आई तो कर्तव्य का रिश्ता क्या समझता?

मेरी माँ की तरह मेरे भी बच्चे हो गए। क्यों हुए, मुझे नहीं पता। दुनिया की हर लड़की माँ बनती है, शायद इसलिए।

मैं बेटी की एक्टिंग करते-करते माँ की एक्टिंग करने लगी। बहन की एक्टिंग करते-करते पत्नी की एक्टिंग करने लगी।

मेरे पति को कभी पता ही नहीं चला कि मैं कब खुश हूँ, कब दुःखी। मैंने उनकी खुशी पर एक कुशल अभिनेत्री की तरह अपनी खुशियों को न्योछावर कर

दिया। वो हर रात खुश होते, मैं हर रात दु:खी होती। लेकिन मजाल कि कोई पकड़ पाया हो मेरी एक्टिंग को?

मैं संसार की सबसे बड़ी अभिनेत्री बन चुकी थी।

संजय सिन्हा, तुम कई लोगों की कहानियाँ लिखते हो। तुम रिश्तों की बातें करते हो। मेरी भी लिखो। लिखो कि इस संसार की हर लड़की जन्मजात अभिनेत्री होती है। रिश्तों को जीने का हक पुरुषों को है। महिलाएँ तो उसके हक की औजार होती हैं। पुरुष ज़िंदगी रूपी ड्रामे का निर्देशक होता है, महिलाओं को सिर्फ एक्टिंग करनी होती है।

एक्टर का कोई सुख या दु:ख नहीं होता। उसका संतोष या असंतोष नहीं होता।

जिन महिलाओं को इतनी एक्टिंग आ गई, वो तो रिश्तों की भाषा समझ जाती हैं। लेकिन जिन्होंने एक्टिंग नहीं सीखी, उन्हें तो मरना ही होगा। मरती तो मैं भी हूँ, हर रात। लेकिन जिन्हें एक्टिंग नहीं आती, उन्हें रात और दिन दोनों वक्त मरना पड़ता है।

चलो, मेरी कहानी तुम चाहे फेसबुक की अपनी दीवार पर लिख दो या घर से बाहर निकलकर सीढ़ी के पास वाली दीवार पर। मुझे फर्क नहीं पड़ता। मैं अभिनेत्री हूँ। संसार की सबसे बड़ी अभिनेत्री। मेरी कहानी सुनकर लोग चाहे जो भी कहें, मैं तो मुस्कुराऊँगी।

मैं अभिनेत्री हूँ। सबसे बड़ी अभिनेत्री।

□

10 दिसंबर

देर रात जब मैं घर पहुँचता हूँ तो तीसरी मंजिल के अपने फ्लैट तक जाते हुए मुझे बगल के नीचे वाले फ्लैट से अक्सर दो लोगों के जोर-जोर से बोलने की आवाज आती है। यकीनन दो लोग लड़ रहे होते हैं। मुझे उनके लड़ने पर आपत्ति नहीं है, लेकिन उनकी ऊँची आवाज सुनकर मेरा मन तड़प उठता है। मुझे लगता है कि एक बंद कमरे में दो लोग एक-दूसरे से कितनी दूर हो गए हैं कि उन्हें चिल्लाकर आपस में बात करनी पड़ रही है।

रात के जिस वक्त मैं दफ्तर से अपनी सोसाइटी में पहुँचता हूँ, और गाड़ी से नीचे उतरता हूँ, मेरी कोशिश होती है कि जरा भी आवाज न हो।

मैं जानता हूँ कि दिन भर की आपाधापी से आजाद होकर सभी लोग देर शाम घर पहुँचे होंगे, उस वक्त का सन्नाटा यह बयाँ करने के लिए काफी है कि आसपास सभी घरों के लोगों के दिल इस वक्त बेहद करीब होंगे। इतने करीब कि उनकी फुसफुसाहट भी एक-दूसरे की आवाज सुन लेती होगी।

जिस फ्लैट से अक्सर मुझे देर रात एक-दूसरे से झगड़ने की आवाज आती है, उसमें एक दंपती रहते हैं। दोनों अच्छी नौकरी करते हैं और दोनों सुबह की आपाधापी में मुझे भागते हुए दिखते हैं। उनकी सुबह शायद ठीक रहती है, क्योंकि सुबह उनके पास आपस में बात करने का वक्त नहीं। लेकिन उनकी रात बेहद कर्कश होती है। मुझे यकीन है कि आसपास के और लोग देर रात उनकी जोर से होने वाली बहस को सुनते होंगे। उनके दो बच्चे भी हैं।

कई दफा मुझे लगता है कि मैं उनके घर के दरवाजे की घंटी बजाऊँ और उनसे पूछूँ कि एक फ्लैट के कमरे में इतने करीब होकर भी आप एक-दूसरे से इतनी ऊँची आवाज में बातें क्यों करते हैं? मुझे लगता है कि मुझे पूछना चाहिए और कहना चाहिए कि आप धीरे-धीरे भी तो लड़ सकते हैं। आप आराम से भी तो अपनी बातें

कह सकते हैं। आप दोनों के बीच की दूरी इतनी ज्यादा तो नहीं कि अगर आप धीरे से अपनी बात कहेंगे तो सामने वाला नहीं सुनेगा?

लेकिन मैंने आज तक उन्हें नहीं टोका।

वैसे दोनों जब कभी मुझे मिलते हैं तो बहुत प्यार से हैलो कहते हैं। नमस्ते करते हैं। जब वे संजय सिन्हा से इतने हौले से बातें कर लेते हैं, तो आपस में क्यों नहीं?

जब वे मुझे नमस्ते कहते हैं तो उनकी आवाज बेहद सधी हुई और मुलायम होती है। यकीनन उस वक्त हमारे बीच की दूरी इतनी कम होती है कि हम एक-दूसरे की आवाज बहुत आराम से सुन लेते हैं। तो फिर रात में दोनों इतने करीब होते हुए भी इतनी ऊँची आवाज में बातें क्यों करते हैं?

क्या उन्हें लगता है कि धीरे बोलने पर एक-दूसरे की आवाज एक-दूसरे तक नहीं पहुँच पाएगी? हो सकता है ऐसा ही हो।

दरअसल जब आदमी किसी से प्यार करता है तो उसके बेहद करीब होता है। जब करीब होता है तो वो अपने प्यार का इजहार बहुत खामोशी से कर लेता है। लेकिन जब कोई किसी से नफरत करता है तो उसके बीच की दूरी बढ़ जाती है। ऐसे में तन भले पास होता है, लेकिन मन की दूरी उसे इस भ्रम में डाल देती है कि उसकी आवाज आराम से सुनी ही नहीं जा सकती। ऐसे में एक कमरे में दो तन तो पास होते हैं, लेकिन दो मन पास नहीं होते। जब दो मन पास नहीं होते तो दोनों को आपस में संवाद कायम करने के लिए ऊँची आवाज का सहारा लेना पड़ता है।

है न कितनी हैरानी की बात!

जब हम किसी से प्यार करते हैं तो कई दफा आँखें भी दिल की जुबाँ बन जाती हैं। लेकिन जब हम किसी से नफरत करते हैं तो जुबाँ भी अपना काम ठीक से नहीं कर पाती। प्यार के कान बेहद संवेदनशील और खूबसूरत होते हैं। नफरत के कान बदसूरत और बहरे होते हैं।

जब हम किसी के प्यार में होते हैं तो समंदरों की दूरी भी छोटी पड़ जाती है। जब हम नफरत में होते हैं तो एक बिस्तर पर भी बहुत ऊँची और गहरी दीवार बन जाती है। इतनी ऊँची और इतनी गहरी कि बिना जोर से बोले हम अपनी बात एक-दूसरे तक पहुँचा नहीं पाते।

आप गौर कीजिएगा। जब आप किसी से लड़ रहे होते हैं तो आपकी आवाज

बेवजह ऊँची हो जाती है। इसका मतलब तो यही हुआ कि झगड़े में आदमी का दिल एक-दूसरे से दूर हो जाता है। उसे अपनी बात पहुँचाने के लिए तन के 'एंप्लिफायर' का सहारा लेना पड़ता है।

आप में से सभी को कभी-न-कभी प्यार और नफरत का सामना करना पड़ा होगा। आप याद कीजिए, जब आप प्यार में होते हैं तो कितने कम शब्दों में और कितनी मधुर आवाज में आपका मन आपके पास वाले मन को अपनी बात पहुँचा रहा होता है। लेकिन जब मन में दूरी हो जाती है तो तन अपनी बात कितनी मुश्किल से दूसरे तन को पहुँचा पाता है।

विज्ञान का मानना है कि किसी श्रवण तंत्र के मुख्य केंद्र कनपटी की परलिका पर पहुँची ध्वनि को ही दिमाग ग्रहण करता है। मतलब कोई आदमी जब बोलता है तो दूसरे के कानों के जरिए उसकी आवाज दिमाग तक पहुँचती है और दिमाग उसे सुनकर समझ लेता है।

मुझे लगता है कि विज्ञान ने शरीर को समझने पर जितने शोध किए हैं, मन को समझने पर उसका आधा भी नहीं किया। इसकी बहुत सामान्य सी वजह है कि शरीर को चीर-फाड़कर देखा जा सकता है, उसके तंत्रों का अध्ययन किया जा सकता है। पर मन को चीर-फाड़कर नहीं देखा जा सकता। इसलिए मन का अध्ययन सिर्फ व्यवहार के आधार पर होता है।

पता नहीं क्यों मुझे यह भी लगता है कि बोलना और सुनना दोनों तन से ज्यादा मन पर निर्भर करते हैं। अगर तन पर निर्भर करते तो मेरे फ्लैट के नीचे वाले उस दंपती को रात के उस सन्नाटे में आपस में चिल्ला-चिल्लाकर एक-दूसरे से अपनी बात कहने की जरूरत क्यों पड़ती? दोनों के श्रवण तंत्र और कनपटी की परलिका तो ठीक हैं। मैंने सुबह कई दफा उनसे बात की है। वे बड़े आराम से बातें सुनते हैं और सुनाते हैं। फिर रात होते ही क्या हो जाता है कि जोर-जोर से बोलकर एक-दूसरे का इतना अपमान करते हैं, बिना इस बात की परवाह किए कि वे जहाँ रह रहे हैं, अपनी छवि का सर्वनाश भी कर रहे हैं। मैंने तो सुना था कि आदमी सर्वनाश सह सकता है, अपमान नहीं।

अब मैं सचमुच सोच रहा हूँ कि एक रात उन्हें टोकूँगा। उनसे पूछूँगा कि क्या झगड़े में आदमी के मन की दूरी इतनी बढ़ जाती है कि बिना ऊँची आवाज के वह अपनी बात कह ही नहीं सकता? बिना ऊँची आवाज के वो अपनी बात सुना ही नहीं सकता? एक बार कोशिश तो करके देखनी ही होगी कि रात होते उनके मन की दूरी

इतनी क्यों बढ़ जाती है कि दस फीट के कमरे में उन्हें इस तरह बात करनी पड़ती है, जिसे पूरा मुहल्ला सुन रहा होता है, वो नहीं सुन पाते।

मैं एक कोशिश तो करूँगा ही कि तन की नजदीकियों को मन की नजदीकियों में तबदील कर सकूँ।

आप क्या कहते हैं?

क्या मुझे ऐसी कोशिश करनी चाहिए या फिर हर रात सीढ़ियाँ चढ़ते हुए दो बदन की उस आवाज की अनदेखी करते हुए चुपचाप अपने घर पहुँच जाऊँ, खामोशी से अपने दिल की बात कहते और सुनते हुए?

□

11 दिसंबर

कभी-कभी चौबे जब छब्बे बनने निकलते हैं और दुबे बनकर लौटते हैं तो उनका चेहरा देखने लायक होता है। कल मेरे साथ भी ऐसा ही हुआ। सुबह-सुबह उठकर आप सबकी वाहवाही में, जो दिल में आता है लिख बैठता हूँ, बिना यह सोचे कि रात होते-होते मेरी सारी हेकड़ी हवा भी हो सकती है।

कल दफ्तर में काम बहुत था। लेकिन एक पुराने दोस्त के घर जाना जरूरी था। दफ्तर से निकलकर दोस्त के घर चले गए। पत्नी साथ में थी। हम दोनों देर रात जब घर लौटे तो गेट पर गार्ड ने बताया कि साहब आपके बगल के नीचे वाले फ्लैट वाले भैया आए थे, आपके बारे में पूछ रहे थे। कई बार आकर कह गए कि जैसे ही आप आएँ, उन्हें बता दूँ, वो आपसे मिलना चाहते हैं। ''बगल के नीचे वाले फ्लैट से कौन मुझसे मिलने को व्याकुल है, वो भी इतनी रात?'' मैं बुदबुदाया।

मैं अपनी सोसाइटी की मैनेजमेंट कमेटी में हूँ, इसका मतलब यह थोड़े ही हुआ कि जब जिसे जरूरत होगी, मिलने की ख्वाहिश रख देगा। संजय सिन्हा की निजी ज़िंदगी भी कोई चीज है। मैंने गार्ड से कहा कि बोल दो जो काम हो, सुबह बताएँ, अभी बहुत देर हो चुकी है, मैं घर जा रहा हूँ। गार्ड क्या बोलता? उसने मेरी ओर देखा और चुप रह गया। मैं अपने बगल के फ्लैट से होता हुआ ऊपर चढ़ने ही वाला था कि शर्माजी मिल गए। कहने लगे, ''गुड इवनिंग संजयजी, बहुत देर से आपका इंतजार कर रहा था। आप काफी देर से घर लौटते हैं।'' मैं मन-ही-मन सोचने लगा कि लोग कितने चिपकू होते हैं। गार्ड से मिलने को बोल चुके हैं, और यहाँ अपने फ्लैट के दरवाजे के बाहर पहरा दे रहे हैं कि कहीं मैं बिना मिले ऊपर न चला जाऊँ? मैंने बहुत अनमने से गुड इवनिंग कहा। और पूछा ''कहिए, क्या समस्या है?''

''अजी समस्या तो बहुत बड़ी है।''

''तो कल जब सोसाइटी का दफ्तर खुलेगा, वहीं आ जाइएगा। आपकी समस्या सुन लेंगे।''

"नहीं सर, सोसाइटी की समस्या नहीं है। ज़िंदगी की समस्या है।"

मैं जरा चौंका। तो क्या अब मैं लोगों की निजी समस्याएँ भी सुलझाने लगा हूँ? "हाँ, हाँ, क्यों नहीं। सुबह-सुबह पूरा लेख मेरी ज़िंदगी पर लिख मारा, हजारों लोगों को बता दिया कि हम पति-पत्नी जोर-जोर से बातें करते हैं, रोज झगड़ते हैं और सबसे सलाह भी माँग ली कि क्या मुझे समझाना चाहिए। और अब कह रहे हैं कि निजी समस्याएँ नहीं सुलझाते।"

मुझे काटो तो खून नहीं। ओह, कल मैंने यहाँ फेसबुक पर लिखा था कि मेरे फ्लैट के बगल के नीचे वाले फ्लैट से देर रात खूब जोर-जोर से झगड़ने की आवाजें आती हैं। तो इसका मतलब इन्होंने यह पढ़ लिया है। यकीन मानिए, मेरा चेहरा सफेद पड़ गया था। पहली बार मैं चोर की तरह उनके सामने खड़ा था। पत्नी मेरी ओर देख रही थी, मैं बगलें झाँक रहा था। थोड़ा सँभलकर मैंने कहा कि आपको कैसे पता कि आपके बारे में ही लिखा है, उस फ्लैट के बारे में नहीं। वो हँसने लगे। कहने लगे कि अब इतना भी मत बनाओ, सर। सबको पता है। शाम को महिलाएँ पार्क में बैठकर मेरी पत्नी को पूरी कहानी फोन पर पढ़कर सुना चुकी हैं। वो बेचारी रो रही थी।

मैंने कहा, अंदर चलकर बात करें? अंदर गया तो उनकी पत्नी मिल गईं। चुपचाप सोफे पर बैठी हुई। बच्चे सो गए थे। मैंने नमस्ते की लेकिन हिम्मत नहीं हो रही थी उनकी ओर देखूँ। कुछ देर की चुप्पी के बाद उन्होंने पूछा, "चाय पिएँगे?" मैंने हाँ में सिर हिला दिया। चार लोग बैठे थे। चारों खामोश। आखिर खामोशी टूटी, शर्माजी की आवाज से। "अच्छा तो क्या सोचा है आपने? आप मुझे समझाएँगे कि नहीं?"

अब तक मैं जरा सहज हो चुका था। मैंने कहा, "मामला तो आपका व्यक्तिगत ही है, लेकिन मुझे लगता है कि आप लोगों को प्यार से साथ रहना चाहिए। इतनी रात ऊँची आवाज में बातें नहीं करनी चाहिए। एक बंद कमरे में ऊँचा बोलने का अर्थ तो यही है कि आप झगड़ते हैं। दिलों की दूरी की कहानी यह आवाज बयाँ करती है।" वो चुपचाप सुनते रहे। फिर उन्होंने कहा कि आपको क्या लगता है कि हम क्यों चिल्लाते हैं? मैंने बहुत गौर से उनके चेहरे की ओर देखा। फिर कहा कि आपसी सामंजस्य की कमी है, इसीलिए। आप तन से करीब हैं, लेकिन मन से दूर हो गए हैं, इसलिए। आपको अपनी बात एक-दूसरे के कानों तक पहुँचाने के लिए अपने गले के एंप्लिफायर का सहारा लेना पड़ता है। वो मेरी बातें सुनते रहे। फिर उन्होंने धीरे से कहा, "सचमुच जब मन नहीं मिलते तो यह मुश्किल आ जाती है।" तब तक उनकी

पत्नी चाय लेकर वहाँ आ चुकी थीं। मैंने उनकी पत्नी से सॉरी कहा, और बोला कि अब नहीं लिखूँगा। वैसे मैंने आपका नाम नहीं लिखा था, पता नहीं लोगों ने कैसे समझ लिया कि आपकी कहानी लिखी है मैंने?

"आपने अच्छा किया जो लिखा। मुझे आपकी कहानी पढ़कर रोना नहीं आया। आपने ऐसी कोई बात लिखी ही नहीं, जिस पर मुझे तकलीफ हो। हमें पता है कि हर रात हम जो झगड़ा करते हैं, उसकी आवाज दूर-दूर तक जाती है। किसी ने अब तक टोका नहीं, और बात है। लेकिन सुबह शर्मिंदा तो हम भी होते ही हैं, अपने कहे और सुने पर। मुझे आपके लिखने पर कोई शिकायत नहीं।"

मैं समझ नहीं पा रहा था कि मिसेज शर्मा के इस कथन पर मैं क्या प्रतिक्रिया दूँ? मैं चुप रहा। मिसेज शर्मा ने आगे कहा, आप अपने फेसबुक वालों से फिर पूछिए, सबकुछ ठीक होते हुए भी अगर पति-पत्नी में न बने तो क्या करना चाहिए? हमारी शादी को दस साल बीत चुके हैं। हमें दस साल पहले यह अहसास हो गया था कि हम एक-दूजे के लिए नहीं बने। तन की करीबी ने दो संतानों को जरूर जन्म दे दिया, लेकिन मैं आज इनके सामने और ये मेरे सामने कबूल करते हैं कि कुछ है, जो अटकता है। माता-पिता-भाई-बहन-चाचा-चाची सबके रिश्ते और पति-पत्नी के रिश्तों में अंतर होता है। सबकुछ ठीक है, पर कुछ ठीक नहीं। घर में माँ से बात करने की कोशिश की, तो माँ कहती हैं कि सबकुछ तो ठीक है। अब तुम्हें क्या चाहिए? मैं ठीक से न तो समझा पाती हूँ, न समझ पाती हूँ कि गड़बड़ी है कहाँ? बहुत सामंजस्य बिठाने की कोशिश करती हूँ, लेकिन कुछ है, जो इसे ठीक नहीं होने देता। मैं शर्माजी की ओर देख रहा था। शर्माजी ने हौले से कहा, "सच में, हम लड़ना नहीं चाहते, लेकिन कोई बात है जो हम एक-दूसरे की उम्मीदों की कसौटी पर खरे नहीं उतरते।"

मैंने कहा कि पति-पत्नी का रिश्ता तो सामंजस्य पर ही टिका है। आप तालमेल बढ़ाइए। एक-दूसरे की भावनाओं का ख्याल रखिए। बच्चों के बारे में सोचिए। सब ठीक हो जाएगा। मिसेज शर्मा ने कहा, "कल आप एक बार फिर लिखिए। अपने फेसबुक परिजनों से सिर्फ इतना पूछिए कि क्या शादी हो जाने के बाद साथ रहना ही एक मात्र विकल्प है? हम दोनों नौकरी करते हैं। आर्थिक तंगी नहीं। पर क्या शादी को निभाते रहना जरूरी है? हमें समस्या का पता नहीं। हमें इतना पता है कि कई बार 'संबंध' ही समस्या होते हैं। दोनों अच्छे हैं, दोनों समझदार हैं। लेकिन जब हम साथ होते हैं तो दोनों बुरे हैं। दोनों नासमझ हैं।" मैंने कहा, "लिख दूँगा।" मिसेज शर्मा ने कहा कि जरूर लिखिए। काश, किसी ने दस साल पहले इस पर लिखा होता। काश, दस साल पहले हम खुलकर झगड़े होते। काश, कोई तो सामने आता, घर से, मुहल्ले

से और हमें समझाता। हम सोचते कि क्या करें? एक बुरी शादी से बुरी कोई चीज नहीं होती। और अब तो आपके पास रिश्तों की इतनी बड़ी फौज है, तो कोई-न-कोई तो सही जवाब दे ही देगा कि हम क्या करें? ''और हाँ, आप यह मत लिखिएगा कि आपके फ्लैट के बगल के नीचे वाले फ्लैट में मिश्रा और मिश्राइन रहते हैं। आप गुप्ता, शर्मा, कुछ और लिख दीजिएगा, ताकि मैं अपनी सुविधा से मुकर सकूँ कि कहानी मेरी नहीं। यहाँ पार्क में बैठने वाली सारी महिलाओं की कहानी कमोबेश यही है, लेकिन औरों पर हँसने में उन्हें मजा आता है। आपने लिखा था न कि महिलाएँ अभिनेत्री होती हैं। तो मेरे साथ शाम को पार्क में बैठने वाली ये सारी महिलाएँ सच्ची में अभिनेत्री हैं। कभी कहिए तो किसी किटी पार्टी की बातें रिकॉर्ड करके सुना दूँ। आप दंग रह जाएँगे इनकी बातें सुनकर। मैंने तो खुलकर कह दिया है कि मैं अभिनेत्री नहीं। मेरी यह समस्या है, अब बताइए, मैं क्या करूँ? शादी में अनिवार्य शर्त प्रेम है, देह नहीं। ज्यादातर पति-पत्नी देह हैं। जहाँ प्रेम न हो वहाँ क्या किया जाए?'' मैं कल चला था चौबे से छब्बे बनने। देर रात दुबे बनकर लौटा हूँ। मिश्राजी की कहानी को शर्माजी में तबदील करके फिर पूछ रहा हूँ, ''बताइए, क्या करना चाहिए? एक सड़ी हुई शादी को ढोना चाहिए या गुड बाय कह देना चाहिए? देह का साथ देना चाहिए या प्रेम की तलाश करनी चाहिए?''

□

12 दिसंबर

कभी अखबार में डेनमार्क के एक दंपती की कहानी पढ़ रहा था। करीब 90 साल के एक व्यक्ति ने अदालत में तलाक के लिए अर्जी दी थी। पत्नी की उम्र थी 85 के करीब।

अदालत ने दोनों को बुलाकर कहा कि आपने इतनी ज़िंदगी साथ जी ली है, तो अब उम्र के इस पड़ाव पर तलाक लेकर क्या करेंगे?

बात सही भी थी। मैं भी इस खबर को पढ़ते हुए यही सोच रहा था कि 90 साल की उम्र में तलाक लेकर क्या होगा? जो और जैसे कटनी थी, वो तो कट चुकी। अब कितने दिन कहानी बची है, जो तलाक की गुहार लगाई जाए।

जज साहब पूछ रहे थे, "आपको अब इस उम्र में क्या तकलीफ है जो आप एक-दूसरे से जुदा होना चाहते हैं?" अदालत में पति-पत्नी हिलते हुए, काँपते हाथों से कठघरे की मुँड़ेर को पकड़े हुए खड़े थे। ऐसा लग रहा था कि अब गिरे कि तब गिरे। लेकिन दोनों डटे हुए थे। पूरी अदालत खचाखच भरी थी। संसार के इस अनोखे तलाकनामे पर जज के फैसले को सुनने के लिए।

लोग फुसफुसा रहे थे, "अब तलाक लेकर यह बुढ़ऊ करेगा क्या?"

और इस बुढ़िया को देखो, "पाँव काँप रहे हैं, खड़ा हुआ नहीं जा रहा। दाँत झड़ चुके हैं। आँखों पर मोटा चश्मा चढ़ा है, लेकिन तलाक चाहिए।"

"अरे दादीजी, अब कब्र में जाने के दिन आ गए। यह तलाक-वलाक लेकर अब कहाँ जाओगी?"

लोगों की फुसफुसाहट बढ़ रही थी। लेकिन दोनों बुजुर्ग डटे हुए थे।

जज साहब समझाने के मूड में थे, लेकिन दोनों मानने को तैयार नहीं थे। आखिर में जज ने बुजुर्ग से कहा कि इस उम्र में अकेले रहना मुश्किल है। इतने दिन

ढो लिये अब कुछ दिन और सही...

बुजुर्ग बिफर गया। कहने लगा, चाहे आज रात ही मेरी मौत हो जाए, लेकिन मैं इसके साथ पाँच मिनट भी नहीं गुजारना चाहता। इस दंश के साथ नहीं मरना चाहता कि मैं, जिससे प्यार नहीं करता था, उसके साथ किसी तरह शादी निभाता हुआ मर भी गया। मैं मरते हुए अपने मन को संतुष्ट देखना चाहता हूँ। मैं नहीं चाहता कि मरने से पहले मैं उस खुशी को महसूस ही न कर सकूँ, जिसे मैंने जीते जी कभी महसूस नहीं किया। मैं नहीं चाहता कि मैं इस अफसोस में मरूँ कि मैंने पूरी ज़िंदगी अनचाहे रिश्ते की गुलामी में गुजारी है। मैं चाहता हूँ कि मैं आजादी की मौत मरूँ।

बुड्ढा काँपती, मगर साफ आवाज में अपनी दलील खुद रख रहा था। कह रहा था, ''सत्तर साल हो गए शादी को। कभी मेरे घर वालों ने समझा दिया, कभी इसके घर वालों ने। इस समझाने में बच्चे भी हुए, उनकी भी शादी हुई, उनके भी बच्चे हुए। लेकिन मुझे कभी इससे प्यार ही नहीं हुआ। हर रात एक कमरे में साथ-साथ एक बिस्तर पर गुजार देना और बात है, पर मन में प्यार का वो अहसास होना और बात है। जज साहब, जिम्मेदारियाँ सब समझते हैं। मैंने भी समझीं। बच्चों की, उनके भविष्य की और इस बात की भी कि बच्चों को माता-पिता दोनों की दरकार होती है, इसलिए हमने इतने साल निभा लिये।

''हमने इतने साल निभाए हैं, बस। अपनी पत्नी के रहते हुए मैंने किसी और की ओर कभी देखा तक नहीं। मैं जानता हूँ कि मेरी जितनी शिद्दत से ही मेरी पत्नी ने भी मेरा साथ निभाया है। उसने भी अपने निजी सुखों की बहुत कुरबानी दी है। लेकिन अब मौत के मुहाने पर खड़ा होकर मैं खुद से झूठ नहीं बोलना चाहता।

''मैं स्वीकार करता हूँ कि सत्तर साल जिस रिश्ते को हमने निभाया, जिस रिश्ते में बहुत सारी रातें हमने दैहिक रिश्ता भी शायद कायम किया, लेकिन हम एक-दूजे के लिए नहीं थे। हमने जो किया, तन से किया, मन से नहीं।

''हम दोनों तन से तृप्त रहे, मन से कभी नहीं। रिश्तों का कोई वैज्ञानिक यहाँ आकर हमारे इस रिश्ते को परिभाषित नहीं कर सकता कि हमने क्या खोया। हमने जो पाया, वो तो दुनिया के सामने है।''

जज हतप्रभ उसकी दलीलें सुन रहे थे।

बुड्ढा कहे जा रहा था कि जज साहब आपने हिंदुस्तान में बनी एक फिल्म देखी है, कभी अलविदा न कहना? उसमें शाहरुख खान गा रहा होता है, 'मेरे मन ये बता दे तू, किस ओर चला है तू, क्या पाया नहीं तूने, क्या ढूँढ़ रहा है तू, जो है

अनकही, जो है अनसुनी, वो बात क्या है बता, मितवा, कहे धड़कनें तुझ से क्या, मितवा, ये खुद से तो न तू छुपा।'

इसके बाद बुड्ढे ने अपनी छलक आई आँखों को पोंछा। मुँह पर हाथ रखकर धीरे से खाँसा और कहने लगा, "जज साहब! मैं पिछले सत्तर वर्षों से खुद से खुद को छिपाता रहा। मैं समझ ही नहीं पाया कि प्रेम क्या होता है?

"लेकिन अब उम्र के इस पड़ाव पर इतना समझ में आ गया है कि चाहे मुझे मेरा प्रेम न मिला हो, लेकिन मैं मरते हुए समझौते के बीच नहीं गुजरना चाहता। जज साहब! मेरी बातों का विश्वास कीजिए, मैं ईमानदारी की मौत चाहता हूँ, इसीलिए जुदाई की गुहार लगा रहा हूँ। जिस झूठ के साथ मैंने सत्तर साल काट लिये, उसी झूठ के साथ अब मैं सात मिनट भी साथ नहीं रह सकता। पिछले सत्तर साल कैसे कट गए, मैं भुला दूँगा, अगर मेरे आखिरी के सात मिनट भी सुखद गुजर जाएँ।

"मैं इस सोच से ही बिलबिला उठता हूँ कि कैसे हमने बिना प्रेम के एक-दूसरे के साथ इतने 'दिन' गुजारे! जज साहब, आप खुद सोचिए कितना मुश्किल होता है इस तरह जीना?"

जज साहब अपना सिर खुजा रहे थे। सोच रहे थे कि क्या फैसला सुनाऊँ।

बुड्ढा बोलता जा रहा था, जज साहब उस कड़ाके की ठंड में माथे का पसीना पोंछ रहे थे।

तभी बुढ़िया उधर से बिलबिलाई, "जज साहब, ये 'दिन' की बातें करते हैं। एक औरत अपनी मर्जी के बगैर 'रातें' कैसे गुजारती है, यह आप समझ ही नहीं सकेंगे। जज साहब, आप पुरुष हैं। पुरुष एक महिला की रातों के दंश को समझ ही नहीं सकता। मैंने सत्तर साल अपनी हर रात कैसे गुजारी है, मुझसे पूछिए। आप किसी भी उस महिला से पूछ लीजिए, जो यहाँ अदालत में मौजूद है। जज साहब! हो सके तो आप अपनी पत्नी से पूछिएगा।"

अदालत में एकदम सन्नाटा पसरा था। बुड्ढा बहुत गौर से बुढ़िया के उस थके हुए झुर्रीदार चेहरे की ओर देख रहा था, जिसे उसने सत्तर साल पहले देखा था। एकदम गुलाबी सी चेहरे की चमड़ी में कई लकीरें पड़ी हुई थीं। कभी मोतियों से भरा रहनेवाला वह मुँह पोपला नजर आ रहा था। बुढ़िया बोलती जा रही थी, "ये मेरे साथ बिस्तर पर होते, मैं सब सह लेती, बिना इनका चेहरा देखे हुए। कितना मुश्किल होता है एक औरत के लिए वो सब सहना। मैं अपना चेहरा ढक लेती थी। मेरे पूरे शरीर पर 'शादी' के चाहे जितने निशान मौजूद हों, जज साहब, मेरे मन पर मुहब्बत

की एक लकीर भी नहीं। पिछले सत्तर सालों में मैंने एक भी रात मुहब्बत की उन निशानियों को तलाशने की कोशिश ही नहीं की। मेरा चेहरा मेरा था। मेरी आँखें मेरी थीं। मैं ताउम्र ईश्वर को धन्यवाद देती हूँ कि ईश्वर ने मनुष्य के चेहरे पर आँखें कुछ इस तरह दी हैं कि आदमी सबकुछ देख सकता है अपना चेहरा खुद कभी नहीं देख सकता। जज साहब! मैंने अपना चेहरा कभी नहीं देखा। अगर देख पाती तो सत्तर साल पहले इस अदालत में होती।

''जज साहब यह सच है कि हमारे कई बच्चे हुए। वो हमारे तन के बच्चे हैं। मन से एक भी बच्चा कहाँ हुआ! ये बच्चों के पिता है, मैं बच्चों की माँ हूँ। हमारी ज़िंदगी चूक गई। हम दोनों की ज़िंदगी चूक गई।''

अदालत का वो सीन अखबार के पन्ने से निकलकर मेरी आँखों के सामने फिल्म की तरह चल रहा था। संजय सिन्हा को महाभारत के संजय की तरह टाइम मशीन के जरिए सब दिख रहा था।

अदालत बरखास्त करने का समय आ चुका था। लेकिन जज ने इशारा किया, ''आज ही पूरी सुनवाई होगी।''

बुड्ढा और बुढ़िया दोनों साथ-साथ बोल रहे थे—

''हम दोनों ने अपने-अपने साथ अपराध किया है। हम दोनों इतने साल साथ रहकर अपने उस अपराध का प्रायश्चित्त नहीं कर सके, लेकिन ज़िंदगी के इस आखिरी मुकाम पर हम प्रायश्चित्त करना चाहते हैं। जीवन भर खुद से बोले झूठ का प्रायश्चित्त।

''जज साहब, हम दोनों आजादी चाहते हैं। मौत से पहले की आजादी। हम दोनों अब उम्र के इस पड़ाव तक पहुँचकर चाहे अपने-अपने प्रेम को न पा सके, लेकिन अलग होने के बाद एक रात तो इस ख्याल में जी ही सकते हैं कि आह! हम आजाद हैं। आह! हम हम हैं। आह! आज की रात हमें मुँह ढककर नहीं गुजारनी होगी।

''जज साहब, ज्यादा मत सोचिए। आप हिंदुस्तान नहीं गए। वहाँ का एक गाना मैंने सुना है—

''इस रात को जी लें हम, इस रात को मर जाएँ।''

□

18 दिसंबर

घोड़े की पीठ पर एक बच्चे का शव रामगढ़ पहुँचता है। पूरा सिनेमा हॉल स्तब्ध है। दर्शकों की साँसें थमी हुई हैं। कौन है यह बच्चा?

घोड़ा अपने गंतव्य तक पहुँचता है, लोग शव को पहचानते हैं। कोई किसी से कुछ नहीं बोलता। मिनट भर के लिए पूरे हॉल में सन्नाटा पसर जाता है। अचानक अंधे बाबा वहाँ पहुँचते हैं और अपनी लाचार आवाज में पूछते हैं, "इतना सन्नाटा क्यों है, भाई?"

कोई कुछ नहीं कहता। अंधे बाबा घोड़े के पास पहुँचते हैं, शव को महसूस करते हैं, और बिलख पड़ते हैं।

यह उनका पोता है। बाबा से कोई कुछ कहता नहीं। बाबा समझ जाते हैं कि गब्बर सिंह ने उनके पोते को मार डाला है। गब्बर ने बिना किसी अपराध के उस मासूम को मार डाला है। सिर्फ अपना आतंक गाँव पर कायम रखने के लिए।

अगले दिन जनाजा उठता है। उस सन्नाटे के बीच अंधे बाबा की वही घिसटती हुई आवाज चीत्कार करती है, "एक बाप के लिए दुनिया में सबसे बड़ा बोझ होता है अपनी औलाद के शव को कंधे पर उठाना।"

आज पूरा पाकिस्तान उस बोझ को अपने कंधे पर उठाए हुए है।

जब मैं 'शोले' फिल्म देख रहा था, तब कुल तीस सेकेंड के उस सन्नाटे से निकलना मेरे बालमन के लिए काफी मुश्किल भरा काम था। गब्बर ने बहुत से लोगों को मारा। बहुत आतंक फैलाया। लेकिन फिल्म में ए.के. हंगल के पोते सचिन को उसने जिस तरह और बिना कारण मारा था, मेरे मन में गब्बर को लेकर घृणा भर गई थी। मैं यह मानने को तैयार ही नहीं था कि यह एक फिल्मी कहानी भर है। अगर यह कहानी भी है तो कहानीकार इतना क्रूर कैसे हो सकता है। सोचने की भी एक सीमा होनी चाहिए। उसे जाहिर करने की तो निश्चित ही।

फिल्म में गब्बर की उस बच्चे से कोई दुश्मनी नहीं होती। मुझे जितना याद है, उसमें वो छोटा सा सीन यह भी शामिल है कि गब्बर लेटा हुआ है। उसके बाएँ हाथ पर चींटी चल रही है। तभी कोई आता है और गब्बर को बताता है कि रामगढ़ का कोई बच्चा घोड़े पर कहीं जाता हुआ उसे मिला है। गब्बर खबर देने वाले की ओर देखता भी नहीं, और अपने हाथ पर चल रही चींटी को मसल देता है।

संदेश देने वाला समझ जाता है कि उसे क्या करना है।

बिना किसी अपराध के वह चींटी की तरह उस बच्चे को मसल देता है। और उसी घोड़े की पीठ पर उसके शव को लादकर रामगढ़ की ओर भेज देता है।

गब्बर को मालूम होता है कि मासूम के शव को देखकर पूरी मानवता सिहर उठेगी। उसके आतंक की तूती बोलेगी। लोग गब्बर का नाम लेने में डरेंगे। आतंक की पहली कमाई ही लोगों की सिहरन होती है।

मुझमें वो सिहरन पैदा हुई थी। वो आज तक कायम है। मैं छोटा था, लेकिन यह सोचकर मैं दंग रह जाता था कि इस घटना के बाद भी गब्बर के लोग आते और सहमे हुए रामगढ़ के लोग उसके आदमियों के आगे अनाज की बोरियाँ रख देते थे।

क्यों?

मैं छोटा था, लेकिन मन में सोचता था कि गाँव वाले चाहे मर जाते, लेकिन गब्बर ने उस मासूम की हत्या कर जो अपराध किया था, उसके बाद कम-से-कम उस गाँव के लोगों को गब्बर से डरना बंद कर देना चाहिए था। उन्हें खुलेआम चैलेंज करना चाहिए था गब्बर को। एक जय और एक वीरू के बूते नहीं। पूरे गाँव को कहना चाहिए था कि बाहर निकल, गब्बर। अब मौत हमें नहीं डरा सकती। आज हम सब मरने को तैयार हैं, लेकिन तू अब नहीं बचेगा। आज तूने हमारे डर को खत्म कर दिया है।

सच भी यही है। डर जब हद से गुजर जाता है तो अपना वजूद खो देता है। और जब आदमी डरना बंद कर देता है तो कोई गब्बर या कोई तालिबानी उसका कुछ बिगाड़ नहीं सकता।

जब गब्बर फिल्म के आखिरी सीन में पिट रहा होता है तो मेरे हाथ बरबस सिनेमा हॉल में चलने लगते थे। मेरा यकीन कीजिए, मैंने जितनी बार शोले देखी, उतनी बार मैंने गब्बर की पिटाई की। आखिर में तो मुझे लगता था कि उसे सिर्फ ठाकुर ने अपने पैरों से नहीं मारा। उसे तो मैंने भी मारा है। मैं कोई भी फिल्म देखते

हुए उसकी कहानी में कम घुसता था, मैं विलेन की पिटाई में ज्यादा आनंदित होता था।

मैंने टीवी पर कल कोई खबर नहीं देखी। चुपचाप दफ्तर के अपने कैबिन में पाकिस्तान के उन पिताओं के कंधों के बोझ तले दबा रहा, जिसपर उन्होंने अपनी संतान के शव के बोझ को उठाया था। मैं अपने हर जूनियर से उस खबर की आस लगाए बैठा रहा कि कोई तो आएगा और कहेगा कि सर नवाज शरीफ ने ऐलान कर दिया है आतंक के खिलाफ जंग का। उन्होंने कह दिया है कि पाकिस्तान में कोई आतंकवादी कल की सुबह नहीं देख पाएगा। देर रात तक दफ्तर में बैठा रहा। किसी ने मुझे यह खबर नहीं दी। मैं समझ गया कि रामगढ़ वालों की तरह ही पाकिस्तानी सियासी दल के नेता चाहे आँसू जितने बहा लें, पर जैसे ही गब्बर के लोग आएँगे, वे फिर अनाज की बोरियाँ उसके आगे कर देंगे। वो अपनी गाढ़ी मेहनत के बल पर गब्बरों को पनपने देंगे। जिन्हें सत्ता और जान से प्यार होता है, वही गब्बरों को पालते हैं, वही तालिबान को पालते हैं।

जिन दिनों न्यूयॉर्क में ट्वीन टावर पर हमला हुआ था, मैं अमेरिका में था। जिस सुबह ट्वीन टावर पर हमला हुआ था, उस शाम मैंने वहाँ के राष्ट्रपति जॉर्ज बुश का देश के नाम संदेश सुना था। आप चाहे बुश और उनकी नीतियों से नफरत करें या प्यार, पर सच यही है कि उन्होंने उस शाम ऐलान कर दिया था कि अमेरिका पर हमला करनेवाला चाहे संसार के किसी कोने में छुपा हो, उसे नहीं छोड़ेंगे। बेशक ओसामा बिन लादेन उस घटना के बहुत दिनों बाद मारा गया था। लेकिन याद कीजिए, उस ऐलान के बाद ओसामा कभी अपने बिल से बाहर निकलने का दम नहीं दिखा पाया।

दस हजार मील की दूरी तय कर अमेरिका ने पूरे अफगानिस्तान को घेर लिया। पूरे इराक को पटक दिया और आखिर में पाकिस्तान में घुसकर ओसामा को ढूँढ़ निकाला, और मारकर पताल तक पहुँचा दिया।

यह भी सच है कि आतंक का जवाब हमेशा आतंक नहीं होता। गांधी की सुनें तो अपराध से नफरत करनी चाहिए, अपराधी से नहीं।

लेकिन पाकिस्तान के एक स्कूल में परसों जो हुआ उसके बाद तो सिर्फ और सिर्फ एक डॉयलाग ही मेरे कानों में गूँज रहा है।

"कुत्ते, मैं तेरा खून पी जाऊँगा।"

□

19 दिसंबर

"हैलो, मैं अमेरिका से संजय सिन्हा बोल रहा हूँ।"

"हाँ संजय, बोलो।"

"यहाँ, न्यूयॉर्क में सुबह-सुबह एक बिल्डिंग से विमान टकरा गया है।"

"अरे! ठीक है, अभी नौ बजे के बुलेटिन में तुम फोन पर सारी जानकारी दे देना।"

"हाँ, बड़ा अजीब हुआ। हडसन नदी के पार से धुआँ उठता दिख रहा है। और टीवी पर अब तो खबर भी आने लगी है। खिड़की से उठते धुएँ की खबर टीवी पर अभी-अभी आई है। कहीं से आता हुआ एक विमान ट्वीन टावर से टकराया है।"

"अमेरिका में विमान इमारत से टकरा गया। बड़ी खबर है। बस अब फोन पर तुम सारी बात बता देना।"

"रुकिए-रुकिए! ये एक और विमान उसी इमारत में घुस गया है। दूर से बहुत तेज उठता धुआँ दिख रहा है या धूल दिख रही है। लेकिन मेरे सामने टीवी चैनल खुला है, मुझे लगता है, लाइव दिखा रहे हैं। कमाल है। पहली बार ऐसा हुआ है।"

"क्या कह रहे हो? एक और विमान टकराया? यह कैसे हुआ?"

"तुम फटाफट फोन दो। तुम फोन रखो। मैं यहाँ असाइनमेंट टीम से कहती हूँ तुम्हें फोन करे। तब तक और पता करो। क्या हुआ, कैसे हुआ? फिर फोन पर पूरी जानकारी देना।"

ये पूरी बातचीत 11 सितंबर, 2001 को अमेरिका में मेरी सुबह और यहाँ की शाम की है। मेरी बातचीत तब जी न्यूज में एक संपादक से हो रही थी। मुझे अमेरिका पहुँचे हुए सात महीने हो चुके थे। मैं जी न्यूज के संवाददाता के रूप में वहाँ काम कर

रहा था और विमान के बिल्डिंग से टकराने की घटना जी न्यूज को दे रहा था।

उसके बाद की सारी घटना अब इतिहास है।

मेरा बेटा स्कूल जा चुका था। हम लोग टीवी पर देख रहे थे कि कैसे एक के बाद दूसरा विमान सीधे-सीधे न्यूयॉर्क की शान कहे जाने वाले ट्वीन टावर में समा गया था। आतंकवाद तब अमेरिका के लिए नया शब्द था। पिछले सात महीनों में मैं अमेरिका को भरोसे और विश्वास के साथ जीने वाले एक देश के रूप में देख रहा था। ऐसे में समझ में नहीं आ रहा था कि यह क्या हुआ? मंगलवार का दिन था। अमेरिका में सुबह की शुरुआत जल्दी हो जाती है।

पौने नौ बजे सुबह तक तो पूरा शहर दौड़ने लगता है।

हमारी समझ में नहीं आ रहा था कि अब क्या होगा। ओसामा बिन लादेन का नाम तब तक सामने नहीं आया था। लेकिन इतना पता चल चुका था कि यह आतंकवादी घटना है। पूरा देश टीवी सेट से चिपक गया था। एक के बाद एक खबरें आ रही थीं। पेंटागन के ऊपर एक विमान हवा में ही फट गया। राष्ट्रपति बुश कहीं स्कूल में बच्चों को संबोधित कर रहे थे, किसी ने कान में कुछ कहा और स्कूल का फंक्शन खत्म हो गया।

खबर आई कि अमेरिका के आसमान में जो विमान जहाँ हैं, उन्हें वहीं उतारने का फरमान जारी हो गया है। आज आसमान में कोई विमान कहीं नहीं होगा।

आम तौर पर मैं अपने घर से वहाँ के एकदम साफ और नीले आसमान में हर मिनट एक विमान को तैरता हुआ देखता। लेकिन आज आसमान उदास रहेंगे, क्योंकि अमेरिका पर किसी आतंकवादी ने हमला कर दिया है।

कुछ देर में संदेह की खबर आई कि ओसामा बिन लादेन ने हमला किया है। बोंस्टन से उड़े दो विमान दरअसल विमान नहीं थे, ओसामा के हथियार थे।

पूरा देश शोक में डूब चुका था। बेटे के स्कूल से फोन आ गया कि स्कूल बंद किए जा रहे हैं। आप परेशान मत होइएगा। बच्चों की काउंसलिंग की जा रही है। उन्हें इस हमले के बारे में बताया जरूर जा रहा है, लेकिन आप लोग घर में इस विषय पर ज्यादा बातचीत मत कीजिएगा। बच्चों में दहशत हो जाएगी। आप टीवी देखते हुए भी इस बात का ध्यान रखिएगा कि उनके बालमन पर आतंक की यह तस्वीर अंकित न हो।

उधर बच्चों से कहा जा रहा था, ''ट्वीन टावर से दो विमान टकरा गए हैं। शायद आतंकवादियों ने ऐसा किया है। कभी-कभी ऐसा हो जाता है, लेकिन चिंता की कोई बात नहीं। तुम लोग परेशान मत होना। आज जल्दी घर चले जाओ। कल फिर आना। कल हम नए-नए ड्राइंग बनाना सिखाएँगे।''

मैं गुजरात में 26 जनवरी, 2001 का भूकंप और इससे पहले ओडिशा में आए भयंकर चक्रवाती तूफान को कवर कर चुका था। मैंने लाशों की तसवीरें बहुत नजदीक से अपने कैमरे में शूट की थीं। उसे बीभत्स और डरावना बनाकर पेश किया था। मैं लाशों के जितना करीब जाकर उन्हें शूट करता, उतना शानदार रिपोर्टर खुद को मानता। नाक पर मास्क लगाकर पीटीसी करता। कहता कि तीन दिन हो गए हैं, भूकंप आए। देखिए, यह लाश सड़ चुकी है। अब तक मलबा नहीं उठा।

आखिर यही तो है पत्रकारिता।

लेकिन अमेरिका में इतना बड़ा हादसा हो गया। एक भी लाश नहीं दिख रही थी। टीवी वाले कह रहे हैं कि दस हजार लोग मर गए। दस हजार मर गए तो लाशों को कौन ले भागा? यहाँ के टीवी वाले मूर्ख हैं। बस दो विमानों के टकराने की खबरें दिखाए जा रहे हैं। एक भी लाश नहीं? कोट-पैंट-शर्ट पर लाल निशान वाली तसवीरें कहाँ हैं? लोगों के जूते? वो मातमी धुन?

मैं एक-एक कर सारे चैनल बदल चुका। कहीं कुछ नहीं। बस इतनी सी खबर कि अमेरिका पर सबसे बड़ा आतंकवादी हमला हुआ है। बुश ने यह कहा है। इसके अलावा न किसी और का कोई बयान, न खून से रँगी कोई तस्वीर।

आपको सिर्फ बताने के लिए बता रहा हूँ कि जिस वक्त ट्वीन टावर पर हमला हुआ था, उस वक्त सीएनएन वहाँ अपनी एक फिल्म शूट कर रहा था। क्योंकि उनकी शूटिंग चल रही थी, इसीलिए ट्वीन टावर से विमान के टकराने की घटना शूट हो गई। वो करीब-करीब लाइव विजुअल था, जिसे आपने यहाँ टीवी पर बार-बार देखा। लेकिन आपने दस हजार मौत में से एक भी लाश अपने टीवी स्क्रीन पर नहीं देखी होगी।

वहाँ के लोग खबरों को जुगुप्सापूर्ण नहीं बनाते। वहाँ खबरों में थ्रिल नहीं पैदा किया जाता। वहाँ खबरों में मौत का ड्रामा नहीं रचा जाता। वहाँ खबरों को बेचने के लिए उन्हें झूठ के आँसुओं से नहीं सींचा जाता। वहाँ किसी बच्चे की कॉपी पर खून के पड़े छींटों को सनसनीखेज नहीं बनाकर उस तरह उन पर कविताएँ नहीं गढ़ी

जातीं, जिस तरह पाकिस्तान के एक स्कूल में बच्चों पर हुए हमले के बाद हम सबने दिखाई हैं। वहाँ मौत को थ्रिल नहीं माना जाता। उनके लिए ज़िंदगी थ्रिल है। वो आसमान से कूदते हैं, पहाड़ पर चढ़ते हैं, समंदर में गोते लगाते हैं। ये सब उनकी खबरें हैं। वो ज़िंदगी को लाइव जीते हैं। हमारी तरह मौत को नहीं।

आप अपने दिमाग पर जोर डालिए। मैं भी डाल रहा हूँ। मुझे न्यूयॉर्क में उतने बड़े हमले में मौत की एक भी तस्वीर नहीं दिखी थी। मैं तो वहीं था। जब मुझे नहीं दिखी तो आपको भी नहीं ही दिखी होगी। मैंने उस घटना के बारे में अपने बेटे से उस दिन सिर्फ इतनी बात की थी कि तुम परेशान मत होना। ऐसी घटनाएँ हो जाती हैं।

बेटा अगले दिन स्कूल गया तो स्कूल में प्रिंसिपल बच्चों को बैठाकर बता रही थीं, ''ऐसी घटनाएँ दुखद होती हैं। तुम लोग इस बारे में अभी मत सोचना। दुनिया में कुछ गंदे लोग होते हैं, जो ऐसा कर देते हैं। तुम्हें अच्छा बनना है। तुम्हें बदले की कोई भावना नहीं रखनी। तुम्हें किसी से नफरत नहीं करनी। तुम लोग संसार के भविष्य हो। तुम लोग डरना नहीं। तुम लोग मम्मी-पापा से कहना कि तुम्हें अच्छी कहानियाँ सुनाएँ।''

मैंने देर शाम दिल्ली में जनसत्ता अखबार के लिए एक लेख लिखा, ''अमेरिका को डर है कि बच्चे कहीं डर न जाएँ।''

परसों हम टीवी पर एक बाइट चला रहे थे कि पाकिस्तान के स्कूल में हुए हमले में बच गया एक बच्चा मीडिया के सामने कह रहा था, ''एक-एक को चुन-चुनकर मारूँगा।''

हम उस इंटरव्यू को दिखा नहीं रहे थे, बेच रहे थे। एक चैनल पर खून से लथपथ एक कॉपी दिखाई जा रही थी और ऐंकर कह रहा था कि इसे गौर से देखिए। ये एक मासूम की आखिरी निशानी है।

मेरा बेटा जो दिल्ली से बाहर इंजीनियरिंग की पढ़ाई कर रहा है, इन दिनों दिल्ली आया हुआ है। मुझसे पूछ रहा था कि ऐसी खबरें क्यों दिखाते हो? इससे तो नफरत बढ़ेगी। दहशत बढ़ेगी। तुम तो अमेरिका में रहकर देख चुके हो कि खबरें कैसी और कितनी दिखानी चाहिए। लेकिन तुम तो एक तरह से आतंकवादियों को उकसा रहे हो कि देखो, तुम्हारी एक हरकत को हमने कितना फुटेज दिया है। इससे तो उनका हौसला ही बढ़ रहा है। वो इसीलिए तो ऐसी हरकतों को अंजाम देते हैं, ताकि उनकी बात दुनिया भर में पहुँच जाए।

तुम्हें खून, कपड़े, जूते, लाशों की तसवीरें नहीं दिखानी चाहिए। याद है न, अमेरिका में प्रिंसिपल ने क्या कहा था? उन्होंने कहा था कि दुनिया में कुछ गंदे लोग होते हैं, जो ऐसा कर देते हैं। तुम्हें अच्छा बनना है। तुम्हें बदले की भावना नहीं रखनी है। तुम्हें किसी से नफरत नहीं करनी। तुम्हें डरना भी नहीं है।

पापा, कुछ और दिखाओ। हमारे लिए तो इतनी ही खबर काफी है कि पेशावर के स्कूल में आतंकवादियों ने फायरिंग कर के इतने बच्चों को मार दिया। बस इतना काफी है। इससे ज्यादा की दरकार नहीं। हम जानते हैं कि मर जाना क्या होता है। हम जानते हैं कि किसी बच्चे का मर जाना माता-पिता के लिए क्या होता है। हम सब जानते हैं, तुम बार-बार दिखाकर उसे नासूर मत बनाओ। वो जख्म है, उसे मरहम चाहिए। उसे कुरेदोगे तो वो कैंसर बन जाएगा। दवा दो, दर्द नहीं। तुम्हारी खबरें दर्द दे रही हैं।

□

22 नवंबर

सोच रहा हूँ, सीधे-सीधे वो कहानी ही सुना दूँ, जिसे कल मेरी पोस्ट पर एक परिजन ने बतौर कमेंट लिखा।

एक गाँव में एक लोहार रहता था। उसके बगल में एक सुनार रहता था। लोहार लोहे का काम करता और सुनार सोने का। लोहार लोहे को आग की भट्ठी में तपाता, फिर उस पर हथौड़ा चलाता। सुनार भी सोने को आग में तपाता, फिर उस पर हथौड़े चलता।

जब लोहार हथौड़े चलाता तो बहुत दूर तक बहुत तेज आवाज जाती। धड़ाम-धड़ाम।

जब सुनार सोने पर हथौड़ा चलाता तो किसी को पता भी नहीं चलता, इतनी धीमी आवाज आती। ठक-ठक।

एक दिन लोहे का छोटा सा टुकड़ा छिटककर सुनार की दुकान के पास आ गिरा। लोहे के टुकड़े ने सोने की ओर बहुत कातर भाव से देखा तो सोने के टुकड़े ने लोहे के टुकड़े से पूछा, ''भाई, एक बात बताओ, तुम्हें भी आग में तपाया जाता है, मुझे भी आग में तपाया जाता है। तुम्हें भी गरम करके ठोका जाता है, मुझे भी गरम करके ठोका जाता है। लेकिन जब तुम पर हथौड़ा चलता है तो तुम इतनी जोर-जोर से चिल्लाते हो। मैं तो बस मामूली ठक-ठक से काम चला लेता हूँ। मैं मानता हूँ कि इस तरह हथौड़ा पड़ने से हमें चोट लगती है, लेकिन मैं तुम्हारी तरह इतनी जोर से चीखता और चिल्लाता नहीं। आखिर क्यों?''

लोहे का टुकड़ा बहुत रुआँसा होकर बोला, ''मेरी और तुम्हारी तकलीफ में फर्क है। मुझे जो हथौड़ा पीटता है, वो मेरा भाई है। तुम्हारा कोई नहीं। जाहिर है, मुझे मेरा भाई ही हथौड़ा बनकर पीटता है, तो मुझे ज्यादा तकलीफ होती है। किसी को

तकलीफ तब होती है, जब उसका अपना उसे चोट देता है। गैरों की चोट तो कोई भी सह लेता है। तकलीफ अपनों की चोट की होती है। उम्मीद है, तुम मेरा दर्द समझ गए होगे?''

है तो यह कहानी। लेकिन बहुत कुछ कहती हुई कहानी।

यह सच है कि आदमी टूटता ही अपनों की चोट से है। दूसरों की चोट से आदमी को सिर्फ शरीर पर चोट लगती है, लेकिन अपनों की चोट मन पर लगती है। शरीर की तकलीफ आदमी सह जाता है। मन की चोट से आदमी बिलबिला उठता है। लोहा और सोना दोनों निर्जीव वस्तु हैं। पर कहानी कहने वाले ने चोट और उसकी चीख को बयाँ बहुत तरीके से किया है।

याद कीजिए मदर इंडिया का वो सीन, जहाँ एक माँ अपने बेटे को इसलिए गोली मार देती है क्योंकि उसका बेटा किसी की बेटी को लेकर भाग रहा होता है। माँ अपने खून की इस चोट को नहीं सह पाती। जिस बेटे को पालने के लिए उसने पता नहीं ज़िंदगी से कितना लोहा लिया होता है, पता नहीं किस-किस दर्द से गुजरती है, वो ही माँ अपनी संतान की उस चोट को बरदाश्त नहीं कर पाती, और उसे गोली मार देती है।

रिश्तों का सबसे बड़ा दंश ही यही है कि उसे अपनों की चोट ज्यादा लगती है। अंग्रेजों से लोहा लेने वाले मोहनदास करमचंद गांधी अपने ही एक बेटे की हरकतों के आगे हार गए थे। सारी दुनिया के पिता कहलाने वाले गांधी की आत्मकथा पढ़ते हुए कई बार लगता है कि गांधी को जीवन भर अपने ही बेटे के पिता न बन पाने का दुःख सालों साल सालता रहा। सारी दुनिया का उद्धार करनेवाले कृष्ण को अपने ही पुत्र प्रद्युम्न की हरकतों से न सिर्फ शर्मसार होना पड़ा, बल्कि उसे शापित भी करना पड़ा।

मदर इंडिया की नरगिस का दर्द अपने बेटे की हत्या के बाद उसकी आँखों में जिस तरह छलककर आया, वो लोहे को मिली उसी चोट की तरह था, जिस तरह हथौड़े की चोट से लोहे की बिलबिलाहट निकलती है। गांधी की मजबूरी की कई कहानियाँ उनकी अपनी संतान की तरफ से दी गई होती हैं, और अंग्रेजों के जुल्म को सीने पर सहने वाले गांधी सीने के भीतर अपने बेटे की चोट सहते हुए कई बार टूटे होंगे, इसमें किसी को संदेह नहीं होगा।

शिशुपाल तक के सौ अपराध माफ कर देने वाले कृष्ण अपनी संतान के एक

अपराध को माफ नहीं कर पाए तो यकीनन यह चोट लोहे से लोहे को मिली थी।

जिन्हें अपने परिवार में किसी से धोखा मिलता है, जिन्हें अपनी उम्मीदों से धोखा मिलता है, जिन्हें अपनी नीतियों से धोखा मिलता है, जिन्हें उनसे धोखा मिलता है जिनपर वो भरोसा करते रहे हैं, वो लोहे की तरह बिलबिलाएँ तो अब संजय सिन्हा कोई सवाल नहीं पूछेंगे।

जिसने लोहे के दर्द को जान लिया, वो तो लोहे की चीख पर आँसू बहाएगा। धन्य है सोना कि उस पर चोट करनेवाला उसका सगा नहीं होता। शायद इसीलिए सोने की कीमत ज्यादा है कि उसके अपने उसके अपने होते हैं। उसके सगे उसका साथ देते हैं। और लोहा?

वो तो चोट खाता है, बिलबिलाता है और कौड़ियों के भाव चला जाता है। यही होता है, जिसके अपने उसे तकलीफ देते हैं, उसकी कोई कीमत नहीं होती। कीमत उसी की होती है, जिसके रिश्ते सोने की तरह होते हैं, लोहे की तरह नहीं।

□

28 दिसंबर

आपने बच्चों की एनिमेटेड फिल्म 'फ्रोजेन' देखी है? नाम से ही स्पष्ट है, फ्रोजेन यानी जमा हुआ। सबकुछ जब ठंड से जम जाए तो उसे 'फ्रोजेन' कहते हैं।

कहानी बहुत आसान सी है। एक राजा की दो बेटियाँ होती हैं। एक बेटी को जन्म से यह बीमारी होती है कि वो जिस चीज को छू देगी, वो चीज बर्फ बन जाएगी। समय के साथ उसकी मुश्किलें और बढ़ती जाती हैं, और उसके आसपास की सारी चीजें भी ठंडी होती चली जाती हैं।

एक दिन वो अपना महल छोड़कर कहीं दूर चली जाती है। उसे लगता है कि उसकी वजह से सबकुछ तबाह हो रहा है। उसकी छोटी बहन एक राजकुमार से प्यार करती है। वो अपनी बहन को ढूँढ़ना चाहती है। बड़ी बहन मिल जाती है, लेकिन वो अपनी छोटी बहन से नहीं मिलना चाहती। वो उससे कहती है कि तुम मुझसे दूर हो जाओ। मेरे पास आने वाला जम जाता है। तुम मेरे पास मत आओ। छोटी बहन नहीं मानती तो उसे एक हद तक हिंसा का सहारा लेना पड़ता है।

छोटी बहन का दिल टूट जाता है। वो बहुत बीमार हो जाती है। वैद्य उसे देखता है, कहता है कि उसके दिल में बर्फ समा गई है। धीरे-धीरे वो मर जाएगी। इस बीच एक दूसरा लड़का, जो उसकी ज़िंदगी में मददगार बनकर आता है, वैद्य से पूछता है कि उसे बचाने का आखिरी उपाय क्या होगा?

वैद्य कहते हैं कि अगर लड़की को उसका सच्चा प्यार मिल जाए, एक ऐसा प्यार, जो उसके दिल तक पहुँच जाए तो वो बच जाएगी। लड़का भागकर उसे चाहने वाले उसके प्रेमी राजकुमार तक पहुँचाता है।

लड़की राजकुमार से कहती है कि वो उससे प्यार करे, ताकि वो बच जाए।

राजकुमार हँसता है। कहता है कि उसे उससे कोई प्यार नहीं। वो तो उसके राज्य से प्यार करता था। लड़की को सदमा लगता है।

वो मरणासन्न हो जाती है।

फिल्म देखते हुए मुझे अंत तक लगता रहा कि जो दूसरा लड़का उसकी ज़िंदगी में है, वही अंत में उसे प्यार करेगा और तभी वो बच पाएगी। पूरी फिल्म के क्लाईमेक्स को मैं भाँप चुका था। वो लड़का भी दौड़ता है, उस लड़की को चूमने के लिए। उसे प्यार करने के लिए ताकि वो बच सके।

इस बीच उसकी बड़ी बहन को मारने का षड्यंत्र रचा गया है। फिल्म के आखिरी सीन में सभी एक फ्रेम में होते हैं। उसकी बड़ी बहन को मारने की कोशिश की जाती है, तभी यह मरणासन्न बहन अपनी बहन की ढाल बनकर सामने आ जाती है। आखिरी सीन में में वो जमकर बर्फ बन चुकी होती है और बहन पर हुए हमले को रोक लेती है।

यहाँ क्लाइमेक्स बदलता है। बड़ी बहन जब बच जाती है तो प्यार से बर्फ बन चुकी अपनी छोटी बहन को गले लगाती है। अचानक बर्फ की परत टूटती है। छोटी बहन एकदम ठीक हो जाती है। उसे उसका सच्चा प्यार मिलता है, बड़ी बहन के रूप में।

आज आपको इस कहानी को सुनाने का मकसद बहुत छोटा सा है। हम अक्सर नहीं पहचान पाते सच्चे प्यार को। छोटी बहन पहले अपने प्रेमी राजकुमार को सच्चा प्यार मान रही थी, जो नहीं था। दूसरा लड़का उससे प्यार करता था, लेकिन छोटी बहन को उससे प्यार नहीं था। उसे इस संदेह के बाद भी कि बड़ी बहन उससे नफरत करती है, अपनी बहन से प्यार था।

बड़ी बहन को तो खैर उससे प्यार था ही।

बहुत मुश्किल होता है अपने सच्चे प्यार को पहचान पाना। सच्चा प्यार होने का अर्थ कतई किसी राजकुमार से रिश्ते का होना नहीं होता। सच्चा प्यार कोई जरूरी नहीं कि जिसके साथ हम ज़िंदगी बिता दें, उससे ही हो। सच्चा प्यार कहीं भी हो सकता है।

हर किसी की ज़िंदगी में एक न एक सच्चा प्यार होता ही है।

जिसे वो सच्चा प्यार मिल जाए, उसकी ज़िंदगी ही नफरत की बर्फ तोड़कर

बाहर निकलती है। ठीक वैसे ही जैसे फिल्म 'फ्रोजेन' में सच्चा प्यार पाकर छोटी राजकुमारी की ज़िंदगी बचती है।

आप भी अपनी ज़िंदगी के सच्चे प्यार को पहचानिए। वो कहीं भी हो सकता है। कोई भी हो सकता है। लेकिन इतना तय है कि वो मिल गया तो दिल में जमी सारी बर्फ बाहर निकल जाएगी। एक नई ज़िंदगी मिल जाएगी। पर हम ऐसा कर कहाँ पाते हैं? हम कई बार ज़िंदगी ढोते हुए काट देते हैं। देश, समाज, दुनिया से घबरा कर। एक सामाजिक मोहपाश में बँधकर। फिर भी एक बार प्यार को पहचानकर तो देखिए। मेरा दावा है, रोम-रोम खिल उठेगा, प्यार की सच्ची आहट सुनकर।

□

31 दिसंबर

जिन दिनों मेरी शादी हुई थी, मेरी सास दिल्ली के एक प्राइमरी सरकारी स्कूल में टीचर थीं। मैं अक्सर उन्हें गर्मी, सर्दी, बरसात में भागते हुए स्कूल जाते देखता। एक तो सरकारी स्कूल, ऊपर से प्राइमरी। मैं बहुत बार सोचता कि एक प्राइमरी स्कूल में अगर टीचर समय पर न भी पहुँचे तो कौन सा तूफान आ जाने वाला है। एकाध दफा तो मैं उनके घर गया होता और वो मेरे जागने से पहले ही स्कूल जा चुकी होती थीं। डाइनिंग टेबल पर मेरे लिए आलू के पराँठे, लस्सी, चटनी, सब ताजा बनाकर वो सुबह-सुबह स्कूल चली जातीं और दोपहर में घर चली आतीं।

एक तो ससुराल, दूसरे पंजाबी ससुराल। मेरे पल्ले आज तक यह बात नहीं पड़ी कि पंजाबी लोग तले हुए पराँठे के ऊपर मक्खन क्यों लगाते हैं। मक्खन के साथ-साथ फुल साइज गिलास में मलाई मार के लस्सी और फिर दोपहर में पनीर की सब्जी पर इतना जोर क्यों देते हैं। मैं तो शुरू-शुरू में इस बात पर हँस-हँसकर पागल हो जाता था कि दोपहर के खाने में माँ (माह) की दाल, राजमा, पालक-पनीर, मटर-पनीर और शाही पनीर के बिना पंजाबियों की मेहमानवाजी अधूरी क्यों रह जाती है। खैर, इसका नतीजा यह हुआ कि शादी में मैं कुल जो 62 किलो का था, शादी के साल भर बाद 74 किलो का हो गया। लगने वाले को तो दिल्ली का पानी भी लग जाता है, मैं तो सीधे-सीधे ससुराल का घी पी रहा था।

खैर, आज की कहानी ससुराल सेवा की अमर गाथा सुनाने के लिए नहीं लिख रहा।

आज कहानी का सारांश इस तरह है कि मेरी सास बिना नागा, बिना देर किए रोज स्कूल पहुँच जाती थीं। उस सरकारी स्कूल में, जिसे सरकार भी सीरियसली नहीं लेती थी। जिस स्कूल को स्कूल का चपरासी तक सीरियसली न लेता हो, उस स्कूल में मेरी सास ने कभी बिन बताए छुट्टी नहीं ली, कभी देर से नहीं पहुँचीं।

एक दिन मैंने अपनी सास को बताया कि मेरे स्कूल में ओम प्रकाश मास्टर कई बार नहीं आते थे तो कोई एक्शन नहीं लिया जाता था, फिर आप प्राइमरी स्कूल के बच्चों की पढ़ाई को इतनी गंभीरता से क्यों लेती हैं? एकाध दफा देर हो जाए तो कौन सा पहाड़ टूट पड़ेगा? वैसे भी सरकारी स्कूल में कौन सी पढ़ाई होती है, जो इतनी माथा–पच्ची की जाए?

मेरी सास ने मेरे सवाल का जवाब देने से पहले मुझसे सवाल किया, ''उस ओमप्रकाश मास्टर के बच्चे क्या करते हैं?''

मैंने दिमाग पर बहुत जोर डाला। फिर बताया कि उनके बच्चे क्या कर रहे हैं, ये तो नहीं पता; लेकिन उनकी बड़ी बेटी दसवीं तक ही पढ़ाई कर पाई थी, फिर उसकी पढ़ाई छूट गई थी। बेटा भी ठीक से नहीं पढ़ पाया तो छोटा–मोटा काम पकड़ लिया था।

मेरी सास ने फिर कहा, ''उन सभी मास्टरों को याद करो, जिन्होंने अपने काम को ईमानदारी से अंजाम नहीं दिया, मेरा मतलब, पढ़ाने में कोताही बरती, बच्चों को पढ़ाने की जगह स्वेटर बुनने या घर के काम कराने में समय खर्च किया या ट्यूशन आदि पर अधिक ध्यान दिया।'' मैंने फिर दिमाग पर जोर डाला। पंडित मास्टरजी की याद आई। संस्कृत पढ़ाते थे। पढ़ाते क्या थे बातें बनाते थे। बच्चों से कद्दू, पपीता, केला बतौर उपहार लेकर कॉपी में नंबर दिया करते थे। उस पंडित मास्टर की बेटी पता नहीं क्यों छठी के बाद ही स्कूल छोड़ गई थी। बहुत बाद में पता चला कि उसकी शादी हो गई थी, पर पति ने उसे छोड़ दिया था।

फिर एक–एक कर मैंने बहुत से मास्टरों को याद किया। उन मास्टरों को भी याद किया, जो सचमुच बहुत ईमानदारी से पढ़ाते थे। जिन्होंने कभी बेवजह नागा नहीं किया। याद आया गणित वाले पारस नाथ सिंह मास्टर का बेटा तब इंजीनियर बनकर अमेरिका गया था, जब अमेरिका का दरवाजा सबके लिए नहीं खुला था। हिंदी वाले उपेंद्र राय मास्टर की बेटी तो मेरी आँखों के आगे डॉक्टर बनी थी।

मैं अपनी यादों में डूबा था, मेरी सास ने मुझे टोका, ''कहाँ खो गए, बेटाजी?''

''मैं अपने मास्टरों को याद कर रहा हूँ।''

''क्या याद किया?''

यही कि ओमप्रकाश मास्टर के बच्चे ठीक से नहीं पढ़ पाए। संस्कृत के मास्टर

की बिटिया का भी यही हाल था। पारस नाथसिंह और उपेंद्र मास्टर की कहानी भी मैने सुनाई।

मेरी सास मुस्कुराईं। उन्होंने कहा कि मैंने इसीलिए आपको याद करने को कहा था। जो मास्टर बच्चों के भविष्य से खिलवाड़ करता है, दरअसल किस्मत उसके साथ खिलवाड़ कर देती है। जिन बच्चों को स्कूल पढ़ने के लिए भेजा जाता है, या जो बच्चे स्कूल सिर्फ पढ़ने के लिए आते हैं, उन्हें ईमानदारी से पढ़ाना चाहिए। जो लोग यह सोचते हैं कि कुछ भी करें, काम तो चल जाएगा, उनका अपना काम अटक जाता है। अक्सर ज्यादातर शिक्षकों के बच्चे ही नहीं पढ़ पाते।

मैंने एक भी दिन बच्चों के साथ बेईमानी नहीं की। देख लो, दोनों बेटियाँ पढ़ाई में कैसी निकलीं। मेरी दोनों बेटियाँ स्कूल–कॉलेज में टॉप करती रहीं।

मतलब यह कि जैसे कर्म करोगे, वैसा फल मिलेगा। जो अपने काम को ईमानदारी से अंजाम नहीं देते, उनके साथ ज़िंदगी कब बेईमानी कर बैठती है, पता भी नहीं चलता। पता नहीं कहाँ–कहाँ से ठंड में, गर्मी में, बरसात में बच्चे स्कूल पढ़ने के लिए आते हैं, ज्ञान की प्राप्ति के लिए आते हैं, माँ–बाप की मुराद पूरी करने आते हैं। उनके अनजान भविष्य से कभी खिलवाड़ नहीं करना चाहिए।

तो बेटाजी, आपके सवाल का जवाब इतना ही है कि मैं हर रोज समय पर स्कूल इसलिए जाती हूँ, ताकि किसी बच्चे की उम्मीदें अधूरी न रह जाएँ, ताकि मेरे बच्चों के भविष्य के साथ कोई मास्टर या मास्टरनी खिलवाड़ न करे।

जो हमें अपने लिए नहीं पसंद, उसे हम दूसरों के साथ क्यों करें?

काम वही सफल होता है, जो पवित्र भाव से संपूर्ण मनोयोग से किया जाता है। मैं स्कूल समय पर जाती हूँ, ताकि जो पैसा घर आए वो तन और मन दोनों को लगे। आपके पिताजी ने भी तो यही सिखाया था न आपको कि पैसा कितना कमाया, उससे ज्यादा महत्त्वपूर्ण यह है कि पैसा कैसे कमाया। तो मैं भी, जितनी भी सैलरी मिलती है, उसे मेहनत और ईमानदारी का बनाकर घर लाना चाहती हूँ। छोटे बच्चों को धोखा देकर लाया गया पैसा कितना सफल होता?

वो कह रही थीं, वैसे तो सभी कामों में आदमी को ईमादार होना चाहिए, लेकिन पढ़ाने के काम में तो पक्के तौर पर। आखिर यह देश के भविष्य का सवाल है। जो शिक्षक अपने काम में बेईमानी करते हैं, उन्हें भगवान भी माफ नहीं करता।

मैं चुप था।

सचमुच अगर सारे टीचर ऐसा सोचते तो हम कुछ और होते। कुछ और।

नए साल पर मैं हर बार कुछ-न-कुछ प्रतिज्ञा करता हूँ, इस बार की प्रतिज्ञा है, जो भी करूँगा लगन से करूँगा। संपूर्ण मन से करूँगा, ताकि भूलकर भी कोई भूल हो न!

आपने क्या सोचा है नए साल पर? मुझे पता है आप भी कुछ ऐसा ही सोच रहे होंगे। और क्यों न सोचें? आखिर आप संजय सिन्हा परिवार के अहम सदस्य जो हैं।

तो इसी बात पर आज के लिए विदा चाहता हूँ।

□

1 जनवरी

मैंने क्योंकि नर्सरी, पहली, दूसरी और तीसरी कक्षा की पढ़ाई नहीं की है, इसलिए मैंने 'बा बा ब्लैक शीप...' कविता को नृत्य करते हुए रटा भी नहीं। लेकिन मैं पड़ोस में रहनेवाली पिंकी को नर्सरी में 'बा बा ब्लैक शीप, हैव यू एनी वूल' कविता पर अपनी स्कर्ट लहरा-लहराकर नृत्य करते हुए देखता था। पिंकी मुझसे बड़ी थी या छोटी, यह तो मुझे नहीं पता था, लेकिन मेरे मन में पहली बार स्कूल जाने की भावना उसे देखकर जागी थी। हालाँकि मुझे तब स्कूल जाने की इजाजत नहीं मिली थी, क्योंकि पंडित ने मेरे लिए तय किया था कि और दो साल बाद चॉक छुआकर मुझे स्कूल भेजा जाएगा। पिताजी घर में बहुत कुछ पढ़ाते, लेकिन 'बा बा ब्लैक शीप...' को उस तरह गा-गाकर नहीं सुनाते। हालाँकि जितना भी सुनाते, मुझे अच्छा लगता।

यह भी अर्धसत्य है कि मुझे यह कविता बहुत अच्छी लगती थी। मुझे पिंकी बहुत अच्छी लगती थी। उसके पतले-पतले होंठ और उसमें से निकलने वाली तोतली आवाज को सुनकर बिना स्कूल गए मैं सीख गया था—

"बाऽऽऽ बाऽऽऽ, ऐ काली भेड़, क्या तुम्हारे पास ऊन है?

हाँ, हाँ मेरे पास तीन थैलों में भर कर ऊन है...

एक थैला मेरे मालिक के लिए है,

एक थैला मालकिन ने लिए

और

एक थैला उस छोटे से बच्चे के लिए भी है, जो आगे की गली में रहता है।"

अगर पिंकी ने इस गीत को स्कूल में सीखकर स्कर्ट लहरा-लहराकर मेरे सामने नहीं गाया होता और मेरे मास्टर ने इसे मुझे पढ़ाया होता तो मेरा यकीन कीजिए, मैंने

नर्सरी में ही कई सवाल ठोक दिए होते। मसलन, इस गीत को किसने और क्यों लिखा? बच्चों को स्कूल की पहली सीढ़ी पर इस गीत को रटाने से क्या फायदा? क्या टीचर ने कभी पिंकी को यह बताने की कोशिश की कि इस गीत को किसने लिखा? क्या टीचर को पता है कि 'बा बा ब्लैक शीप, हैव यू एनी वूल' कविता नाच-नाचकर गाने का संदेश क्या है?

मेरा यकीन कीजिए, उस टीचर को इस बारे में कुछ नहीं पता होगा। उस टीचर को भी इस बारे में कुछ नहीं मालूम रहा होगा, जिसने मेरे बेटे को नर्सरी में यही कविता पढ़ाई। उन टीचर को भी इस बारे में नहीं पता होगा, जो भविष्य में किसी बच्चे को यही गीत पढ़ाएँगे। ठीक वैसे ही जैसे मेरे स्कूल में पंडित मास्टर, जो मुझे नीति श्लोक पढ़ाया करते थे। गलती सिर्फ टीचर की थी ऐसा भी नहीं, बच्चे भी सवाल नहीं पूछते थे कि जो पढ़ाया जा रहा है, उसमें संदेश क्या है? क्या सिर्फ चौथी, पाँचवीं, छठी और आगे क्लास दर क्लास पास होने के लिए इसे पढ़ना था, या फिर इन सब बातों का कोई अर्थ भी होता है।

मैंने पंडित मास्टर से एक बार पूछ लिया था कि वो जिस श्लोक को बार-बार मुझे रटा रहे हैं, उसका अर्थ क्या है?

श्लोक इस तरह था—

"चन्दनं शीतलं लोके, चन्दनादपि चन्द्रमाः।
चन्द्रचन्दनयोर्मध्ये शीतला साधुसंगतिः॥

पंडित मास्टर ने मुझे और मेरी क्लास के सभी बच्चों को पढ़ा दिया था कि चंदन ठंडा होता है, चंद्रमा भी ठंडा होता है। लेकिन साधु सबसे ठंडे होते हैं।

इस श्लोक का मतलब क्या था, यह न तो उन्हें पता था, न इसे पढ़ाने की वजह ही उन्हें मालूम थी।

वो तो जब मैंने एक दिन अपने मामा से इस श्लोक के बारे में बात की तो वो हँसने लगे। कहने लगे कि इसका अर्थ है, "संसार में चंदन को सबसे शीतल माना जाता है, लेकिन चंद्रमा चंदन से भी अधिक शीतल होता है—अच्छे मित्रों का साथ चंद्रमा और चंदन दोनों की तुलना में अधिक शीतलता देने वाला होता है। यानी अच्छे मित्रों की कद्र करनी चाहिए, उनका साथ बनाए रखना चाहिए।"

जब मामा ने यह बात बताई तो लगा कि पाँचवीं कक्षा में इस तरह के श्लोक

इसलिए नहीं पढ़ाए जाते कि हमारा संस्कृत ज्ञान बढ़ेगा, बल्कि इसलिए पढ़ाए जाते हैं, ताकि जीवन के प्रति हमारा नजरिया परिपक्व होगा।

पिंकी जिस 'बा बा ब्लैक शीप...' पर स्कर्ट लहराती रही, उसे तो यकीनन आज भी नहीं पता होगा कि इस गीत का क्या अर्थ था। यह भी नहीं पता होगा कि किसने इस गीत को लिखा।

आज साल का पहला दिन है। आज खुद से कुछ वादा करने का दिन है। आज मैं इसीलिए यह पोस्ट लिख रहा हूँ, ताकि हम कुछ वादे खुद से कर सकें।

मैं अपना वादा पहले पूरा कर रहा हूँ और आपको बता रहा हूँ कि नर्सरी में, जिस गीत को नाचते हुए आप और फिर आपके बच्चे पढ़ते रहे हैं, उसे सत्रहवीं सदी के आसपास लिखा गया। इसका कोई प्रत्यक्ष इतिहास बेशक मौजूद नहीं कि किसने बच्चों के इन गीतों को लिखा, लेकिन कहा जाता है कि मदर मेरी गूज नामक महिला ने इसे लिखा, जो अमेरिका के बॉस्टन शहर में रहती थी। उसके नाम से बच्चों की ऐसी कई कविताएँ दर्ज हैं। जिस 'बा बा ब्लैक शीप' को सुन-सुनकर कई पीढ़ियाँ गुजर गईं, उन्हें मदर गूज के विषय में किसी टीचर ने नहीं बताया। लेकिन कहा जाता है कि मदर गूज उस गुमनाम कवयित्री का नाम है, जिसका असली नाम दरअसल एलिजाबेथ फॉस्टर गूज था। वो अपनी बेटी के बच्चों को ऐसे गाने बना-बनाकर सुनाया करती थी। और उसके नहीं रहने के बाद उसके दामाद ने इसे किताब का रूप दिया। और यहीं से जन्म हुआ मदर गूज का। यहीं से जन्म हुआ काली भेड़ों से उस विनम्र गुहार का, जिसमें उसके बाल से बनने वाले ऊन की माँग रखी जाती है। बच्चा उससे यह पूछते हुए इतना विनम्र होता है कि पूछने से पहले भेड़ की आवाज मुँह से निकालता है, बाऽऽऽ बाऽऽऽ...

और भेड़ अति विनम्रता से बताती है कि उसके पास ऊन भरे तीन थैले हैं। एक उसके मालिक के लिए, एक मालकिन के लिए और एक उस बच्चे के लिए। वो काली भेड़ प्यार में अपना सबकुछ लुटाने को तैयार है।

मेरा नए साल पर खुद से वादा है कि मैं अपना ये पूरा साल आप जैसे उन परिजनों के बीच गुजारूँगा, जिनका साथ मेरे लिए चंदन और चंद्रमा से ज्यादा शीतल करनेवाला है। मैं वादा करता हूँ कि मैं भी इस पूरे साल सब पर सिर्फ अपना प्यार लुटाऊँगा। इस पूरे साल नफरत की एक छोटी सी लहर भी दिल में नहीं उठने दूँगा।

आप भी ऐसा ही कुछ करेंगे, मुझे यकीन है। साल भर जो भूल-चूक लेनी-देनी

हुई, वो हो गई। अब आज से नया साल। संजय सिन्हा के पूरे परिवार के लिए नया साल।

हाँ, बच्चों की टीचर चाहे जो पढ़ाए, लेकिन अपने बच्चों को शिक्षा का मकसद जरूर बताइएगा। बताइएगा ट्विंकल-ट्विंकल लिटल स्टार सिर्फ गुनगुनाने के लिए नहीं पढ़ाया जाता। यह पढ़ाया जाता है सितारा बनने के लिए। अपने बच्चों को सितारे की तरह चमकते हुए देखना चाहते हैं तो उसे पूरे साल स्कूल की पढ़ाई के साथ जीवन की पढ़ाई भी कराइए। मेरा मतलब यह है कि आप चाहे जितने व्यस्त हों, पर हर रोज कम-से-कम एक घंटा उसके साथ, अपने परिजनों के साथ, कोने में दुबके अपने रिश्तों के साथ गुजारिएगा। विश्वास कीजिए, रिश्ते महक उठेंगे। साल भर महकते रहेंगे।

□

2 जनवरी

"अच्छा बताइए, राज्यसभा को अपर हाउस क्यों कहते हैं?"

"नहीं पता, सर।"

"संसद के कितने अंग होते हैं, ये तो पता होगा ही।"

"नहीं सर, ये भी नहीं पता।"

"ओके, संसद में शून्य काल के बारे में तो सुना ही होगा।"

एक बड़ी चुप्पी...।

"आपने तो अभी बताया था कि आपने राजनीति शास्त्र में ऑनर्स किया है।"

"हाँ, सर। लेकिन पाँच-छह साल हो गए, सब भूल गई हूँ।"

"अच्छा, आपने और कौन-कौन से विषय लिये थे ग्रेजुएशन में?"

"इंगलिश, हिंदी और हिस्टरी सब्जेक्ट भी थे साथ में।"

"लॉर्ड कर्जन का नाम सुना होगा?"

बिना किसी अपराध-बोध के उन्होंने चमकते दाँतों को फैलाकर कहा, "सुना तो है, लेकिन अभी कुछ याद नहीं आ रहा।"

"इंग्लिश और हिंदी के बारे में कुछ पूछूँ?" ये मेरा अगला सवाल था।

"सर, पूछने को तो आप कुछ भी पूछ लें। लेकिन पढ़ाई छूटे वक्त बीत गया है।"

"आपकी लिखित परीक्षा जो हमने ली है, उसमें आपने सामान्य ज्ञान के पचास

फीसदी सवाल छोड़ दिए हैं। बाकी के आधे जवाब गलत हैं। अनुवाद आपने ठीक नहीं किया है। हिंदी में हिज्जे गलत हैं। इंटरव्यू में आप कुछ जवाब नहीं दे पा रहीं। क्या करूँ?''

''सर, एक बार एंकर बन जाऊँ, फिर सब आ जाएगा। आप मेरे काम से खुश रहेंगे। आपको निराश होने का मौका नहीं दूँगी। आप जो कहेंगे, करूँगी।''

''आपका अनुभव?''

''सर, चार साल से उस छोटे से चैनल में काम कर रही हूँ। अब किसी बड़े चैनल में काम करना चाहती हूँ।''

''आपको क्या लगता है, एक एंकर में क्या-क्या खूबी होनी चाहिए?''

''सर, मैं स्मार्ट हूँ। सुंदर हूँ। आत्मविश्वास से भरी हुई हूँ।''

एक चुप्पी।

''मैं किसी का भी इंटरव्यू ले सकती हूँ। बॉलीवुड मेरा पैशन है।''

''मान लीजिए, आपको आज शाहरुख खान का इंटरव्यू लेना हो तो आप उनसे क्या सवाल पूछेंगी?''

''मैं पूछूँगी, टीवी से फिल्मों तक का आपका सफर कैसा रहा?''

''लेकिन इस सवाल को तो उनसे हजार बार पूछा जा चुका है। यह तो पच्चीस साल पुरानी बात हो चुकी है। और अगर अमिताभ बच्चन सामने आ जाए तो?''

''ओ माई गॉड, अमिताभ बच्चन! सर, मेरा सपना है, एक बार उनका इंटरव्यू करूँ।''

''लेकिन पहला सवाल क्या होगा?''

''सर, अमिताभ बच्चन सामने होंगे? मुझे सँभलने का जरा मौका दीजिए। मैं सोच कर बताती हूँ।''

31 दिसंबर। जाते हुए साल का आखिरी दिन।

मैं बहुत बेसब्री से कुछ एंकर और कुछ डेस्क पर काम करनेवालों की तलाश कर रहा हूँ। पिछले कई दिनों से रोज इंटरव्यू ले रहा हूँ। हमने बहुत सामान्य सा

नियम बना रखा है। जो भी आवेदन भेजता है, उसकी लिखित परीक्षा ली जाती है, फिर तीन लोग मिलकर इंटरव्यू लेते हैं। हमारी कोशिश रहती है कि जिसे हिंदी, अंग्रेजी और सामान्य ज्ञान की जानकारी हो, उसे अनुभव के आधार पर नौकरी दे दें।

कुल मिलाकर पिछले तीन महीनों में मैंने कई इंटरव्यू लिये। यकीन कीजिए, शुरू-शुरू में हँसी आती थी। अब रोना आता है।

क्या सचमुच हमारी शिक्षा इतनी खराब हो गई है कि हम बी.ए., एम.ए. की डिग्री उन लोगों को दे देते हैं, जिन्हें एक भी भाषा ठीक से नहीं आती। मैं अक्सर सोच में पड़ जाता हूँ कि जिसने हाई स्कूल की परीक्षा भी ईमानदारी से पास की होगी, उसे एक भाषा तो ठीक से आती होगी। अगर उसने हिंदी माध्यम से पढ़ाई की है तो हिंदी पर तो नियंत्रण होगा। चलिए बहुत अच्छी अंग्रेजी न भी आए, तो कामचलाऊ अंग्रेजी तो आनी चाहिए। और अगर किसी ने इतिहास, राजनीति शास्त्र में ऑनर्स किया हो और उसे बुनियादी बातें न पता हों तो उस संस्थान पर मुकदमा ठोक देना चाहिए, जहाँ से ऐसे बच्चे डिग्री लेकर निकलते हैं। मुझे नहीं पता, शिक्षा तंत्र में ऑडिट की व्यवस्था किस तरह होती है, लेकिन मैं पचास ग्रेजुएट लोगों के बायोडेटा उन लोगों तक भिजवा सकता हूँ, जिन्हें कायदे से छठी कक्षा भी नहीं पास करनी चाहिए थी।

अगर किसी शिक्षक ने किसी और योग्यता को देखकर उन लड़कों और लड़कियों को पास किया है, ग्रेजुएट होने का मौका दिया है, तो वो शिक्षक अपराधी है। ऐसे शिक्षकों पर देशद्रोह का मुकदमा चलना चाहिए, क्योंकि उन्होंने देश की पूरी पीढ़ी के साथ गद्दारी की है।

जो लड़की किसी भी चैनल में मोतियों से दमकते दाँतों और लहराते बालों के बूते टीवी पत्रकार बनने का दंभ भरती हैं, उसे कौन बताए कि जिस तरह बुरे ड्राइवर के हाथों में गाड़ी सुरक्षित नहीं होती, जिस तरह खराब पायलट के हाथों विमान सुरक्षित नहीं होता, उसी तरह अशिक्षित और अर्ध-शिक्षित पत्रकारों के हाथों देश का चौथा स्तंभ सुरक्षित नहीं रहेगा। मेरे पिता मुझे सलाह दिया करते थे कि रोज रात नौ बजे टीवी पर खबरें देखा करो, सुबह 'हिंदू, स्टेट्समैन और इंडियन एक्सप्रेस' पढ़ा करो। इससे सामान्य ज्ञान ठीक होगा, अंग्रेजी दुरुस्त होगी।

कई साल बीत गए हैं। मैंने अपने बेटे से नहीं कहा कि तुम सुबह उठकर अखबार जरूर पढ़ो। मैंने ये भी नहीं कहा कि तुम टीवी पर कोई बुलेटिन देखो।

मैं नहीं जानता कि दोषी कौन है। क्या पता कुछ दोष मेरा भी हो।

लेकिन मुझे तलाश है डेस्क पर काम करनेवाले कुछ पत्रकारों की। कुछ एंकर की।

कोई ऐसा नजर आए जिसे हिंदी और अंग्रेजी आती हो, जिसका सामान्य ज्ञान ईमानदारी से रोज की खबरों लायक भी हो तो चलेगा।

जिन्हें ऐसा लगता हो कि सिर्फ स्मार्ट और सुंदर होना एंकर बनने का क्वालिफिकेशन है, उन्हें खुद पर शर्मिंदा होना चाहिए ये कहते हुए कि उनमें आत्मविश्वास है।

आत्मविश्वास उनके भीतर होता है, जिनके भीतर ज्ञान की ईमानदारी होती है। बाकी जो लोग अपने भीतर आत्मविश्वास बताते हैं, दरअसल उसे निर्लज्ज होना कहते हैं।

□

4 जनवरी

मेरी उम्र बहुत कम थी। माँ की उम्र खत्म हो रही थी। माँ की हथेलियाँ और मेरी हथेलियाँ करीब-करीब बराबर हो चुकी थीं। माँ की मृत्यु से चार दिन पहले मैंने उसकी हथेलियों पर स्याही लगाकर कागज के टुकड़े पर उनके निशान उतार लिये थे। मैं छोटा था, लेकिन इतना समझ चुका था कि माँ अब नहीं बचेगी। कागज पर उन हथेलियों के बिंब के सहारे मैं बाकी का बचपन काटने को तैयार था, लेकिन ईश्वर से माँ की लंबी उम्र की दुआ माँगने की हिम्मत मुझमें नहीं थी।

यह सच है कि समय के साथ आदमी मौत के दु:ख को भूलने लगता है। समय को दुखों का मरहम कहा जाता है। लेकिन मेरे मामले में ऐसा नहीं हुआ। मैंने एक-दो बार यहीं फेसबुक पर चुपचाप आपके सामने यह कबूल किया है कि एक समय ऐसा आया था, जब मैंने अपनी ही माँ की मौत की दुआ माँगी थी। फिर किसी से यह बात कहने की मेरी हिम्मत नहीं हुई, और न मैंने किसी से ये बात कही। हाँ, इतना जरूर है कि पिताजी ने दफ्तर से जो डायरी लाकर मुझे दी थी, उस डायरी में मैंने यह लिखा था कि ''हे भगवान, मेरी माँ को मौत दे दो।''

माँ को कैंसर हो गया था। मुझे कैंसर के बारे में ज्यादा नहीं पता था। सबसे पहले कानपुर के हैलट अस्पताल से लौटने के बाद पिताजी ने मुझे बताया था कि तुम्हारी अम्माँ को कैंसर हो गया है। अम्माँ को दमा था, अम्माँ का पेट खराब था, अम्माँ हाँफने लगती थी, ये तो मैं बचपन से देखता आ रहा था। ऐसे में अम्माँ को कैंसर हो गया है तो बड़ी बात क्या है? पिताजी मुझे क्यों बता रहे थे?

मैंने उस दिन यही तो कहा था कि अम्माँ का पेट ठीक नहीं है, ठीक हो जाएगा।

खैर, अम्माँ को कैंसर होने के बाद वो जितने दिन जीवित रही, मैंने उतने दिनों में दो फिल्में ऐसी देख ली थीं, जिन्हें देखने के बाद मेरे पास कैंसर पर शोध करने के

लिए कुछ बचा नहीं था। एक फिल्म थी 'आनंद' और दूसरी 'अँखियों के झरोखों से'।

मैं समझ चुका था कि अम्माँ को एक ऐसी बीमारी हो गई है, जिसे 'दुर्भाग्य' कहते हैं। वरना एक संपूर्ण सदाचारी महिला, जिसने शायद शाकाहारी भोजन ग्रहण करते हुए भी हजार बार सोचा हो कि पेड़-पौधों में भी तो जीवन होता है, इन्हें कैसे खाएँ, को ऐसी बीमारी कैसे हो सकती है? ये दुर्भाग्य का आखिरी पड़ाव ही होता होगा, जब आदमी दर्द को चीखकर भी बयाँ नहीं कर सकता। जो महिला ने घर में निकलने वाले छोटे से कीड़े को हाथों से उठाकर बाहर रख आती थी, ताकि कोई उसे मार न दे, और वो खुद कैंसर से मरने के लिए रात-दिन तड़पे, उसे तो उसका दुर्भाग्य ही कहा जाएगा।

तो मैंने यह बात किसी से कही नहीं थी, लेकिन मेरी माँ दुर्भाग्यशाली थी। चालीस साल की उम्र में दुनिया को अलविदा कह देना शायद बहुत बड़ी बात नहीं, लेकिन जान से प्यारे अपने बेटे की हथेलियों को सारी रात अपनी हथेलियों में समेटे हुए कोई महिला यह कहे कि "तुम जीना, बिना किसी से किसी उम्मीद के जीना", और मुँह बगल में करके अपने आँसुओं को पोंछने की कोशिश करे, वो महिला दुर्भाग्यशाली ही थी।

वो अपने ही बेटे को बड़ा होते नहीं देख पा रही थी। वो अपने ही दर्द को नहीं सह पा रही थी। वो अपने ही दुर्भाग्य से मुकाबला नहीं कर पा रही थी।

मेरी तरह उसने भी पढ़ा ही होगा कि सिगरेट, शराब, खराब खाना और गलत जीवन शैली से कैंसर जैसी बीमारी होती है। लेकिन वो इन सारी बातों से बहुत दूर थी। मेरी माँ थी इसलिए नहीं, मैं एकदम निष्पक्ष होकर स्वीकार करता हूँ कि अगर 'देवी' शब्द किसी के लिए किसी ने पहली बार लिखा होगा तो उसे यह शब्द मेरी माँ को अपनी जेहन में रखकर ही लिखा होगा। कोई ऐसी महिला ही देवी हो सकती थी, जिसने विचारों में भी कभी 'बुराई' की कल्पना नहीं की होगी। वही माँ एक दोपहर अचानक बैठे-बिठाए कैंसर की मरीज घोषित कर दी गई थी।

आप सोच रहे होंगे कि आज अचानक मैं कहाँ से अपनी पुरानी यादों को कुरेदने बैठ गया।

मैं पुरानी यादों को नहीं कुरेद रहा। मेरी तरह आपने भी अखबार में उस खबर को कल पढ़ा होगा कि कैंसर होने की वजह 'दुर्भाग्य' है।

नीदरलैंड के प्रोफेसर हैंस क्लीवर्स ने कई सालों तक शोध करने के बाद यह निष्कर्ष निकाला है कि कैंसर एक ऐसी बीमारी है, जिसके होने में मरीज का कोई दोष नहीं होता। न गलत जीवन-शैली, न गलत खान-पान। बस इतना ही कहा जा सकता है कि कैंसर होने का अर्थ है उसका 'दुर्भाग्य।'

उनकी यह रिपोर्ट मेडिकल जर्नल में छपी। वहाँ से यह रिपोर्ट अखबारों तक पहुँची। अखबारों से मुझ तक और आप तक।

आप तक यह रिपोर्ट पहुँची एक खबर के रूप में। मुझ तक पहुँची मेरी सबसे कठोर यादों के रूप में। प्रोफेसर हैंस क्लीवर्स को पता नहीं कितना वक्त लगा यह सब समझ पाने में कि कैंसर 'दुर्भाग्य' की बीमारी है। मैं तो माँ को देखकर कुछ महीनों में समझ चुका था कि यह 'दुर्भाग्य' की बीमारी है। अगर इसके होने की कोई एक भी वजह 'दुर्भाग्य' के अलावा होती है, तो माँ को यह बीमारी नहीं होती। शरीर की कोशिकाओं के आपसी द्वंद्व, आपसी झगड़े का नतीजा है कैंसर। और शरीर की कोशिकाएँ, जो एक से दो होती हैं, वो होती तो एक-दूसरे की सगी ही हैं, फिर आपस में क्यों उलझ जाती हैं, इसे कोई नहीं जान पाया। उनके रिश्तों में क्यों गाँठ पड़ जाती है, यह भी कोई नहीं जान पाया।

माँ ने मरते हुए जब मेरी हथेलियों को अपनी हथेलियों में लपेटा था, तब ये कहा था कि "गाँठ अच्छी नहीं होती। चाहे तन में हों या मन में। गाँठ सिर्फ दुःख देती हैं।"

आदमी तो आदमी, फरिश्ता भी दुर्भाग्यशाली हो जाता है, अगर रिश्तों के गाँठ समय रहते न सुलझा ले। इसलिए मेरे बेटे सुनो, तन पर आदमी का नहीं ईश्वर का अख्तियार होता है। लेकिन मन पर तो उसी का अख्तियार होता है। मन में किसी के लिए गाँठ मत पालना, चाहे तुम कितने भी बड़े हो जाओ। बार-बार दुहरा रही हूँ कि जिससे मन न मिले उससे दूर भले हो जाना, लेकिन मन में किसी के लिए कुछ रखना मत। मन से सब निकालते चलना। जिनके मन में बहुत कुछ रह जाता है, वो दुर्भाग्यशाली होते हैं।

माँ की बातें बड़ी थीं, मेरी समझ छोटी।

माँ की मौत 29 मार्च, 1980 को हुई थी। मैंने 25 मार्च को डायरी के पन्ने पर लिखा था, "हे भगवान! मेरी माँ को मौत दे दो। उसकी तकलीफ अब मुझ से नहीं देखी जाती।"

कल मैंने डायरी के पन्ने और माँ की हथेलियों के बिंब को एक बार फिर निकालकर देखा। माँ की हथेलियाँ छोटी बच्ची की तरह थीं। तब मेरे बराबर थीं, आज मुझसे आधी नजर आ रही थीं। मैंने कई बार उन हथेलियों के बिंब को चूमा।

मैं जानता हूँ कि तन दुर्भाग्यशाली हो जाए तो कोई बात नहीं, मन नहीं होना चाहिए।

काश कोई डॉक्टर मन की गाँठों पर शोध करके रिपोर्ट लिख दे कि जिनके मन में गाँठ हो जाती है, उससे बड़ा दुर्भाग्यशाली भी कोई नहीं होता।

बेशक आज कैंसर दुर्भाग्य है, मैं जानता हूँ कि एक न एक दिन इस दुर्भाग्य का इलाज मिल जाएगा। लेकिन मन के कैंसर का इलाज नहीं मिलेगा।

शरीर का कैंसर ईश्वरीय शाप हो सकता है, मन का कैंसर आदमी खुद बोता है।

□

5 जनवरी

गाय दूध देती है। गाय गोबर भी देती है। लेकिन गाय पूँछ नहीं हिलाती। गाय को हम घर के बाहर बाँधकर रखते हैं।

कुत्ता दूध नहीं देता है। कुत्ता गोबर भी नहीं देता है। कुत्ते को हम घर के भीतर रखते हैं। कुत्ता हमारे बिस्तर पर भी सो सकता है। कुत्ता हमारी गोद में भी हो सकता है। कुत्ता दुम हिलाता है।

उफ! सुबह-सुबह ये गाय-कुत्ता की कहानी लेकर क्या बैठ गया मैं?

गाय गाय है, कुत्ता कुत्ता है। मुझे किसी ने यह कहानी सुनाई और पूछा, "जो हमें कुछ देती है, उसे हम घर के बाहर रखते हैं। बाँध कर रखते हैं। जब हमें ये लगने लगता है कि अब वो दूध देने के लायक भी नहीं, मतलब अब उसका उपयोग नहीं रहा तो हम उसे सड़क पर छोड़ भी देते हैं। हम उसकी चिंता करनी बंद कर देते हैं। लेकिन अगर हम कुत्ता पालते हैं तो उसके मरने तक उसे अपनी गोद में रखते हैं। उसे कभी घर से नहीं निकालते। क्यों?"

बात मजाक की ही थी। लेकिन सवाल बहुत बड़ा था।

क्या हम सचमुच उसकी उतनी परवाह नहीं करते जिससे हम लेते हैं?

क्या सचमुच हम उसे अपने घर में जगह नहीं देते, जो हमें सचमुच कुछ देता है?

क्या सचमुच हम उसकी ज्यादा परवाह करते हैं, जो सिर्फ हमारे लिए दुम हिलाता है?

बहुत ही अटपटी सी बात हो गई यह तो।

मैंने बहुत दूर-दूर तक निगाहें दौड़ाईं। सिर्फ एक गाय से एक आदमी का पूरा जीवन संचालित हो सकता है। लेकिन सिर्फ एक कुत्ते से आदमी का जीवन नहीं संचालित हो सकता। जो जीवन दे सकता है, जो जीवन देता है, जिसे हम कागजों में जगतजननी तक की उपाधि देने को तैयार हो जाते हैं, उसे हम सिर्फ 'इस्तेमाल' करते हैं। तब तक, जब तक उसके पास देने को कुछ होता है।

कुत्ते के पास गाय की तरह अपने दम पर किसी आदमी के जीवन को संचालित करने की ताकत नहीं। फिर भी वो हमारी गोद में हो सकता है, होता है। हमें उसका दुम हिलाना हमारी श्रेष्ठता का अहसास कराता है।

मैंने जिसे गाय की तरह पाया, उसे हमेशा सिर्फ 'इस्तेमाल' होता पाया।

आदमी भी अजीब है। वो ऊँचे पर बैठकर प्रेम का आडंबर रचता है। वो जानता है कि ऊँचाई पर बैठकर सिर्फ प्रेम का अहसास जगाया जा सकता है, प्रेम किया नहीं जा सकता। प्रेम की शर्त ही नीचे होने में है। ऊपर बैठकर तो सिर्फ तमाशा रचा जा सकता है। आदमी संपूर्ण ज़िंदगी इसी तमाशे में काट देता है। वो प्रेम पाना तो खूब चाहता है, लेकिन झुककर नहीं, तनकर। उसका प्रेम ही उससे होता है, जो उसकी ऊँचाई का उसे अहसास कराता है। इस अहसास के लिए दरकार होती है दुम की। हिलते हुए उसे देखने की।

दुम जितनी तेजी से हिलती है, आदमी का हाथ उसकी पीठ पर उतनी तेजी से फिरता है। हिलती हुई दुम उसे उसकी ऊँचाई का अहसास कराती है। लेकिन जो उसे जीवन देने का दम रखती है, जो उसे जीवन देती है, उसे वो सिर्फ अपने काम भर दुलार कर पाता है। उसका दुलार स्वार्थी होता है।

वो अपनी कातर निगाहों से निस्स्वार्थ भाव से उसे अपना सबकुछ दे देती है, पर मनुष्य को उसकी ऊँचाई का अहसास नहीं कराती। वो दुम हिलाकर उसकी श्रेष्ठता से उसका परिचय नहीं कराती, इसलिए वो जान हो सकती है, शान नहीं।

आदमी को जान प्यारी है, लेकिन शान उससे भी ज्यादा। उसे पता है कि जिसे देना आता है, उसे देना ही पड़ेगा। नहीं देने पर उसके पाँव बाँध कर वो उससे जबरदस्ती भी लेना जानता है। वो जानता है कि जो देने का दम रखती है, उसके दाँत कटखने नहीं होते। क्योंकि उसके दाँत कटखने नहीं होते, इसलिए वो उससे भयभीत भी नहीं होता। वो उल्टा समय-समय पर उसे भयभीत करना जानता है।

लेकिन दुम हिलाने वाला, जो उसे कुछ नहीं दे सकता, उसके पास कटखने दाँत

होते हैं। वो उसी से प्रीत रखता है, जिसके पास कटखने दाँत हो सकते हैं। जो जीवन देता है, उसका वो कहने भर को कर्जदार होता है। लेकिन कर्ज उतारता उसका है, जिसका उसपर कोई कर्ज होता ही नहीं।

सचमुच आदमी कमाल का होता है। उसे समझना आसान नहीं।

मुझे आज दिन भर यही सोचना है कि आदमी ऐसा क्यों होता है कि गाय को घर के बाहर और कुत्ते को घर के भीतर समाहित करता है।

क्या सचमुच दूध पर दुम भारी है?

आपके पास कहने को कुछ हो तो आप भी मेरी मदद करें।

□

6 जनवरी

एक अनपढ़ आदमी के नाम कहीं से एक चिट्ठी आई। अनपढ़ आदमी अकेला था। न आगे नाथ न पीछे पगहा। ऐसा पहली बार हुआ था कि किसी ने उस अनपढ़ आदमी के नाम घर पर चिट्ठी भेजी हो।

उस आदमी ने उलटकर, पलटकर उस लिफाफे को देखा। उसकी समझ में नहीं आ रहा था कि आखिर इसमें लिखा क्या है। किसी ने उसे चिट्ठी लिखी ही क्यों?

बहुत परेशान होने के बाद उसने तय किया कि इस पत्र को किसी से पढ़वाया जाए। सबसे पहले उसने अपने पड़ोसी का दरवाजा खटखटाया और उसे लिफाफा देकर कहा कि पता नहीं किसने यह चिट्ठी भेजी है, मैं पढ़ नहीं सकता, इसलिए आप पढ़कर सुना दीजिए कि क्या लिखा है।

पड़ोसी ने लिफाफा हाथ में लिया, खोला, पढ़ा और एक चाँटा उस आदमी के गाल पर रसीद कर दिया।

आदमी घबरा गया। उसकी समझ में कुछ आता, इससे पहले ही उसने लिफाफा उस आदमी के हाथ में पकड़ाया और भगा दिया।

बेचारा आदमी!

उसकी समझ में नहीं आया कि यह क्या हुआ। गाल सहलाता हुआ वो वहाँ से निकला और सीधे अपने घर पहुँच गया। गाल पर चाँटा तो जोरदार पड़ा था, लेकिन उसे चाँटे का दर्द कम था, इस बात का अफसोस ज्यादा था कि पता नहीं चला कि चिट्ठी में लिखा क्या है।

एकाध दिन वो चुपचाप घर में ही रहा। उसके मन में यह बात रह–रहकर उमड़ती रहती कि आखिर इस पत्र में है क्या?

दो-तीन दिन इंतजार करने के बाद उस लिफाफे को जेब में रखकर वो अपने काम पर पहुँच गया। वहाँ उसने अपने एक साथी से कहा कि क्या वह इस पत्र को पढ़कर उसे बता सकता है कि इसमें है क्या?

साथी ने पत्र हाथ में लिया। लिफाफा तो खुला हुआ था ही। उसने पत्र बाहर निकाला, उसे पढ़ा और सटाक से एक चाँटा उस आदमी के गाल पर जड़ दिया।

आदमी बहुत घबरा गया। आखिर इस लिफाफे में है क्या? आखिर इस पत्र में लिखा क्या है? जो इसे पढ़ता है, क्यों एक चाँटा रसीद देता है?

मन में तरह-तरह के सवाल उठते। लेकिन वो बेचारा पढ़ नहीं सकता था। उसकी हिम्मत टूटने लगी। पर उसे यह जानने की बड़ी उत्सुकता थी कि आखिर इसमें ऐसा लिखा क्या है?

आखिरी बार उसने फिर कोशिश की। एक दिन उसने तय किया कि किसी अनजान व्यक्ति से उस पत्र को पढ़वाएगा। बहुत हिम्मत कर वह बाजार में पहुँच गया और वहाँ उसने एक आदमी से अनुरोध किया कि प्लीज उस पत्र को पढ़कर बता दे कि इसमें लिखा क्या है। आदमी ने पत्र लिया। खुले लिफाफे से पत्र को बाहर निकाला। चुपचाप पढ़ा। फिर उसने उस आदमी को ऊपर से नीचे तक देखा और बीच बाजार में ही एक थप्पड़ जमा दिया।

अब तो हद ही हो गई थी। अपना सा मुँह और हाथ में लिफाफा लिये वो आदमी घर लौट आया। उसकी समझ में नहीं आ रहा था कि आखिर पत्र में ऐसा क्या लिखा है कि जो पढ़ता है, एक थप्पड़ लगा देता है। जो भी हो, अब आदमी में हिम्मत नहीं बची थी कि वो उस लिफाफे को किसी को देकर उसे पढ़ने को कहे।

सारी-सारी रात उसके दिमाग में वही चिट्ठी घूमती। उसका मन अपने काम में लगना बंद हो गया। बस वो लिफाफा और उसमें चिट्ठी। उसने उस लिफाफे को संदूक में बंद करके रख दिया। सोचा कि अब इसे बाहर निकालना ही नहीं है। अब इसे किसी को पढ़ने को देना ही नहीं है। अब इसके बारे में सोचना भी नहीं है।

कई साल निकल गए।

आदमी का दिमाग। सोच लेने से क्या हो जाता है? क्या आदमी सोच ले कि वो ऐसा नहीं सोचेगा और वो सोचना बंद कर देगा? अगर ऐसा होता तो भला कोई शायर ऐसा कैसे लिखता, ''जिन्हें हम भूलना चाहें, वो अक्सर याद आते हैं।''

तो वो आदमी भी उस पत्र को, जितना भूलना चाहता दरअसल उसे उसकी ज्यादा याद आती। रात-दिन बस यही ख्याल कि पत्र आखिर उसे भेजा किसने? उसमें लिखा क्या है?

बहुत सोचने और परेशान रहने के बाद आदमी ने तय किया कि उसे शादी कर लेनी चाहिए। शादी क्यों कर लेनी चाहिए?

शादी इसलिए कर लेनी चाहिए क्योंकि पत्नी से वो उस पत्र को पढ़वा सकता है।

वाह! दिमाग में क्या आइडिया आया है। एक पढ़ी-लिखी लड़की ढूँढ़कर शादी कर ली जाए तो वो उस चिट्ठी को पढ़ देगी। वो पत्नी होगी, इसलिए थप्पड़ भी नहीं मारेगी। बस-बस। अब तक यह आइडिया दिमाग में क्यों नहीं आया था? इतने साल निकल गए। खैर, जैसे ही दिमाग में यह बात आई उसके मन में खुशी की लहर दौड़ गई। उसने फटाफट लड़की ढूँढ़कर उससे शादी कर ली। लड़की पढ़ी-लिखी थी।

शादी की पहली रात। आदमी लड़की के पास गया। उसके सामने बैठकर उसने कहा, "तुम जानती हो मैंने तुमसे शादी क्यों की?"

शरमाती हुई लड़की ने सिर हिलाया, "नहीं पता।"

आदमी ने कहा, "कई साल पहले किसी ने मेरे नाम एक पत्र भेजा था। मैं उसे पढ़ नहीं पाया। मैंने कई लोगों को उस पत्र को पढ़ने को दिया कि कोई उसे पढ़कर सुना दे कि आखिर उसमें लिखा क्या है। लेकिन जिस-जिस को मैंने उस पत्र को दिया, उस-उस ने मुझे थप्पड़ लगाया। तुम तो पत्नी हो। तुम उस पत्र को पढ़ सकती हो। तुम तो थप्पड़ नहीं लगाओगी?"

लड़की ने घूँघट हटाकर कहा, "कैसी बात करते हैं? मैं भला आपको थप्पड़ मारूँगी? लाइए वो पत्र मैं पढ़ देती हूँ।"

आदमी बहुत खुश हुआ। वो उस कमरे में गया, जहाँ संदूक में उसने उस पत्र को रखा था। संदूक खोला। उसमें उसे पत्र नहीं दिखा। काफी उलट-पुलट किया, पर पत्र नहीं दिखा। उसने पूरा घर ढूँढ़ लिया, पर पत्र नहीं मिला।

मुझे जो आदमी ये कहानी सुना रहा था, यहाँ तक सुनाकर चुप हो गया।

मेरी जिज्ञासा चरम पर थी। लेकिन कहानी सुनाने वाला एकदम चुप हो गया

था। मैंने उसके रुक जाने पर पूछा कि फिर क्या हुआ?

उसने बड़े निर्विकार भाव से कहा, "होना क्या था? होता तो तब जब पत्र मिलता। जब पत्र ही खो गया तो कहानी खत्म हो गई।"

"कहानी खत्म हो गई? इसका क्या मतलब हुआ? अरे, इतनी देर से इतनी दिलचस्पी लेकर तुम्हारी कहानी सुन रहा था और तुम कह रहे हो कि कहानी खत्म हो गई। अरे, मैंने तुम्हारी कहानी के चक्कर में अपना दफ्तर छोड़ दिया और तुम कह रहे हो कि पत्र मिला ही नहीं, इसलिए कहानी खत्म। क्या यार?

"ये तो दुनिया की सबसे ऊबाऊ कहानी है। तुम इसे किसी और को मत सुनाना। सुनने वाला थप्पड़ लगा देगा। मेरा भी मन कर रहा है कि तुम्हें एक थप्पड़ लगा दूँ। इतना टाइम खराब किया, इस घटिया कहानी के लिए। अरे जिस कहानी का अंत ही न हो, उस कहानी को सुनाया ही क्यों?"

मैं चिड़चिड़ा हो रहा था। "ये भी कोई कहानी है? इसे जितनी देर मर्जी सुनाते रहो, फिर कह दो कि चिट्ठी मिली ही नहीं। बोरिंग।"

आदमी मुस्कुराता रहा। फिर उसने हौले से कहा, यह तो कहानी थी। एक कहानी अपने मुकाम तक नहीं पहुँची तो तुम इतना खीझ रहे हो। कहानी शुरू तो हुई थी ठीक-ठाक। अंत तक ठीक से नहीं पहुँची इसलिए तुम्हें लग रहा है कि यह कहानी थी ही नहीं। तुम सोचो कई लोगों की ज़िंदगी ऐसी ही होती है, जो मुकाम तक नहीं पहुँचती। कई लोगों को पता ही नहीं होता कि ज़िंदगी का मकसद क्या है। सबकुछ चलता रहता है और एक दिन खत्म हो जाता है। ये भी समझ में नहीं आता कि यह सब शुरू ही क्यों हुआ था। दुनिया के ज्यादातर लोग इस संसार में उसी चिट्ठी की तरह चले आते हैं। अंत तक उनके लिए यह रहस्य की तरह रह जाता है कि मकसद क्या है। उस आदमी ने कोशिश तो की यह पता लगाने की कि आखिर पत्र में लिखा क्या है। हम तो यह जानने की जहमत भी नहीं उठाते कि हमारी ज़िंदगी का मकसद क्या है?

हम आते हैं और चले जाते हैं। कभी बहुत दिनों के बाद जब मकसद जानने की हूक उठती भी है तो चिट्ठी का कहीं पता नहीं चलता।

ऐसे में बहुत बार लगता है कि हमारी ज़िंदगी उसी चिट्ठी की तरह है। रहस्यों से भरी, बिना मकसद खो जाने वाली।

नोट—मुझे जिसने यह कहानी सुनाई थी, उसे मैं थप्पड़ मारने के मूड में आ गया था। लेकिन उसके इतना कहने के बाद कि हम सबकी ज़िंदगी उसी चिट्ठी की तरह है, मुझे तो संदेश मिल गया था। उम्मीद है, आपको भी मिल ही गया होगा।

□

8 जनवरी

एक बार एक आदमी के मन में यह जानने की तीव्र इच्छा हुई कि आखिर जिंदा और मुर्दा में क्या अंतर होता है।

कोई कैसे समझ जाता है कि यह मर गया, वो जिंदा है। उसने अपनी समझ में गाँव के सबसे ज्ञानी से इस बारे में बात की। ज्ञानी ने काफी सोचा, फिर उससे कहा कि मरने का तो अनुभव उसके पास भी नहीं है, लेकिन उसने सुना है कि जो मर जाता है, उसका शरीर ठंडा पड़ जाता है।

आदमी समझ गया कि मृत्यु के बाद शरीर ठंडा पड़ जाता है।

एक बार वह जंगल में लकड़ियाँ काट रहा था, तभी बहुत तेज ठंडी हवाएँ चलने लगीं, बारिश होने लगी। आदमी पेड़ के ऊपर बैठा था, अचानक उसे लगा कि उसका शरीर ठंडा पड़ गया है। उसने खुद को छूकर देखा, सचमुच पूरा बदन ठंडा था। आदमी को लगा कि वह मर चुका है। वह चुपचाप पेड़ से नीचे उतरा और जमीन पर मुर्दा की तरह लेट गया।

थोड़ी देर में एक शेर उधर से गुजरा, वो आहिस्ता-आहिस्ता आदमी के पास पहुँचा। शेर घूम-घूमकर उसे देखता रहा। फिर उसके करीब जाकर सूँघने की उसने कोशिश की। शेर आदमी के पास पहुँचा, पर आदमी टस-से-मस नहीं हुआ। शेर के करीब आने के बाद वो बस धीरे से बुदबुदाया, ''यह तो तुम्हारी किस्मत है शेर कि मैं मर चुका हूँ, अन्यथा मैं तुम्हें आज मजा चखाता।''

यह तो एक कहानी है। उस आदमी को पता नहीं था कि सचमुच मर जाना क्या होता है। जिससे उसने जानना चाहा था, उसे भी नहीं पता था कि मर जाना क्या होता है।

दरअसल हकीकत यही है कि हम सभी को नहीं पता कि मर जाना क्या होता

है। हम सभी बस इतना ही जानते हैं कि मर जाना मतलब शरीर का ठंडा पड़ जाना।

पता नहीं आपमें से किसने कल दोपहर टीवी पर पेरिस में हुए आतंकवादी हमले की खबर देखी।

मैंने तो नहीं देखी।

खबर बनाई जरूर, लेकिन देखने की हिम्मत मुझमें नहीं थी। फ्रांस एक सुघड़ शहर है। नफासत की नगरी है। जब मैं छोटा था, तब मेरे स्कूल के एक मास्टर हँसी-हँसी में बताया करते थे कि इंग्लैंड में आदमी की नींद खुलती है तो सबसे पहले अखबार ढूँढ़ता है। भारत में आँख खुलते ही रोटी की तलाश शुरू हो जाती है। लेकिन फ्रांस में नींद खुलते ही आदमी आईना ढूँढ़ता है।

टीचर ने जब फ्रांस के बारे में ऐसा कहा था कि वहाँ आँख खुलते ही आदमी आईना ढूँढ़ता है, तो उनका मकसद साफ होता था कि फ्रांस के लोग खुद से और अपनी जीवन शैली से बहुत प्यार करते हैं। यह तो कोई बताने की बात नहीं कि दुनिया भर में सबसे पहले फैशन कहीं आता है तो वो फ्रांस ही है। इंग्लैंड के लोग जब खुद को ज्यादा आधुनिक और पढ़ा-लिखा दिखाना चाहते हैं तो अंग्रेजी में फ्रेंच की चाशनी वैसे ही लगाते हैं, जैसे हम हिंदी में अंग्रेजी।

उसी फ्रांस में कुछ सिरफिरों ने कल एक पत्रिका के दफ्तर में घुसकर गोलीबारी कर दी। मैं पत्रकार हूँ। ऐसी खबरें मेरी कुंडली में लिखी हैं। मेरे नसीब में लिखा है कि मैं हिंसा, आतंक, वहशीपन, दरिंदगी से रोज रूबरू होता रहूँगा। मैं चाहे जितनी बार सोच लूँ कि मैं प्यार की कहानी लिखूँगा, मैं रिश्तों की कहानी लिखूँगा, पर मेरे सोच लेने से क्या होता है? मेरे पास सुबह का यही एक वक्त होता है, जब मैं अपनी मर्जी का लिखता हूँ, बाकी तो मैं मशीन हूँ। तो कल इस मशीन ने पेरिस में चल रही गोलीबारी की जो खबर आपको दिखाई, उसे लेकर सारी रात विचलित रहा।

पता नहीं किस पत्रकार ने उस तस्वीर को कैमरे में कैद किया था, जिसमें एक व्यक्ति सड़क पर गिरा था और दो आतंकवादी कार से उतरकर उसके पास जाते हैं और सीधे उसके सिर में गोली दाग देते हैं। उस तस्वीर में पल भर पहले जो आदमी हाथ हिलाकर रहम की भीख माँग रहा था, वो अगले ही पल ठंडा पड़ा था।

मैं कोई नहीं हूँ, जो हिंसा, आतंकवाद और राजनीति पर बात करे। पर मैं मौत पर बात कर सकता हूँ। मैं गाँव के उस आदमी से ज्यादा ज्ञानी हूँ। मैं जानता हूँ कि मौत क्या होती है।

मैं सच कहता हूँ, मैंने बहुत सी मौतों को बहुत करीब से देखा है। मुझे मालूम है कि मौत मजा लेने के लिए नहीं होती।

जिस मौत को हम थ्रिल समझते हैं, वो दरअसल थ्रिल नहीं। बहुत बारीक सी बात है कि मौत सचमुच ज़िंदगी का अंत है। मौत के बाद सचमुच सबकुछ खत्म हो जाता है। मौत सबसे बड़ा रहस्य है। मौत मतलब 'द एंड'।

हमारे आसपास हर रोज बहुत से लोग मरते हैं। कई बार हमारे परिजन मर जाते हैं। हम उन्हें दुखद खबर मानकर चुप रह जाते हैं। पर बात इतनी सी नहीं है।

मौत जब आ जाती है तो इसका अंदाजा लगाना कठिन होता है कि क्या कुछ खत्म नहीं हो जाता है।

बचपन में मास्टर साहब पढ़ाया करते थे कि पृथ्वी का आकार 'संतरे' की तरह होता है। मास्टर ने पता नहीं क्यों यह नहीं पढ़ाया कि जब आदमी मर जाता है तो 'संतरे' के आकार की इस धरती से उसका नाता सदा के लिए खत्म हो जाता है। सब ठाठ धरा का धरा रह जाता है, जब बंजारा सब लाद चलता है।

मैंने 'गीता' को बहुत गंभीरता से आत्मसात किया है। मैं कह सकता हूँ कि 'गीता' मृत्यु से पहले शांति से मौत का तरीका बताती है, लेकिन मौत के बाद की ज़िंदगी का जवाब उसके पास भी नहीं है। भले 'गीता' इस शरीर को पुराना वस्त्र कहकर और मृत्यु को नए वस्त्र धारण करने का उदाहरण देकर संतोष के एक लॉलीपॉप को पकड़ा दे, लेकिन सच इतना ही नहीं है। आत्मा की दलील चाहे जितनी प्रबल हो, पर यह भी सच है कि मर जाने के बाद हम जिसे खो देते हैं, वो हमें दुबारा नहीं मिलता। हो सकता है, उसका पुनर्जन्म हो भी, लेकिन हमारे लिए उस पुनर्जन्म की क्या अहमियत?

हमारा जो चला गया, वो सदा के लिए चला गया। उसके चले जाने का दंश बहुत दिनों तक, कभी-कभी आजन्म सालता है।

मौत को थ्रिल मानने वाले यह नहीं जानते कि ज़िंदगी कितनी अनमोल होती है। मर जाना आसान होता है। मरकर देवता बन जाना भी आसान हो सकता है। लेकिन मौत अपने पीछे जो पीड़ा छोड़ जाती है, उसे जो सहते हैं, उनके लिए उसका दर्द सहना आसान नहीं होता।

आतंकवादियों से मुझे कोई शिकायत नहीं। उन्होंने जो किया उसे पागलपन

कहकर हम उन्हें उनके पाप से मुक्त कर देते हैं। लेकिन हमारे पाप का क्या?

हमने दस सेकेंड की मौत को जिस तरह थ्रिल बनाया, उस पर आप हमें क्या कहेंगे?

जानते हैं, हमने उसे थ्रिल क्यों बनाया? इसलिए क्योंकि पेरिस की सड़क पर आतंकवादियों के आगे साँसों की भीख माँगने वाला हमारा कोई नहीं था।

जब तक यह पोस्ट आपकी निगाहों के सामने होगी, बहुत मुमकिन है कि पेरिस पर आतंकवादी हमले की खबर पर आपकी आँखें गुजर चुकी होंगी। नहीं गुजरा होगा तो सिर्फ वो सच नहीं गुजरा होगा, जिसे हम मौत कहते हैं। मौत, मतलब बदन का ठंडा हो जाना।

समझिए इस सच को। ज़िंदगी सिर्फ हमारी अमानत नहीं। इस पर कइयों का हक होता है। उस हक को छीनने की कोशिश करना तो गुनाह है ही, उसका प्रदर्शन कम बड़ा गुनाह नहीं।

मैं गुनहगार हूँ। ज़िंदगी का गुनहगार।

मुझे माफ कर दीजिएगा कि मैं प्रेम कहानी नहीं लिखकर मौत के दंश से खुद को डरा रहा हूँ। कायर संजय सिन्हा।

मुझे भी खुद को छूकर देखना है कि मैं जिंदा हूँ या मेरा बदन भी ठंडा पड़ गया है। आत्मा तक तो कोई नहीं पहुँचता, मर जाने का पता तो बदन छूकर ही चलेगा।

□

11 जनवरी

कमरे में बिल्ली जिंदा मिलेगी या मरी हुई, ये मेरे लिए हमेशा आश्चर्य का विषय होता था। इसी आश्चर्य के चलते मैं अपने टीचर से बार-बार अनुरोध करता कि आप 'श्रोडिंजर की बिल्ली' के बारे में बताइए। मेरे टीचर हँसते और कहते कि मैं तुम्हें भौतिक विज्ञान पढ़ा रहा हूँ, जीवनदर्शन नहीं। मैं उनसे लंतरानियाँ करता और कहता, "सर, इस संसार में अल्बर्ट आइंस्टीन से बड़ा दार्शनिक कौन पैदा हुआ है। आप तो उन्हें भौतिक वैज्ञानिक कहकर शांत हो जाते हैं, लेकिन सापेक्षता का सिद्धांत पढ़कर तो देखिए, इसमें तो ज़िंदगी को जीने की कला ही बताई गई है।"

टीचर मेरी ओर देखते और कहते कि तुम हर बात में दर्शन तलाश लेते हो, लेकिन ज़िंदगी दर्शन से तो नहीं चलती।

तब मैं नहीं समझता था कि टीचर क्यों ऐसा कहते थे। सच तो यह है कि ग्यारहवीं कक्षा में पढ़ते हुए मेरे साथ के सारे बच्चे तय कर चुके थे कि उन्हें मेडिकल में जाना है या इंजीनियर बनना है, बैंक में नौकरी करनी है या फिर जो कुछ और।

बस मैं ही था, जो भौतिक विज्ञान की किताब में दर्शन पढ़ता और रसायन विज्ञान में रिश्ते तलाशता। यकीनन टीचर को मेरी चिंता थी, लेकिन इस बात की नहीं कि मैं करूँगा क्या। उन्हें चिंता होती थी कि मेरा होगा क्या।

आप लोगों में से जिन लोगों ने फिजिक्स की पढ़ाई की होगी, उन सबने श्रोडिंजर की बिल्ली वाले सिद्धांत को जरूर पढ़ा होगा। जिन लोगों ने फिजिक्स की पढ़ाई नहीं की होगी, उन्हें उनकी माँ ने किसी और बिल्ली की कहानी सुनाई होगी, जो श्रोडिंजर की बिल्ली की रिश्तेदार रही होगी। बचपन में बिल्ली को लेकर मेरे मन में बड़ा आदर भाव रहता था। इसलिए टीचर जब भी श्रोडिंजर की बिल्ली की कहानी सुनाते तो मेरी इच्छा होती कि वो मरे नहीं और यकीन कीजिए, हर बार मेरी वाली बिल्ली मेरे मन में बच जाती थी। ये तो ठीक से याद नहीं कि किसने मुझसे कहा था

कि बिल्ली मौसी होती है। लेकिन जब से ऐसा सुना था, मेरे मन में बिल्ली के लिए आदर पनप गया था। बिल्ली मौसी होती है, यानी माँ की बहन।

क्वांटम फिजिक्स पढ़ाते हुए टीचर बताते कि श्रोडिंजर नामक वैज्ञानिक ने एक कमरे में एक बिल्ली रख दी। कुछ दूरी पर जहर की एक शीशी रख दी और उसके आगे रेडियोएक्टिव उपकरण लगा दिया। विज्ञान के इस प्रयोग में उन्हें यह बताना था कि रेडियोएक्टिव किरणें ऊपर-नीचे ऊपर-नीचे होकर गुजरती हैं, और जब यह जहर भरी शीशी से होकर गुजरती हैं तो शीशी से उन किरणों के टकराने से जहर बाहर निकलता है और बिल्ली उस जहर के संपर्क में आकर मर जाती है।

टीचर को बताना था कि रेडियो किरणें ऊपर-नीचे होते हुए चलती हैं। ऐसे में पचास फीसदी आशंका होती कि जब वो जहर की शीशी के पास पहुँचेगी, ऊपर होगी और जहर की शीशी के संपर्क में आएगी। उसके संपर्क में आने पर शीशी के साथ उसकी किरणें प्रतिक्रिया करेंगी और शीशी से जहर हवा में फैलेगा और बिल्ली मर जाएगी। पचास फीसदी संभावना होती कि रेडियो एक्टिव उपकरण से निकलने वाली किरण शीशी के पास पहुँचते हुए नीचे की ओर होगी और शीशी से उसका संपर्क नहीं होगा, जहर बाहर नहीं आएगा और बिल्ली जिंदा रहेगी।

श्रोडिंजर ने जब एक वैज्ञानिक से पूछा कि तुम्हें क्या लगता है, कमरे में बिल्ली जिंदा होगी या मर गई होगी। वैज्ञानिक ने कहा कि उसे पूरी आशंका है कि रेडियो एक्टिव उपकरण से निकलने वाली किरण जहर की शीशी से टकराई होंगी, जहर फैला होगा और बिल्ली मर गई होगी। श्रोडिंजर ने उसे कमरे में जाकर देखने को कहा। सचमुच ऐसा ही हुआ था। बिल्ली मर गई थी।

श्रोडिंजर ने दुबारा इसी प्रयोग को करते हुए दूसरे वैज्ञानिक से पूछा। दूसरे वैज्ञानिक ने कहा कि रेडियोएक्टिव किरण, जब जहर की शीशी के पास पहुँची होंगी तो वो नीचे की ओर रही होंगी, शीशी से उसका संपर्क नहीं हुआ होगा और जहर बाहर नहीं निकला होगा। बिल्ली जिंदा होगी।

उसे जब कमरे में भेजा गया तो बिल्ली जिंदा थी।

श्रोडिंजर ने इस प्रयोग को कई बार किया। उन्होंने पाया कि बिल्ली मर भी जाती थी, बिल्ली जिंदा भी रहती थी। क्वांटम फिजिक्स का यह अध्याय हमारे टीचर के लिए बेशक सिर्फ रेडियोएक्टिव किरणों को समझाने का माध्यम हुआ करता होगा, लेकिन श्रोडिंजर ने इसे 'उम्मीद' के दर्शन से भी जोड़ दिया। उन्होंने कहा कि जिस

वैज्ञानिक के मन में यह भाव आया कि बिल्ली मर गई होगी, उसे मरी हुई बिल्ली मिली। जिसने उसके ज़िंदा रहने की कामना की, उसे बिल्ली ज़िंदा मिली। मतलब यह कि हम जैसा सोचते हैं, वैसा हो जाता है।

उम्मीद, भरोसा और विश्वास ऐसे शब्द हैं, जो सचमुच पत्थर को पिघल जाने पर मजबूर कर देते हैं, जीवन को सकारात्मक ऊर्जा से भर देते हैं।

नाउम्मीदी, शक और संदेह जीवन को नकारात्मक ऊर्जा से भर देते हैं। जो जिस काम में संदेह करते हैं, उनका काम अटक जाता है। जो डॉक्टर यह सोचकर मरीज का इलाज करते हैं कि पता नहीं बचेगा या नहीं, वो मरीज मर जाते हैं। जो यह सोचकर इलाज करते हैं कि इसे तो बचना ही है, वो बच जाते हैं। पूरी दुनिया में माना गया है कि जो काम सकारात्मक सोच से किया जाता है, वही सफल होता है। जो विद्यार्थी ये सोचकर पढ़ते हैं कि कहीं फेल न हो जाएँ, वो फेल हो जाते हैं। जो यह सोचते हैं कि पास होने से कौन रोकेगा, वो पास हो जाते हैं।

जो अपने रिश्तों पर संदेह करते हैं कि कहीं उन्हें धोखा तो नहीं मिल रहा, उन्हें उस रिश्ते में धोखा मिलता है। जो यकीन करते हैं कि उन्हें धोखा नहीं मिलेगा, उन्हें धोखा नहीं मिलता। कल मैंने लिखा था कि मैं फेसबुक पर लिखना छोड़ना चाहता हूँ। आप अपने कमेंट पढ़ लीजिए। आप सब जानते थे कि आपके फेसबुक के कमरे से बिल्ली ज़िंदा निकलेगी। यह आपका विश्वास था खुद पर।

कल से एक रात पहले, मतलब परसों एक परिजन ने मुझसे शिकायत की कि उनके घर में शक के इतने कीड़े घूमते हैं कि उनका जीना ही मुश्किल हो गया है। मेरे लिखे को पढ़ने के बाद भी उसके घरवालों का मन नहीं बदला था। मुझे लगने लगा कि मेरा लिखा काला अक्षर भैंस बराबर साबित हो रहा है। मैं लिखने से हटने की सोचने लगा। लेकिन आपका भरोसा आधी रात को मुझे उठा लाया कि लिखो।

तुम लिखो कि चुप बैठना कब नहीं है, बात अभी चुप रहने की यहाँ नहीं है।

मैं फिर उम्मीद से हूँ। सोचता हूँ कि जो लोग अपने रिश्तों में हिंसक होते हैं, संदेह करते हैं, नकारात्मक भाव को जीते हैं, शायद वो यह समझ पाएँ कि रिश्ते प्यार से जीए जाते हैं, भरोसे की रेशमी डोर में बाँधकर जिए जाते हैं। जो लोग हथकड़ी में बाँधकर रिश्तों को जीना चाहते हैं, उनके रिश्तों की बिल्ली मर जाती है।

अपने रिश्ते की बिल्ली को ज़िंदा रखिए। उम्मीदों के सहारे ही रिश्तों की बिल्लियाँ जीती हैं।

अगर श्रोडिंजर को मौका मिलता कि वे दर्शन की किताबें लिखें तो वे लिखते कि जहाँ उम्मीद है, वहीं ज़िंदगी है। जहाँ भरोसा है, वहीं प्यार है। जहाँ विश्वास है, वहीं कामयाबी है। उम्मीद, भरोसा, विश्वास तीनों शब्द आदमी के भीतर होते हैं। जो आपके भीतर होता है, बाहर वही आपका सच बन जाता है।

सच बिल्ली के जिंदा रहने का, बिल्ली के मर जाने का।

□

12 जनवरी

छोटे शहर के सरकारी स्कूल में शिक्षा विभाग के अधिकारी आने वाले थे। साल भर तक मास्टर साहब ने क्या पढ़ाया, इसका हिसाब-किताब लेने वाले थे। मास्टरों की हालत खस्ता थी। कल तक जो मास्टर विद्यार्थियों के आगे शेर बनकर घूमते थे, वे गाय बने घूम रहे थे। प्रिंसिपल से लेकर हिंदी के मास्टर तक की जान सूखी जा रही थी कि क्या होगा उनकी नौकरी का। ये शिक्षा विभाग वाले बड़े खतरनाक होते हैं। मास्टरों की परीक्षा ले लेते हैं। अरे मास्टर परीक्षा देने के लिए थोड़े न मास्टरी करते हैं, वे तो परीक्षा लेने के लिए मास्टरी करते हैं। लेकिन कौन समझाए सरकारी तंत्र को!

प्रिंसिपल साहब ने सारे मास्टरों को सख्त निर्देश दे दिया था कि हफ्ते भर में सभी बच्चों को इस लायक पढ़ा दिया जाए कि शिक्षा विभाग वाले जब आएँ तो वे कुछ तो जवाब देने लायक रहें। प्रिंसिपल को पता था कि ये साहब लोग सवाल विद्यार्थी से करेंगे और उसका जवाब न मिलने पर सजा मास्टर को मिलेगी, और अंत में मास्टरों के किए का फल प्रिंसिपल को भुगतना पड़ेगा।

कई-कई साल गुजर गए थे, कोई बड़े शहर से आया ही नहीं था। मास्टर स्कूल में आते और किसी एक छात्र से कहते कि खड़े होकर किताब के इस पन्ने को जोर-जोर से पढ़ो, ताकि बाकी बच्चे सुनें और खुद धोती ढीली करके कुरसी पर खुर्र-खुर्र करते।

सबकुछ कितना ठीक चल रहा था। न छात्रों को दुख, न मास्टरों को तकलीफ। देश का निर्माण करनेवाली पीढ़ी आराम से तैयार हो रही थी। बुरा हो इन अफसरों का।

चौथी कक्षा वाले हिंदी के भोला मास्टर अपनी कक्षा के सभी विद्यार्थियों को गाय पर निबंध रटा रहे थे।

गाय के चार पैर होते हैं। गाय की एक पूँछ होती है। गाय के दो कान, दो आँखें, दो सींग होते हैं। गाय सफेद-भूरी-काली-चितकबरी होती है। गाय दूध देती है। गाय गोबर भी देती है। गाय माँ के समान होती है।

संजय सिन्हा समेत सारे बच्चे गाय पर निबंध रट चुके थे। शिक्षा के अफसर स्कूल आए। भोला मास्टर सफेद चॉक से काले बोर्ड पर कुछ-कुछ लिखे जा रहे थे। ऐसा लग रहा था कि वे सदियों से लिखते ही जा रहे हैं। बच्चे एकदम चुपचाप सिर झुकाए बैठे थे। अधिकारी कक्षा में आया। भोला मास्टर ने सकपकाते हुए कहा, "आइए, सर!"

अफसर आकर मास्टर की कुरसी पर बैठ गया। मास्टर साहब पत्ते की तरह काँपते हुए बगल में खड़े थे।

अधिकारी ने बच्चों से कहा कि 'आम' पर निबंध सुनाओ।

हे भगवान! यह क्या हो गया।

तैयारी तो गाय पर निबंध की थी। यह आम कहाँ से गया। इन साहबों के मन की कोई थाह नहीं ले सकता। इतने छोटे-छोटे बच्चों से आम पर लिखने को कह दिया। ये अधिकारी नही, जल्लाद हैं। मास्टर साहब के गले में थूक अटक गई थी। विद्यार्थी पेंसिल हाथ में लिये मास्टर की आँखों में देख रहे थे। मास्टर कबूतर की तरह बिल्ली के आगे आँखें बंद किए खड़े थे।

मन में गाना बज रहा था, हम तुम एक जंगल से गुजरें, और शेर आ जाए।

शेर आ चुका था। मास्टर साहब समझ गए थे कि अब करने को कुछ नहीं है, जो करना है शेर ही करेगा।

तभी एक बच्चा खड़ा हुआ और उसने कहा कि सर, मैं सुनाऊँ?

अधिकारी चौंका। उसने बच्चे की ओर देखा और कहा, सुनाओ, सुनाओ।

बच्चे ने कहना शुरू किया, "हमारे घर के बाहर एक आम का पेड़ है। माँ उस पेड़ से गाय को बाँधती है। गाय के चार पैर होते हैं। गाय की एक पूँछ होती है। गाय के दो कान, दो आँखें, दो सींग होते हैं। गाय सफेद-भूरी-काली-चितकबरी होती है। गाय दूध देती है। गाय गोबर भी देती है। गाय माँ के समान होती है।"

अधिकारी की आँखें फटी की फटी रह गईं। आम पर इतना सुंदर निबंध!

उसने मास्टर की पीठ थपथपाई। कहा, तुम्हारे विद्यार्थी होशियार हैं। तुम्हारी तरक्की तय है। उसने बच्चे की पीठ भी थपथपाई। कहा, तुम बड़े होकर बहुत बड़े आदमी बनोगे।

मास्टर की तरक्की हुई कि नहीं, नहीं पता। अधिकारी तो अब तक रिटायर हो चुका होगा।

लेकिन वो बच्चा बड़ा हो गया।

'आम' पर उसकी जानकारी ने उसे पत्रकार बना दिया। स्कूल में शिक्षा की जैसी व्यवस्था थी, उसमें वो डॉक्टर, इंजीनियर, आईएएस, आईपीएस कुछ भी बन सकता था। लेकिन वो पत्रकार ही बना।

वो दिन था और आज का दिन है, वह हर विषय पर लिख सकता है। आप चाहे अंगूर पर निबंध लिखवा लें या लौकी पर। वो सब जानता है।

वो लिख सकता है कि दुनिया में किसी गाय का रंग न तो अंगूर जैसा होता है, न लौकी जैसा। गाय सफेद-भूरी-काली-चितकबरी होती है। गाय के चार पैर होते हैं। गाय की एक पूँछ होती है। गाय के दो कान, दो आँखें, दो सींग होते हैं। गाय दूध देती है। गाय गोबर भी देती है। गाय माँ के समान होती है।

□

14 जनवरी

हम सब जानते हैं कि संसार सात रंगों में रँगा है।

स्कूल के दिनों में प्रकाश के प्रयोग के दौरान प्रिज्म से होकर निकलने वाली सूर्य की किरणों को सात रंगों में बँटते हुए देखकर मैं अक्सर ठहर जाया करता था। मेरे टीचर ने मुझे रटा दिया था—

बै नी आ ह पी ना ला।

अर्थात् बैंगनी, नीला, आसमानी, हरा, पीला, नारंगी और लाल।

प्रिज्म से सातों रंग निकलते और मैं इनमें ढूँढ़ता सफेद और काला। टीचर कहते, बस यही सात रंग हैं। प्रकृति ने हमें सात ही रंग दिए हैं। मैं पूछता कि संसार तो सफेद और काले रंग से अटा पड़ा है। तो क्या ये रंग नहीं?

टीचर समझ जाते कि संजय सिन्हा भौतिक शास्त्र की कक्षा में दर्शन तलाश रहा है। बाकी बच्चे प्रयोग करते और वे मुझे अपने पास बुलाकर बताते कि जो वस्तु सभी रंगों को खुद में समावेश कर ले, उसका रंग काला हो जाता है। और जो वस्तु सभी रंगों को परावर्तित कर दे, यानी कोई रंग खुद में आत्मसात ही न करे, वो हमें सफेद नजर आती है। यानी उसने कोई रंग नहीं लिया।

टीचर को लगता कि उन्होंने मुझे संतुष्ट कर दिया है। पर इतने से मेरा मन कहाँ मानने वाला था। मेरा अगला सवाल होता कि फिर बैंगनी, नीला, आसमानी, हरा, पीला, नारंगी और लाल रंग, जो हमें अलग-अलग नजर आते हैं, वो कैसे? इसका मतलब तो यह हुआ कि कोई वस्तु सिर्फ लाल रंग खुद में ले रही है, तो लाल नजर आ रही है। टीचर बाकी बच्चों की कॉपी जाँचते रहते और कहते, ''नहीं, पगले! जो तुम्हें लाल नजर आ रहा है, दरअसल वो लाल रंग ही खुद में नहीं ले रहा। वो बाकी सब रंगों को आत्मसात कर रहा है, लेकिन लाल को परावर्तित कर देता है। इसीलिए

वो तुम्हें लाल नजर आता है। ऐसा ही हरा के साथ है, नीला के साथ है, पीला के साथ है...।''

मैं बैठ जाता। इसका मतलब यह कि जो नहीं है, वही नजर आ रहा है।

है न कितने कमाल की बात! जिस चीज का रंग हमें लाल नजर आता है, उसमें लाल ही नहीं है। बाकी के छह रंग हैं। अगर उसने सातों रंग खुद में ले लिए होते, तो वो काला नजर आता। अगर उसने सातों रंग छोड़ दिए होते, तो सफेद नजर आता। क्योंकि उसने छह रंग ले लिये हैं, लेकिन लाल को छोड़ दिया है, इसलिए हमें लाल दिख रहा है। अगर वो हरा को आत्मसात न करे, तो वो हरा दिखेगा। पीला छोड़ दे, तो पीला नजर आएगा।

क्या सिद्धांत है!

पहले भी लिख चुका हूँ। फिर से लिख रहा हूँ। फिल्म 'मुकद्दर का सिकंदर' में विनोद खन्ना कोठे पर नाचने वाली रेखा से कहते हैं कि तुम 'बाजारू औरत' अमिताभ बच्चन का साथ छोड़ दो। तुम जैसी महिलाओं से शराफत को बट्टा लगता है। रेखा कहती है, ''जो शरीफ नहीं होते, वही शराफत का ढोंग करते हैं।''

वाह! आदमी जो नहीं होता है, वही होने का ढोंग करता है। जो लाल नहीं होता, वही लाल दिखता है। जो पीला नहीं होता, वो पीला दिखता है।

यही सच है। प्रकृति रंगों के माध्यम से हमें यही संदेश देती है कि हम जिस चीज को पाना चाहते हैं, उसे छोड़ना पड़ेगा। जिसमें छोड़ देने का दम होगा, वही पा सकेगा। या तो सभी रंगों को खुद में आत्मसात कर 'कृष्ण' बना जा सकता है या फिर सभी रंगों को छोड़कर 'राधा'।

लेकिन यह शिकायत नहीं होनी चाहिए कि राधा क्यों 'गोरी', मैं क्यों 'काला'?

हमारे यहाँ छोड़ देने वाला श्वेत रंग का प्रतीक है। सबको समाहित कर लेने वाला श्याम रंग का प्रतीक। बाकी जिसे जिन-जिन रंगों से प्यार है, उसे उन्हीं रंगों को त्यागना पड़ता है।

मुझसे बहुत से लोग कहते हैं कि मैं प्रेम पर लिखूँ। संसार में सबसे ज्यादा कहानियाँ ही प्रेम पर लिखी गई हैं। संसार में आदमी के आने और उसके चले जाने तक उसकी तलाश सिर्फ प्रेम पर ही अटकी रहती है। एक सच्चे प्रेम की तलाश। मैं अगर सचमुच दर्शनशास्त्री होता तो मैं लिख देता कि आदमी के जीने का मकसद ही

प्रेम को पाना है। क्योंकि उसे उम्मीद होती है कि एक दिन उसे उसका प्रेम मिलेगा, इसी इंतजार में वो जीता चला जाता है। और जिस दिन उसका प्रेम उसे मिल जाता है, उसके लिए जीने और मरने का भेद भी खत्म हो जाता है। लेकिन कितनों को प्रेम मिल पाता है?

मैं तो कहता हूँ, बहुत कम लोगों को।

आम तौर पर आदमी स्त्री और पुरुष के मिलन को प्रेम समझ बैठता है। आई लव यू कहने को प्रेम समझ बैठता है। यह भी प्रेम हो सकता है। लेकिन जहाँ पाने की शर्त होती है, वहाँ प्रेम नहीं हो सकता। देना तो प्रेम है, लेना प्रेम नहीं। मतलब प्रेम की पहली शर्त ही है सबकुछ परावर्तित कर देना। जो सबकुछ छोड़ देने का दम दिखाता है, वही प्रेमी कहलाता है। सबसे बड़ा उदाहरण 'राधा' का ही है। आज सारा संसार राधा को प्रेम की देवी मानता है। राधा ने अपने प्रेम में सबकुछ छोड़ दिया। यहाँ तक कि प्रेमी को भी।

हम जब किसी प्रेम कहानी की कल्पना करते हैं तो उसमें हमारी निगाहें मिलन को तलाशती हैं। यही कारण है कि हम सारी ज़िंदगी प्रेम की तलाश करते हैं, पर प्रेम को पा नहीं पाते।

जिस प्रेम को हम पाते हैं, उसकी मियाद पाँच मिनट की होती है। हम प्रेम के उपभोक्ता बन जाते हैं। हम प्रेम में 'उस पर' अपना कब्जा जमाना चाहते हैं। हम अपने प्रेम को रौंदने लगते हैं। हम समझते हैं कि जिससे हम प्यार करते हैं, वो हमारा गुलाम है। हम चाहते तो हैं प्रेमी दिखना, लेकिन प्रेम को जंजीरों में जकड़ लेते हैं। हम समझ ही नहीं पाते कि जिससे हमें प्रेम है, उसे छोड़ेंगे तभी तो प्रेम नजर आएगा। पकड़कर हम प्रेम का रोना रोते हैं कि प्रेम नहीं मिल रहा।

मेरा कहा मानिए। जिन-जिन लोगों को मुझसे एक प्रेम कहानी की दरकार है, वो-वो अपने प्रेम को छोड़ना सीखें। उसे आजाद करना सीखें। उसे परावर्तित करना सीखें। आपको अपनी ज़िंदगी में प्रेम कहानी नजर आने लगेगी। फिर किसी और की प्रेम कहानी सुनकर न तो हँसना पड़ेगा, न रोना।

लेकिन शर्त यही है कि जिससे प्यार है, जिस रंग से प्यार है, जिस चीज से प्यार है उसे परावर्तित होने दीजिए। प्रेम हो या रंग, पकड़ने की चीज नहीं।

हाँ, दम हो तो सबको आत्मसात कर लीजिए और प्रेम के मसीहा बन जाइए।

कृष्ण बन जाइए।

या फिर उससे भी ज्यादा दम हो तो सारे रंगों को छोड़ दीजिए। प्रेम की देवी बन जाइए।

राधा बन जाइए।

बहुत छोटा सा फॉर्मूला है प्रेम को पाने का। मेरे टीचर ने मुझे स्कूल में फिजिक्स पढ़ाते हुए समझा दिया था। बाकी बच्चे ज़िंदगी के रंगों को चुन रहे थे कि कौन सा रंग उन पर फबेगा। मैंने तो सभी रंगों को आत्मसात कर लिया था।

फिर मैंने कभी सोचा ही नहीं कि ज़िंदगी 'किसी की जुल्फों की नरम छाँहों में गुजरने पाती तो शादाब हो भी सकती थी। ये तीरगी जो मेरी जीस्त का मुकद्दर है, किसी नजर की शुआओं में खो भी सकती थी।'

सच कहूँ तो सभी रंगों को आत्मसात कर लेने के बाद किसी की जुल्फों की नरम छाँहों की दरकार ही कहाँ होती है। किसी नजर की शुआओं में खोने की दरकार भी कहाँ रह जाती है?

फिर तो वो नहीं, उसका गम, उसकी जुस्तजू भी नहीं, गुजर जाती है कुछ इस तरह ज़िंदगी, जैसे इसे किसी के सहारे की आरजू भी नहीं...।

जब किसी की जुस्तजू न हो और किसी के सहारे की आरजू भी न रहे, तब प्रेम हो जाता है।

□

15 जनवरी

शाहजहाँ की बेटी जहानआरा अगर उस दिन रसोई में नहीं जाती तो शायद हिंदुस्तान की तस्वीर अलग होती। एक राजा की बेटी को रसोई में जाने की जरूरत ही क्या!

खैर, जहानआरा उस दिन रसोई में चली गई और गरम पानी उसके शरीर पर गिर पड़ा।

फूल की तरह नाजुक जहान का शरीर जल गया। बादशाह शाहजहाँ ने हर संभव इलाज कराया, लेकिन जहान के शरीर पर पड़ा निशान जा ही नहीं रहा था। किसी पिता के लिए इससे अधिक दु:ख की बात क्या हो सकती है कि उसकी बेटी के बदन पर जले के निशान हों। बादशाह ने कई जगहों पर पता कराया कि कहीं कोई हो, जो जहान की ज़िंदगी एक बार फिर रौशन कर दे। बड़ी मशक्कत के बाद पता चला कि गुजरात में सूरत के पास कोई अंग्रेज डॉक्टर आया है। ऐसा डॉक्टर, जो जले का इलाज कर सकता है।

बादशाह ने सारे घोड़े सूरत की दिशा में दौड़ा दिए।

डॉक्टर हाजिर हो गया बादशाह के सामने और शुरू कर दिया इलाज जहान आरा का।

जहान ठीक हो गई। बादशाह खुश हो गया।

खुश बादशाह कुछ भी कह सकता था। खुश बादशाह कुछ भी दे सकता था। उसने अंग्रेज डॉक्टर से कहा, ''जो चाहो माँग लो। जो माँगोगे, वही मिलेगा।''

डॉक्टर सोच में पड़ गया। बहुत सोचकर उसने कहा कि उसे कुछ नहीं चाहिए। कुछ भी नहीं। फिर भी आप कुछ देना चाहें तो अंग्रेज, जो भारत में व्यापार की मंशा

लेकर आए हैं, उन्हें बंगाल में फ्री ट्रेड की छूट दिला दें। हालाँकि जहाँगीर के समय सूरत में अंग्रेजी व्यापार की शुरुआत हो चुकी थी, लेकिन बंदिशें बहुत थीं।

बादशाह के लिए यह कौन सी बड़ी बात थी। उसने कहा, तथास्तु। तुम सूरत में व्यापार करो। बंगाल में व्यापार करो। आजादी से व्यापार करो। शाहजहाँ के इसी वरदान की कोख से जन्म हुआ ईस्ट इंडिया कंपनी का, और भारत का भविष्य गुलाम हो गया।

मैंने बहुत करीब से जहानआरा को देखा। बादशाह शाहजहाँ की खुशियों को देखा। उस अंग्रेज डॉक्टर को भी देखा, जिसने माँगा तो कुछ नहीं था, लेकिन हमारी किस्मत माँग ली थी।

जिस दिन युद्ध में अयोध्या के राजा दशरथ के रथ के पहिए से एक स्क्रू निकलकर गिर पड़ा और रानी कैकेयी ने स्क्रू की जगह अपनी उँगली डालकर महाराजा की रक्षा की, उस दिन अगर दशरथ ने कैकेयी से यह नहीं कह दिया होता कि ''रानी, जो चाहो माँग लो'' तो शायद आज हम किसी और युग में जी रहे होते। दशरथ ने अति खुशी में कह तो दिया था कि जो माँगोगी, वही मिलेगा, पर यह नहीं सोचा था कि रानी किसी दिन हम सबकी किस्मत माँग लेंगी, राजा से उसी की ज़िंदगी माँग लेंगी।

आप सोच रहे होंगे कि आज मैं क्यों इतिहास के पन्ने खोलकर बैठ गया हूँ।

जिन दिनों मैं इतिहास पढ़ा करता था, मेरी क्लास के सारे बच्चे कहा करते थे, ''इतिहास, भूगोल बहुत बेवफा, सुबह पढ़ो, शाम को सफा।''

लेकिन मैं जब इतिहास पढ़ता था, तब मुझे लगता कि मैं इतिहास नहीं पढ़ रहा, मैं इतिहास देख रहा हूँ। किताब के सारे चरित्र मेरे सामने आकर खड़े हो जाते और मैं बहुत बारीकी से सारी घटनाओं को देखा करता। पौराणिक कहानियाँ टीचर ने नहीं पढ़ाईं, माँ ने सुनाईं। कहानी सुनते वक्त दशरथ, कैकेयी, राम, सीता, ये सारे पात्र अपना एक रूप लेकर मेरी आँखों के आगे आकर खड़े हो जाते।

वैसे ही जहानआरा के जले हुए बदन को मैंने बहुत पास से देखा। शाहजहाँ के आँसुओं को मैंने उसकी आँखों में झाँककर महसूस किया। उस अंग्रेज डॉक्टर की उस बहुत छोटी सी माँग को मैंने अपने कानों से सुना।

मैं अपने शिक्षक से पूछता कि इस इतिहास को पढ़ने से हमें क्या लाभ? हम

क्यों अतीत की घटनाओं को पढ़ते हैं?

मेरे ऐसे सवालों के जवाब शिक्षक के पास नहीं होते थे। वह कहते कि पढ़ने से कुछ-न-कुछ तो लाभ होगा ही, तुम पढ़ते रहो बस।

एक दिन अंग्रेजी हुकूमत की शुरुआत पर कुछ लिखते हुए मैंने लिख दिया था कि अगर जहानआरा रसोई में नहीं गई होती, उसके बदन पर गरम पानी नहीं गिरा होता, अंग्रेज डॉक्टर ने उसका इलाज नहीं किया होता और इलाज से खुश बादशाह ने अंग्रेजों को सूरत और बंगाल में व्यापार की खुली छूट नहीं दी होती तो भारत अंग्रेजों का गुलाम नहीं होता। काश! हम समझ पाते कि अति खुशी में किसी से कोई वादा नहीं करना चाहिए। अति खुशी में किया गया वादा पूरा करना आसान नहीं होता। खुशी में आदमी कहने को तो कह सकता है कि जो माँगोगे, वो दे दूँगा, लेकिन यह नहीं सोचता कि माँगने वाला क्या माँग लेगा।

वह राम को माँग सकता है। वह देश माँग सकता है। वह आपका भविष्य माँग सकता है।

मुझे नंबर कितने मिले, वो आज नहीं बताऊँगा।

आज तो सिर्फ ये बताना चाहता हूँ कि सचमुच हमें खुशी में किसी से कोई वादा नहीं कर लेना चाहिए। खुशी में किए गए वादे अक्सर जी के जंजाल साबित होते हैं।

जैसे क्रोध में किसी से कुछ नहीं कहना चाहिए। क्रोध में एक छोटी सी चुप्पी अफसोस करने के हजार पलों से आपको बचा लेती है, वैसे ही अति खुशी में भी छोटी सी चुप्पी भी आपको बहुत से दुखों से बचा सकती है। वरदान देना चाहिए, लेकिन सोच विचार कर।

बिना परिणाम सोचे दिया गया वरदान भस्मासुर का जनक होता है।

□

16 जनवरी

मुझे राजनीति पर नहीं लिखना। लेकिन इतिहास पर तो लिख ही सकता हूँ।

फ्रांस की जनता रोटी-रोटी चिल्लाती हुई राजा के महल पर हमला बोल चुकी थी। राजा लुई सोलहवाँ अपनी पत्नी के साथ महल की खिड़की के बाहर आया। भीड़ देखकर उसे घबराहट होने लगी। लुई की पत्नी ने पूछा कि ये क्यों शोर मचा रहे हैं? इन्हें क्या चाहिए? थूक गले में गटकते हुए लुई ने कहा कि इन्हें भूख लगी है, इनके पास खाने को रोटी नहीं।

रानी हँस पड़ी। अरे, तो इसमें कौन सी बड़ी बात हो गई! अगर इनके पास खाने को रोटी नहीं, तो ये केक खा लें।

रानी मेरी आंत्वानेत का इतना कहना था कि जनता भड़क गई। उसे लगने लगा कि रानी उनकी गरीबी का मजाक उड़ा रही है। जिसके पास रोटी नहीं, वो केक कहाँ से खाएगा?

बात बिगड़ गई। जनता ने महल पर धावा बोलकर राजा और रानी को पकड़ लिया।

मेरे टीचर पढ़ाते हुए मेरी आंत्वानेत की खूबसूरती की खूब तारीफ करते। बताते कि मेरी आंत्वानेत ऑस्ट्रिया की रहनेवाली थी। कहते कि वो सिर्फ चौदह साल की थी, जब उसकी शादी हो गई थी।

टीचर आंत्वानेत के बारे में बताते जाते और मेरी आँखों के सामने सुनयना दीदी की तस्वीर बनती जाती। टीचर बताते कि ऑस्ट्रिया की राजकुमारी आंत्वानेत जब पेरिस आई तो पूरा शहर उसे देखने को उमड़ पड़ा। करीब पचास हजार लोग एक-दूसरे पर टूट पड़े और इतनी भगदड़ मची कि कुछ लोगों की मौत ही हो गई। 14 साल की एक लड़की भला शादी का क्या मतलब समझती होगी? वो तो गुड़ियों से

खेलने की उम्र थी।

इतिहास की किताब में चाहे जो लिखा हो, टीचर चाहे जो पढ़ाएँ, मुझे लगता कि जरूर आंत्वानेत ने सुनयना दीदी की तरह कुछ-न-कुछ गुनाह किए होंगे। मुमकिन है फ्रॉक पहनकर छज्जे पर खड़ी हो जाती हो। या फिर आते-जाते लोगों को देखकर तालियाँ बजाती हो। या फिर किसी भैया से किताबें पढ़ने को ले आती हो। अगर वो ऐसा नहीं करती थी, फिर उसके मम्मी-पापा ने इतनी छोटी सी उम्र में उसे क्यों ब्याह दिया?

मैंने तो सुनयना दीदी की शादी अपनी आँखों से होती देखी थी। वो भी 15 की रही होंगी। टीचर बताते जाते कि आंत्वानेत जितनी खूबसूरत थी, उतनी ही जहीन। उस एक महिला को लेकर फ्रांस का पूरा इतिहास कुछ इस कदर बदल दिया गया कि सच कब झूठ बन गया, झूठ कब सच में बदल गया, किसी को पता ही नहीं चला। जो उसने कहा नहीं, जो उसने किया नहीं, वो सब इतिहास की किताब में दर्ज हो गया, सदा के लिए।

मैं जानता था कि सुनयना दीदी ने भी ऐसा कुछ नहीं किया था, जिसके बारे में पूरा मुहल्ला बुदबुदा रहा था।

आंत्वानेत पर आरोप लगा कि जब फ्रांस की जनता रोटी-रोटी करती हुई राजमहल तक पहुँची तो उसने कह दिया कि ''रोटी नहीं है तो केक खाओ।''

रोटी के बदले केक का मुहावरा गढ़ने का आरोप ही मेरी आंत्वानेत पर लगा।

जनता विद्रोह कर बैठी। किसी की भूख का यह अपमान!

टीचर बताते कि लुई सोलहवाँ के दादा, यानी लुई चौदहवाँ की पत्नी, जो स्पेन की रहनेवाली थीं, वो जब पेरिस आई थीं, तब भी ये कहावत वहाँ काफी प्रचलित थी कि रोटी नहीं तो केक खाओ। फिर आंत्वानेत पर ये आरोप क्यों लगा कि उन्होंने ही इसे गढ़ा।

सुनयना दीदी की उनके ससुराल में पिटाई हो रही थी कि उन्होंने अपनी सास को ये कहा, वो कहा। पिटती हुई सुनयना दीदी कह रही थी कि उन्होंने ये नहीं कहा। पर कौन मानता। मैं सुनयना दीदी से मिलने गया था। सुनयना दीदी ने सुबकते हुए कहा कि इनका वश चले तो ये उस-उस गुनाह के लिए मुझे फाँसी दे सकते हैं, जो उसने किया ही नहीं।

रानी आंत्वानेत को जनता ने पकड़ लिया था। राजा के साथ रानी भी। आरोप वही कि रानी ने ऐसा कहा कैसे कि रोटी नहीं है तो केक खाओ। आंत्वानेत चीख-चीखकर कह रही थी कि उसने ऐसा कभी कहा ही नहीं। लोगों ने एक पुरानी कहावत को उसकी जुबाँ पर डाल दिया है। उसने ऑस्ट्रिया में कभी ऐसा सुना ही नहीं। जो उसने सुना नहीं, कहा नहीं, उसे उसका कहा बताकर इतिहासकारों की कलम से उसके नाम दर्ज करा दिया गया।

सुनहरे बालों और नीली आँखों वाली उस लड़की को, जिसके पिता प्यार से उसे एंटिनो बुलाया करते थे, वो सिर्फ 24 साल की उम्र में मार दिए जाने लायक अपराध की हकदार हो चुकी थी। हर जगह दर्ज हो चुका था कि ऑस्ट्रिया से आई ये लड़की फ्रांस के लोगों की दुश्मन है, और सिर्फ इसे मार दिए जाने के बाद ही पेरिस की भूख मिट सकती है। इतिहासकारों ने कहाँ-कहाँ दर्ज नहीं कर दिया कि आंत्वानेत ने रोटी के बदले केक खाने को कहकर मानवता का अपमान कर दिया। आंत्वानेत ने पता नहीं किस-किस से सफाई दी कि यह संसार का शायद सबसे बड़ा झूठ है, जिसे दुनिया उसके नाम से जानेगी।

मैं कई बार आंत्वानेत से मिला। मैं जानता था कि जिसे दुनिया गुनहगार ठहराते हुए सजा ए मौत सुना रही है, उसका गुनाह सिर्फ इतना था कि उसे संसार के बारे में कुछ पता नहीं था। उसका छल रहित व्यवहार ही उसका शत्रु बन गया था। लड़कियों के साथ बहुत बार ऐसा हो जाता है, जब उन्हें उस गुनाह की सजा दे दी जाती है, जिसे उन्होंने किया ही नहीं होता। पहली सजा पिता ने दी थी, 14 साल में ब्याह कराकर। क्योंकि वो दुश्मन देश ऑस्ट्रिया से आई थी, इसलिए फ्रांस की जनता उसकी सुंदरता पर चाहे जितना मर मिटी हो, पर उसे स्वीकार नहीं कर पाई थी। और उसके नाम उस झूठ को दर्ज कराकर फौजदारी रसीद दी गई, जिसे उसने कभी कहा ही नहीं। जो मुहावरा जनता जानती थी, आंत्वानेत नहीं, उसे जनता ने आंत्वानेत के मुँह में डाल दिया।

मेरे टीचर पता नहीं क्यों, मुझे उल्टी हिस्टरी पढ़ाया करते थे। वो भी जानते थे कि अगर मैं परीक्षा में लिख आया कि आंत्वानेत ने ऐसा नहीं कहा था, तो पास होने के लाले पड़ जाते। लेकिन वो भी मेरे कान में फुसफुसाया करते, तुम्हें सच पता होना चाहिए। लिखो चाहे जो मर्जी, पर सच को जानना जरूरी है।

सुनयना दीदी कहती थी कि चाहे उसकी जितनी मर्जी पिटाई हो, लेकिन संजू तुम सच को जानना जरूर। तुम जानना कि जिन लड़कियों के माता-पिता अपनी

बेटियों को छज्जे पर खड़े होकर आने–जाने वालों के देखने की सजा देते हैं, उन्हें तो कोई भी सजा देने का हक रख सकता है। उसका पति, उसकी ससुराल वाले, वहाँ की जनता। कोई भी।

आंत्वानेत को बीच शहर में फाँसी पर लटकाया जा रहा था। वो चीख रही थी, "मुझे मत मारो, मुझे मत मारो। मैंने कोई गुनाह नहीं किया।"

सुनयना दीदी भी चीख रही थीं, "मुझे मत मारो, मुझे मत मारो। मैंने कोई गुनाह नहीं किया।"

हर रोज न जाने कितनी लड़कियाँ चीखती हैं, "मुझे मत मारो, मुझे मत मारो। मैंने कोई गुनाह नहीं किया।"

पर जब रानी की किसी ने नहीं सुनी, तो कौन किसकी सुनेगा?

इतिहास में चाहे जो दर्ज हो। आपके टीचर ने चाहे जो पढ़ाया हो, पर मेरी गुजारिश है कि एक बार उस सच को जानना जरूर चाहिए, जो शायद सच होता ही नहीं। याद रखिएगा 'काल्पनिक सच' संसार के किसी भी झूठ से ज्यादा खतरनाक होता है।

मैं राजनीति पर नहीं लिखता, वरना बताता कि राजनीति चाहे देश में हो या घर में। इसका सबसे बड़ा हथियार यह 'काल्पनिक सच' ही होता है। इसी काल्पनिक सच के सहारे जिसे चाहे 'गिलोटिन' पर लटकाया जा सकता है।

□

19 जनवरी

संजय से उसकी क्लास टीचर ने पूछा, ''संजू, अगर मैं तुम्हें दो रुपए दूँ, और फिर दो रुपए दूँ तो तुम्हारी जेब में कितने रुपए होंगे?''

संजू ने कहा कि मैडमजी, पाँच रुपए।

''अच्छा संजू, अगर मैं तुम्हें दो लड्डू दूँ, कुछ देर बाद फिर दो लड्डू दूँ तो तुम्हारे पास कितने लड्डू हुए?''

''जी मैडमजी, चार लड्डू।''

''वेरी गुड।''

''अब बताओ, अगर मैंने तुम्हें दो सेब दिए, फिर दो सेब और दिए तो तुम्हारे पास कितने सेब हुए?''

''जी मैडमजी, चार सेब।''

''वंडरफुल।''

''अब मैंने तुम्हें दो रुपए दिए, फिर दो रुपए और दिए तो फिर तुम्हारी जेब में कितने रुपए हुए?''

''जी मैडमजी, पाँच रुपए।''

''बेटा, क्यों गलती कर रहे हो? तुम गणित समझने तो लगे हो। फिर बार-बार एक ही गलती क्यों कर रहे हो? मैंने तुम्हें दो लड्डू दिए, फिर दो और दिए तो चार हुए। मैंने तुम्हें दो सेब दिए, फिर दो सेब और दिए तो चार हुए। अब जब मैं तुम्हें दो रुपए दे रही हूँ, फिर दो और रुपए और दे रही हूँ, तो गिनती में गड़बड़ी क्यों कर रहे हो?''

''मैडमजी, आप मुझसे बार-बार पूछ रही हैं कि दो रुपए आपने दिए, फिर दुबारा दो रुपए आपने और दिए तो मेरी जेब में पहले से जो एक रुपया पड़ा है, उसे जोड़कर तो पाँच रुपए ही हुए न! रही बात लड्डू और सेब की, तो वो मेरे पास नहीं हैं, इसीलिए चार ही रहे।''

मैडम ने अपना सिर पीट लिया।

यही सच है। जब हम सवाल पूछने में गलती करते हैं, तो हमें जवाब वैसे ही मिलते हैं। मैडम को संजू से पूछना चाहिए था कि मैंने तुम्हें दो रुपए दिए, फिर दो रुपए दिए तो बताओ, मैंने तुम्हें कितने रुपए दिए, तो संजू सीधे-सीधे चार रुपए कहता। लेकिन मैडम बार-बार पूछ रही थीं कि तुम्हारी जेब में कितने रुपए हुए।

सुनने में बात बहुत मामूली लगेगी, लेकिन सच यही है कि हम ज़िंदगी से जिन सवालों के सही जवाब की उम्मीद करते हैं, उनके सवाल ही गलत पूछते हैं। अक्सर हम खुद से खुद के बारे में गलत सवाल पूछकर भी सही जवाब की उम्मीद लगा लेते हैं। फिर हम सोचते हैं कि आखिर गलती कहाँ हुई! हम यह सोचने की जहमत नहीं उठाते कि हमने खुद से गलत सवाल पूछकर उसके सारे जवाब गलत तैयार किए और जब उसमें सफलता नहीं मिली तो फिर किस्मत को दोष देने लगे। किसी संजू को मूर्ख ठहराने लगे। यह सोचने की कोशिश भी नहीं की कि बालक जब चार लड्डू और चार सेब कह रहा है, तो रुपए पाँच क्यों कह रहा है। इसका तो सीधा मतलब यही हुआ कि उससे जोड़ने में गलती नहीं हो रही। गलती है तो कहीं और है।

जिस मैडम ने संजू से गणित की कक्षा में ये सवाल पूछे थे, उनकी अपनी मर्जी कभी टीचर बनने की नहीं थी। उन्होंने खुद पूरी क्लास को एक दिन बहुत खीझकर बताया था कि उन्हें तो एक्टर बनना था, पता नहीं कहाँ से टीचिंग में आ गई। संजय को पता नहीं चला कि गणित वाली टीचर क्यों एक्टर नहीं बनीं, न यह पता चला कि एक्टर बनने की जगह वो क्यों और कैसे टीचर बन गईं। पर इतना तो उसे उसी दिन पता चल गया था कि ये मैडम अपनी ज़िंदगी में गलत सवालों के सही हल ढूँढ़ती रह जाएँगी। बड़ा होने पर संजू ने यह निष्कर्ष भी निकाल लिया कि शायद एक्टर बनते-बनते अपने सवालों की उलझनों से वह टीचर बन गई होंगी।

जब मैं छोटा था और मुझसे कोई गाना गाने को कहता तो मैं नाक से आवाज निकालकर गाने लगता, ''ज़िंदगी और बता, तेरा इरादा क्या है...''

फिर जब धीरे-धीरे बड़ा हुआ तो समझ में आने लगा कि ज़िंदगी से पूछा गया

यह सवाल गलत है, क्योंकि ज़िंदगी तो जवाब वही देगी, जो जवाब हम उसे देने देंगे। ऐसे में गाने में यह होना चाहिए था, ''ज़िंदगी, मेरा इरादा ये है।''

यह एक सामान्य गलती है, जिसे हम अक्सर करते हैं। हम अक्सर खुद से खुद के लिए गलत सवाल-जवाब कर बैठते हैं। हम समझ नहीं पाते कि हम जो जवाब चाहते हैं, उसके लिए सवाल कैसे होने चाहिए। मसलन, अगर कोई एक्टर बनना चाहता है और वह नहीं बन पा रहा, तो इसका मतलब यह हुआ कि उसने अपने आप से कभी यह पूछा ही नहीं कि आखिर कहाँ कमी रह गई उसकी चाहत में? क्यों उसे वो मौका नहीं मिल सका, जो उसे मिलना चाहिए था। मैंने कुछ दिन पहले विद्या बालन का इंटरव्यू पढ़ा था, जिसमें उन्होंने कहा था कि वो एक्टर बनना चाहती थीं और एक्टर के सिवा कुछ और नहीं।

उस इंटरव्यू में उन्होंने बताया था कि कैसे एक मोटी सी मिडल क्लास की सामान्य सी लड़की ने खुद से सवाल पूछा था कि क्या वो एक्टर बन पाएगी? और उसे जवाब मिला था कि आदमी अगर चाह ले, तो क्या नहीं पा सकता। जिसके घर में दूर-दूर तक एक्टिंग की कल्पना भी किसी ने नहीं की हो, वहाँ सोलह साल की उम्र में एक लड़की को टीवी सीरियल 'हम पाँच' में एक रोल मिल जाए तो उसके लिए बड़ी ही बात थी। इंटरव्यू में उसने बताया कि फिर कैसे उसने खुद से और सवाल किए कि क्या वो फिल्मों में जा सकती है? जवाब मिला हाँ, वजन कम करो। दृढ संकल्प करो। मेहनत करो। और विद्या को परिणीता फिल्म में हीरोइन का रोल मिल गया।

विद्या बालन की कहानी आपको मुझसे अधिक पता है, इसलिए मैं आज विद्या की कहानी नहीं सुनाने जा रहा। आपको सिर्फ यह बताने जा रहा हूँ कि विद्या ने अपने इंटरव्यू में कहा था कि सफलता की पहली सीढ़ी वो सवाल है, जिसे आप खुद से पूछते हैं। अगर आपका सवाल ठीक है, तो ज़िंदगी जवाब भी ठीक देती है। ठीक वैसे ही जैसे किसी भी मरीज की आधी बीमारी उसी दिन ठीक हो जाती है, जब मर्ज का पता चल जाता है।

सही इलाज तभी संभव है, जब सही बीमारी का पता चल जाए। सही जवाब होता है, सही सवाल का पूछा जाना। एक्टर न बन पाने वाली मैडम ने यकीनन खुद से कभी सही सवाल नहीं पूछा होगा, तभी वो एक...दो...तीन...चार...की धुन पर थिरकने की जगह बच्चों को एक...दो...तीन...चार रटा रही थीं।

तो अगली बार ध्यान रखिएगा कि जब भी आप किसी से पूछें कि आपने किसी

को दो रुपए दिए, फिर दो रुपए और दिए, तो आपने कुल कितने रुपए दिए पूछिएगा। यह मत पूछिएगा कि तुम्हारी जेब में कितने रुपए हुए?

सही सवाल पूछिए और सही जवाब का आनंद उठाइए।

ज़िंदगी से यह मत पूछिए कि तेरा इरादा क्या है, उसे बताइए कि आपका इरादा यह है। अगर पूछना ही हो तो खुद से पूछिए कि मेरा इरादा क्या है? फिर आपका मन जो जवाब देगा, वही जवाब ज़िंदगी आपको देगी।

□

21 जनवरी

मैं स्कूल से घर लौटा था, और बस्ता पटककर बाहर क्रिकेट खेलने को बेकरार था। बस्ता रखकर हाथ-मुँह धोया और जैसे ही बाहर निकलने को हुआ, माँ दिख गई। उनके साथ बहुत दूर वाली जमुना चाची बैठी थीं। मैंने निकलते हुए जमुना चाची को 'नमस्ते' कहा और दौड़ पड़ा। मेरे दौड़ते ही माँ की आवाज सुनाई पड़ी—''बेटा, इधर आना।''

मैं समझ गया कि कुछ गड़बड़ हुई है, क्योंकि माँ पीछे से आवाज देकर नहीं बुलाती। पर क्या गड़बड़ हुई? मैंने स्कूल से आकर हाथ-मुँह धो लिया था, जमुना चाची को 'नमस्ते' भी कर दिया था और अब निकल रहा हूँ तो माँ ने क्यों बुला लिया? एक ओवर गेम निकल चुका होगा, मैंने मन-ही-मन सोचा।

''हाँ, अम्मा, कहिए!''

''बेटा, तुमने जमुना चाची को पाँव छूकर प्रणाम नहीं किया। चाची तुमसे मिलने इतनी दूर से आई हैं, पूछ रही थीं कब आएगा संजू, कितना बड़ा हो गया है संजू, और तुम आते ही भागने लगे।''

''अम्मा, बाहर मैच है। और मैंने चाची को नमस्ते कहा था।''

''कोई बात नहीं, पाँव छूकर प्रणाम कर लो।''

मैंने समय गँवाए बिना चाची के पाँव छू लिये और 'प्रणाम' कहा। चाची ने गले लगाया और कहा, ''खूब खुश रहो।''

अब माँ ने कहा, ''जाओ जाकर अपना मैच खेल आओ।''

मेरी समझ में ज्यादा बात नहीं आई, पर इतना समझ गया कि माँ की दिली इच्छा थी कि मैं जमुना चाची के पाँव छूकर प्रणाम करूँ।

शाम को घर आया। जमुना चाची जा चुकी थीं। मैं खाना खाने बैठा तो माँ मुझसे कहने लगी कि जब भी कोई बड़ा घर पर आए तो तुम्हें उसके पाँव छूकर प्रणाम करना चाहिए। यह नमस्ते जो है, वो दोस्तों के लिए ठीक है। मैंने पूछा कि माँ क्या फर्क है नमस्ते और प्रणाम में?

माँ सिर पर हाथ फेरते हुए बताने लगी, ''बेटा, जब तुम किसी को नमस्ते कहते हो तो तुम्हें जवाब में नमस्ते मिलता है। लेकिन जब तुम पाँव छूते हो, तो तुम्हें खुश रहने का आशीर्वाद मिलता है। मैं चाहती हूँ कि तुम्हें यह 'खुश' रहनेवाला आशीर्वाद सबसे मिले, खूब मिले।''

मैं चुप था। माँ बोल रही थी तो कुछ-न-कुछ मतलब होगा। माँ ऐसे ही कुछ भी नहीं बोलती। वो कह रही है कि खुश रहना ही सबसे बड़ी बात होती है, तो यही ज़िंदगी की सबसे बड़ी बात होगी।

माँ कह रही थी, ''आदमी सबकुछ पा लेता है। सबकुछ कमा लेता है। लेकिन खुशी कमा नहीं सकता। वो उसे दूसरों से बतौर आशीर्वाद मिलती है। जो खुशी को अपने भीतर समा लेगा, उसे किसी और चीज की दरकार नहीं रहेगी। जीवन जब तक है, उसकी शान है खुशी।''

माँ का यह ज्ञान मैंने जीवन में बाँध लिया। जब भी किसी बड़े से मिलना होगा, पाँव छू लूँगा। पाँव छूने का मतलब है 'खुश रहो' का आशीर्वाद पाना। खुश रहना ही मेरी सबसे बड़ी कमाई होगी। मैंने इस आशीर्वाद को खूब कमाया।

जब नौकरी में चला आया और जितने भी पैसे मिलते, उसमें मस्त रहता तो मेरे बॉस एकाध बार बुलाकर मुझसे पूछते कि तुम हमेशा खुश रहते हो, हँसते हो, लोग तुमसे जलते हैं। उन्हें लगता है कि पता नहीं तुम्हारे पास कौन सा कुबेर का खजाना है, जो हर हाल में मस्त रहते हो। मैं मुस्कुराता और कहता, ''हाँ सर, मेरे पास कुबेर का खजाना है।''

फिर अपने काम में लग जाता।

मैंने कभी काम किया ही नहीं। कई लोगों को लगता है कि मेरे पास हमेशा काम कम रहा, क्योंकि काम चाहे मेरे पास जितना हो, मैं उसे फटाफट कर एकदम फ्री हो जाता हूँ। दफ्तर में जिस काम को करने में लोग एक घंटा लगाते हैं, मैं दस मिनट से कम में पूरा कर इधर-उधर घूमने लगता था। अब तो प्रशासनिक काम ज्यादा है, इसलिए मीटिंग पर मीटिंग खेलता रहता हूँ, पर सच यही है कि काम मुझे कभी

बोझ नहीं लगा। काम मेरे लिए हमेशा खेल की तरह रहा। ठीक वैसे ही जैसे पढ़ाई को मैंने कभी बोझ की तरह नहीं लिया। मस्ती में पढ़ता था, मस्ती में ही परीक्षा देता था।

माँ ने कहा था, जो लोग ऐसा सोचते हैं कि कठिन मेहनत से आदमी कामयाब होता है, कामयाबी से पैसा आता है, पैसे से उसे खुशी मिलती है, वो गलत होते हैं। जो आदमी खुश रहता है, वो कठिन मेहनत करने को तत्पर रहता है, और जब वो मेहनत करता है तो उसे कामयाबी मिलती है और पैसे मिलते हैं। यह कामयाबी और पैसे जिस खुशी की बदौलत मिलते हैं, वो खुशी इनकी बदौलत नहीं मिल सकती। इसलिए पहली चीज है, खुश रहना। खुश रहोगे तो बाकी चीजें खुद ब खुद मिलने लगेंगी। लेकिन बाकी चीजों के बूते खुशी तलाशोगे तो कुछ भी नहीं मिलेगा।

माँ का मंत्र तो मेरे साथ रहा। मैं खुश रहता हूँ।

मैं बहुत से लोगों को मिलता हूँ जिनकी सैलरी मुझसे अधिक हो सकती है, जिनके पास मुझसे ज्यादा बहुत कुछ हो सकता है, लेकिन वो खुश नजर नहीं आते। कई लोगों को मैं अक्सर विलाप करते देखता हूँ कि काम का बोझ बहुत है, लेकिन ये नहीं है, वो नहीं है।

सोचता हूँ कि उनसे कह दूँ कि कोई बड़ा मिले तो उसके पाँव छू लिया करें, ताकि उन्हें भी खुश रहने का आशीर्वाद मिल जाए। एक बार उस आशीर्वाद का स्टॉक जमा हो जाए तो फिर वो खुश रहेंगे। वो खुश रहेंगे तो काम बोझ नहीं लगेगा। काम बोझ नहीं लगेगा तो घंटे भर वाला काम दस मिनट में पूरा हो जाएगा। फिर काम हो जाएगा तो और काम करने का मन करेगा। इससे कामयाबी मिलेगी। शोहरत मिलेगी। दौलत मिलेगी।

"पर असली चीज है, खुश रहना।"

यह माँ ने कहा था।

□

22 जनवरी

"आपकी कमीज का बटन टूट गया है।"

"बटन क्या, सबकुछ टूट गया है।"

"बटन लगाने वाली कोई नहीं मिली?"

"एक थी, ऐसी चली गई कि फिर लौटकर नहीं आई।"

"आपने चाहा ही नहीं होगा।"

"चाहा तो बहुत था, सोचा भी बहुत था। जाने क्या हो गया था।"

"एक बात पूछूँ?"

"हाँ, पूछो।"

"क्या सारा कसूर मेरा ही था?"

"नहीं, कुछ तुम्हारा था, कुछ मेरा, और शायद कुछ हम दोनों का..."

इस संवाद के बाद मैं रुकता और फिर किशोर कुमार की आवाज में गाने लगता, "दुःख के अंदर सुख की ज्योति, दुःख ही सुख का ज्ञान, दर्द सहकर जन्म लेता हर कोई इंसान, वो सुखी है, जो खुशी से दर्द सह गया...मेरा जीवन कोरा कागज, कोरा ही रह गया।"

मैं इस गाने को गाता और क्लास में कोई ताली नहीं बजाता। बच्चे समझ नहीं पाते कि गाने के बीच में मैं इस तरह के संवाद क्यों बोलता हूँ, और खामोशी से मेरी ओर देखते रहते। भरत मास्टर इस गाने को सुनकर एकदम चुप रह जाते। उनकी चालीस मिनट की क्लास में नौ मिनट मेरा यह गाना ले जाता और फिर बाकी के कई मिनट वो खामोश अपनी कुरसी पर बैठे रहते। अचानक उठते और कहते कि तुम लोग मन-ही-मन 'दो बैलों' की कथा का पहला पन्ना पढ़ो।

मैं पाँचवीं कक्षा में था। भरत मास्टर का मन जिस दिन पढ़ाने का नहीं होता, वो हम बच्चों से कहते, गाना सुनाओ। मैंने एक दिन 'मेरा जीवन कोरा कागज' गाना सुना दिया। मैंने जब इस गाने को पहली बार सुना था, तब गाने के बीच में एक स्त्री और पुरुष के बीच ये डायलॉग भी था। मैंने इस गाने को डायलॉग समेत रट लिया था। जब कहीं कोई गाने को कहता तो गाना गाते हुए रुकता, सारे डायलॉग बोलता और फिर अंत तक पूरा गाना सुनाता।

संदर्भ मुझे नहीं पता था। न मैंने फिल्म देखी थी। भरत मास्टर ने शायद फिल्म देखी हो, या फिर वो कोई संदर्भ निकालते रहे हों, यह मुझे नहीं पता था। हाँ, बाद में इतना पता चल गया था कि उनकी पत्नी उनको छोड़कर चली गई थीं। अब इस डायलॉग का उनकी पत्नी से क्या संबंध था, मैं नहीं जानता था। पर यह सच है कि पूरा गाना सुनकर वे खामोश हो जाते थे।

बहुत दिन बीत गए। हमारे घर टीवी आ गया था। एक दिन टीवी पर यह फिल्म आ रही थी। जाहिर है आप सभी लोगों ने यह फिल्म देखी होगी। पति-पत्नी के रिश्ते, उनके अहं, उनके भरोसे, उनकी शिकायत, उनकी उम्मीदों पर बनी यह फिल्म चाहे जैसी भी रही हो, पर इसके गाने के बोल मुझे बहुत आकर्षित करने लगे थे—
''दुःख के अंदर सुख की ज्योति, दुःख ही सुख का ज्ञान... ।''

फिल्म देखते हुए कहीं पढ़ लिया था कि कठिनाइयों से बढ़कर दुनिया में कोई विश्वविद्यालय नहीं। मतलब यह कि जो दुखों से खुशी-खुशी निकल पाता है, वही असली ज्ञानी होता है। भरत मास्टर का दर्द मुझे सचमुच नहीं पता। लेकिन मैंने बहुत से पति-पत्नियों के दर्द को महसूस किया है। वही दर्द जो फिल्म कोरा कागज में जया भादुड़ी और विजय आनंद के बीच पनपी नफरत में नजर आता है।

वही दर्द जो हर पति-पत्नी के रिश्ते में नजर आता है।

किसी ने मुझे मेसेज भेजा कि एक बार कबीर के पास कोई आया और उसने अपनी पत्नी की शिकायत की। उसने कहा कि उसका दांपत्य जीवन बहुत दुखमय है। उसकी पत्नी उसकी कोई बात नहीं सुनती। मनमर्जी करती है। दोनों साथ नहीं रहना चाहते। दोपहर का समय था। कबीर ने उस आदमी को कोई जवाब देने की जगह अपनी पत्नी को आवाज लगाई और कहा कि जरा लालटेन जलाकर ले आना।

कबीर की पत्नी लालटेन जलाकर ले आईं। कबीर ने कुछ देर बाद अपनी पत्नी को आवाज दी, अरे देखा नहीं, कोई घर पर आया है। कुछ मीठा लेकर आओ।

कुछ देर में उनकी पत्नी एक पत्ते में कुछ नमकीन लाकर वहाँ रख गईं।

कबीर से मिलने आए आदमी ने उनसे कहा, गुरुवर, आप कुछ कह नहीं रहे। पर मेरी समझ में यह नहीं आ रहा कि आपने दिन में लालटेन क्यों मँगाया। और मीठे की जगह नमकीन लाने का क्या मतलब?

कबीर ने बहुत धीरे से कहा। मैंने लालटेन लाने को कहा। मेरी पत्नी कह सकती थी, बुड्ढा सठिया गया है। दिन में लालटेन मँगा रहा है। पर उसने ऐसा नहीं कहा। मैंने उससे जो कहा, उसने कर दिया। फिर मैंने उससे कहा कि तुम मीठा लेकर आओ। वो नमकीन लेकर आ गई। मुमकिन है, घर में मीठा हो ही नहीं। पर मेहमान आया है तो कुछ तो लाना ही था। तो वो नमकीन उठा लाई। मैंने भी उससे कोई सवाल नहीं किया।

यही है रिश्ता। रिश्ते सवालों की बुनियाद पर नहीं टिकते। बहुत से सवाल फिजूल के होते हैं। बहुत से सवाल बिना उम्मीद के होते हैं। बहुत से कामों में जहाँ रोक-टोक न हो, वहीं रिश्ते फलते-फूलते हैं। मेरे लालटेन मँगाने और नहीं मँगाने से कोई फर्क नहीं पड़ता था। वो पूछ भी लेती कि दिन में लालटेन क्यों, तो भी कोई फर्क नहीं पड़ता। लेकिन बेवजह के सवाल कटुता को जन्म देते हैं। अहं को ललकारते हैं।

आदमी समझ गया कि कबीर क्या संदेश देना चाहते हैं। वो चुपचाप उठा और चला गया।

आपको समझना नहीं है, आप सब जानते हैं। फिर भी चूक हो जाती है। हम बहुत से उन सवालों को बेवजह पूछते हैं, जिनकी सचमुच जरूरत नहीं होती। किसी भी रिश्ते की बुनियाद उस रिश्ते की आजादी में छिपी होती है। आजादी भरोसे की, आजादी खुश रहने देने की, आजादी उड़ने देने की।

जिन रिश्तों में इस आजादी को छीनने की कोशिश होती है, वहाँ सिर्फ कमीज के बटन ही नहीं, सबकुछ टूट जाता है।

इसलिए रिश्तों को सँभालने की कोशिश एक बार जरूर करनी चाहिए। जानना चाहिए कि क्या सारा कसूर उसका था या कुछ आपका भी? या शायद कुछ दोनों का?

भरत मास्टर का तो मुझे नहीं पता, लेकिन फिल्म कोरा कागज में इस गाने के खत्म होते-होते जया भादुड़ी और विजय आनंद मुझे गले मिलते नजर आए थे।

□

24 जनवरी

अगर अभी आप मेरे घर आएँगे तो आपकी मुलाकात ढेर सारे मेहमानों से होगी। कुहासे में घिरी और ठंड में जकड़ी दिल्ली के मेरे फ्लैट की छत पर लगे ढेरों पौधों में से कुछ ड्राइंग-रूम में आ गए हैं।

उनके आने की वजह?

अजी, उन्हें ठंड लगती है। वे शीत की मार नहीं झेल सकते। इसलिए उन्होंने मेरे घर के भीतर एंट्री पा ली है। पौधों को ठंड लगती होगी, मैं ऐसा मानने को तैयार नहीं हूँ। पर मेरी पत्नी को ऐसा लगता है तो मैं उसकी सोच का सम्मान करता हूँ। पत्नी कहती है, इतनी बड़ी दुनिया है, सब लोग साँस ले रहे हैं, सबके लिए दुनिया एक सी खुली होनी चाहिए। जाहिर है, वो अपनी ओर से सबको पनपने की दावत देती है। वो सबकी ओर मुहब्बत से हाथ बढ़ाती है। हालाँकि उसे इस बात का बहुत खौफ रहता है कि कोई उसकी मुहब्बत का बेजा इस्तेमाल न कर ले। यहीं उसमें और मुझमें फर्क आ जाता है। मैं सभी पर भरोसा करता हूँ, और धोखा खाने के बाद तय कर लेता हूँ कि उसका साथ छोड़ना है। वो पहले लिटमस टेस्ट करना चाहती है कि सामने वाला विश्वसनीय है या नहीं, फिर उसकी ओर रिश्तों का हाथ बढ़ाती है।

पौधों के साथ यह खतरा नहीं। पौधे धोखा नहीं देते, सिर्फ खुशियाँ देते हैं।

उन्हीं खुशी देने वाले कुछ पौधे पिछले हफ्ते की सर्दी में कुम्हला गए। पत्ते पता नहीं कैसे काले पड़ गए। पहले तो माली की शामत आई, फिर पौधे दुलार से नीचे आ गए। मुझे तो लगता है कि पौधे अगर बोतल से दूध पीते, बॉर्नवीटा और हॉर्लिक्स पीते, तो वो उन्हें गोद में बिठाकर ऐसा भी करती।

खैर, अभी बात यह है कि मैं फेसबुक पर रोज-रोज लिखता हूँ। एक अच्छी पाठक की तरह पत्नी भी मेरी पोस्ट को अपने मोबाइल पर पढ़ती है। आमतौर पर

कमेंट नहीं करती, लेकिन कभी–कभी मुझसे कह देती है कि यह सही है, यह सही नहीं। लेकिन जब मैं रिश्तों पर लिखता हूँ तो वो अपनी राय जरूर रखती है।

कभी–कभी जब मैं रिश्तों की सूखी बेल से फिर लहलहाने की उम्मीद मन में पालकर कोई पोस्ट लिखता हूँ, तो वो उसे इकतरफा मान बैठती है। उसका मानना है, ''जो चीज सड़ जाती है, वो दुबारा ताजा नहीं हो सकती, न खिल सकती है। बदबू कभी खुशबू में नहीं बदल सकती।''

अब लिखने को तो उसकी दो लाइनें मैंने लिख दीं, पर मैं कभी–कभी हैरान होता हूँ कि रिश्तों के मामले में मुझसे कहीं ज्यादा संवेदनशील होकर भी वो रिश्तों को लेकर इस कदर बेबाक राय कैसे रख सकती है। जिसे पौधों की ठंड की चुभन भी महसूस होती हो, इतनी आसानी से चीजों को कैसे परिभाषित कर लेती है।

हाँ, तो छत से ड्राइंग–रूम में पहुँचे एक पौधे के पत्ते जब काले पड़ गए और लिज–लिज करने लगे तो वो माली पर बरस उठी, ''तुम्हें कुछ नहीं आता है। सर्दी में भी पानी पटाते रहे। देखो, ये पौधा जड़ से ही खराब हो गया है।''

माली चुपचाप खड़ा रहा।

मेरी पत्नी ने बहुत प्यार से कागज मँगाकर उसमें उस पौधे को लपेटा। माली को दिया कि इसे यों ही कचरे में मत फेंक देना। जाओ, नीचे मंदिर के पास जो पीपल का पेड़ है, वहाँ रख देना। माली को पौधा पकड़ा कर वह उदास हो गई। माली चला गया।

मैं देर रात घर आया तो हैरान रह गया। ''इतने सारे पौधे कमरे में?''

''हाँ, एक पौधा तो मर ही गया।''

''अरे, पौधे सूख जाते हैं। इसमें क्या बड़ी बात हुई?''

''पौधे सूख जाते हैं, मान लेती हूँ। पर माली को बदलना है।''

क्यों?

''इस पौधे के मर जाने का अफसोस उसकी आँखों में नहीं था, जबकि यह उसकी लापरवाही से हुआ। पौधा सूखा नहीं, बिना समझे पानी देने के चलते ऐसा हुआ। पौधा ठंड से मर गया।''

मैंने कहा, "अरे, इसमें माली बदलने की क्या बात है? आगे से वो ध्यान रखेगा।"

"नहीं। तुम तो रिश्तों पर इतना लिखते हो। पर मेरी बात भी समझ लो, रिश्ता हो या पौधा, जब वो एक बार सड़ गया तो सड़ गया। और हाँ, जिस आदमी की रूह में बुराई समाहित हो जाती है, उससे छुटकारा बहुत मुश्किल होता है। तुम लाख कोशिश कर लो, तुम्हारे लिखे को पढ़कर वो सोचेगा कि अब ऐसा नहीं करना, अब वैसा नहीं करना, लेकिन जैसे ही मौका मिलेगा, अपनी बदकारियाँ वो फिर से शुरू कर देगा।"

"एक पौधे को लेकर तुम ऐसा क्यों सोच रही हो?"

"इस माली में भी यही कमी है। उसे अपनी गलती का अफसोस नहीं। जिसे अपने किए का अफसोस नहीं, वो तो खुद से ही प्यार नहीं कर सकता, मेरे पौधों से क्या करेगा?"

ओह! रिश्तों पर लिखने वाले संजय सिन्हा के लिए माली, पौधा, पौधों को लगने वाली ठंड और सड़ चुकी चीज फिर कभी ताजा नहीं हो सकती, न जाने कितने फलसफे एक साथ मिल गए। इतना मिल गया कि कई-कई दिन रिश्तों की नई-नई कहानियाँ लिख सकता हूँ।

पर आज मेरा एक सवाल है आपसे—क्या सचमुच, जिसकी रूह में बुराई समा जाती है, उसे उससे मुक्ति नहीं मिलती? कल मैंने लिखा था कि माँ कहती थी कि आदमी का मूल स्वभाव नहीं बदलता। तो क्या मेरी पत्नी के मुँह से माँ एक बार फिर यही संदेश दे रही है मुझे। क्या लोग भावनाओं से खिलवाड़ कर सकते हैं? वो कई बार इशारों में मुझे आगाह करती है कि मैं भावनाओं में बहकर कभी भी डूब सकता हूँ।

क्या यह सच है?

□

25 जनवरी

मुझे थोड़ा बुखार है, थोड़ी सर्दी है। बुखार मेरी मुश्किल नहीं, न सर्दी ही मेरी मुश्किल है। मेरी मुश्किल है कि अगर मैं बीमार पड़ गया तो सुबह आपसे मिलने कैसे आऊँगा?

वैसे कई साल अमेरिका में रहा, बर्फीली हवाओं के बीच रहा, लेकिन वहाँ कभी सर्दी नहीं हुई। दिल्ली में ठंड लग जाती है, सर्दी हो जाती है, खाँसी होने लगती है और बुखार भी हो जाता है। मतलब साफ है कि सर्दी का संबंध दरअसल सर्दी से नहीं, संक्रमण से है।

खैर, आज यह बात नहीं करनी। आज यह बताना है कि बचपन में जब कभी मैं बीमार पड़ जाता था, तो समझ लीजिए पूरा घर बीमार पड़ जाता था। मुझे बुखार हो जाने का मतलब था कि माँ सारी रात मेरा सिर गोद में लेकर उसे सहलाती रहती। मैं नींद में अजीब-अजीब से सपने देखता, कभी लगता—उड़ रहा हूँ, कभी लगता—पहाड़ से कूद रहा हूँ। कभी डरकर जाग जाता, फिर माँ को पास पाकर उससे लिपटकर सो जाता।

माँ के जाने के बाद बहुत कम बीमार पड़ा।

लेकिन जब भी पड़ा, रात में अजीब से सपने मुझे घेर लेते हैं।

कल सारी रात सपनों में घिरा रहा।

मैं और मेरा ममेरा भाई हम दोनों दिल्ली के किंग्जवे कैंप में अपने घर के नीचे वाले सरदारजी के स्कूटर के खासे दीवाने थे। हम मौका मिलते ही स्कूटर के पहियों से हवा निकालने का खेल खेलते। सूँ-सूँकर हवा निकलती और हमें लगता कि हम बहुत बड़ा काम कर रहे हैं। हम दोनों ने तब तक स्कूल जाना भी शायद शुरू नहीं किया था, पर हवा निकालने का खेल हमारा अजीब सा प्रयोग बन गया था।

बेचारे सरदारजी रोज हवा भरवाकर लाते और हम रोज हवा निकाल देते। कई दिनों तक हमारा यह खेल चलता रहा।

हॉस्टल में गणेशजी की बड़ी सी मूर्ति लगाई गई थी। गणेश चतुर्थी की कहानी सुनाते हुए माँ ने मुझे बताया था कि इस दिन आसमान में चाँद को नहीं देखना चाहिए। चाँद देखने से कलंक लगता है। मैं पूछता था, ''यह कलंक क्या होता है?''

माँ कहती, ''लोग आकर झूठी शिकायत कर जाते हैं।''

माँ कहानी आगे सुनाती कहती, ''द्वारकापुरी में सत्राजित् नामक एक आदमी रहता था। वह सूर्य भगवान का भक्त था। उसकी भक्ति से प्रसन्न होकर सूर्य ने उसे एक स्यमंतक नामक मणि दी, जो सूर्य के समान ही चमकती थी। एक दिन सत्राजित् उस मणि के साथ राजा उग्रसेन के पास आया। भगवान कृष्ण को लगा कि वह मणि अगर राजा उग्रसेन के पास रहती तो ज्यादा अच्छा होता। सत्राजित् को पता चल गया कि कृष्ण इस मणि को प्राप्त करना चाहते हैं। वह कृष्ण की ताकत से भी परिचित था, इसलिए डरकर उसने मणि अपने भाई प्रसेन को दे दी। एक दिन प्रसेन घोड़े पर सवार होकर जंगल में गया और पता नहीं कैसे मारा गया।

पूरी कहानी तो दुबारा सपने में नहीं आई। हाँ, यह याद आया कि माँ बता रही थी कि कृष्ण पर उसकी हत्या का आरोप लग गया।

और हत्या का आरोप इसलिए लगा क्योंकि उन्होंने अपनी माँ की बात नहीं सुनी थी और गणेश चतुर्थी के दिन चाँद को भर-भर निगाहों से देख लिया था। इसीलिए माँ की बात मान लेनी चाहिए, ताकि कोई आकर शिकायत न कर जाए।

सरदारजी बहुत परेशान कि उनका स्कूटर पंचर भी नहीं, रोज हवा भरवाते हैं, फिर भी दोनों पहियों और स्टेपनी तक से हवा निकल जाती है।

सरदारजी भी पुलिस में कोई अफसर रहे होंगे। एक दिन उन्होंने तय किया कि रात में देखेंगे कि हवा कोई निकालता तो नहीं।

गणेश चतुर्थी आ चुकी थी। चारों ओर 'जय गणेश, जय गणेश देवा' की गूँज थी। मेरे लिए गणेश की इस तरह पूजा नई बात थी। माँ घर में आटे का गणेशजी बनाकर चुपचाप पूजा कर लिया करती थी, लेकिन हमारे यहाँ की दुर्गा पूजा, सरस्वती पूजा की तरह मूर्ति बिठाकर पहली बार मैं पूजा देख रहा था।

हम उस रात मस्ती में सूँ-सूँकर हवा निकालते जा रहे थे। सरदारजी ने हमें देख

लिया। वे हमारी ओर बढ़ते, उससे पहले ही हमने भी उन्हें देख लिया। हम भाग खड़े हुए।

दौड़े-दौड़े घर में घुसे तो माँ सामने मिल गई।

माँ ने पूछा, "क्या हुआ? इतनी तेज दौड़कर क्यों आ रहे हो?"

मैंने कहा, "माँ, बड़ा गजब हो गया। आपके मना करने पर भी हमने आसमान में आज चाँद देख लिया है। माँ, मुझे लग रहा है कि कोई-न-कोई आपसे हमारी शिकायत करने आएगा।"

माँ शायद समझ गई कि हमने कुछ-न-कुछ गड़बड़ की है। पर उसने जाहिर नहीं किया। पूछने लगी कि चाँद कब देखा। मैंने कहा, "बस नीचे खेलते हुए आसमान पर निगाह चली गई। और सुनो माँ, केवल मैंने नहीं देखा, इसने भी देख लिया है।"

मेरा इशारा अपने ममेरे भाई की ओर था। उसने सिर हिलाया कि हाँ, उसने भी देख लिया है। तब तक मामा सामने आ गए। कहने लगे, "अरे कुछ नहीं होता है। दीदी, तुम परेशान न हो। इन्होंने कुछ-न-कुछ शैतानी की होगी।"

पहली बार मुझे लगा कि ये पुलिस वाले कितनी आसानी से सच और झूठ पकड़ लेते हैं।

जब तक हमारी बातचीत चलती, सरदारजी वहाँ पहुँच गए।

मुझे लगने लगा कि अब जेल जाना पड़ सकता है। मैंने अपने ममेरे भाई का हाथ दबाया।

सरदारजी मामा के सामने पहुँचे।

"जय हिंद, सर।"

"जय हिंद।" मामा ने सरदार की ओर देखा।

"सर, ये बच्चे रोज मेरे स्कूटर से हवा निकाल देते हैं।"

मामा ने मेरी ओर देखा।

"मैंने माँ को बता दिया है। मैंने यह भी बता दिया है कि आज हम दोनों भाइयों

ने उस चाँद को देख लिया है, जिसे देखने पर झूठी शिकायत मिलती है। आप माँ से पूछ लीजिए। अभी तुरंत ही देखकर आया हूँ, और शिकायत घर पहुँच गई।''

यहीं सपना टूट गया। फिर सोचा कि आज कुछ लिख पाऊँगा कि नहीं। बिस्तर से उठने का मन ही नहीं। हाथ-पाँव में दर्द है। सिर भी भारी है। थर्मामीटर लगाया नहीं, पर लगता है बुखार है। अच्छा है। बुखार न हो तो मैं दिन में नहीं सोता। कल सारा दिन सोया। बिस्तर पर खाना मिला। पत्नी ने गले पर, छाती पर विक्स लगाया। काढ़ा पिलाया। साली ने चिकन सूप बनाकर पिलाया।

संजय सिन्हा को सर्दी हो गई है। मामूली बात तो नहीं है। न जाने कितनों ने 'गेट वेल सून' कहा। यही है सबका दुलारा होने का फायदा। कभी-कभी सर्दी और बुखार आपके प्यार को और हरा कर देते हैं। वैसे तो आज छुट्टी ही है, तो सोच रहा हूँ कि पोस्ट लिखकर सो जाऊँ, क्या पता कोई और सपना देख लूँ, कल आपको सुनाने के लिए।

बस इतना करना प्रभु कि सुबह-सुबह उठने और लिखने की हिम्मत बनी रहे।

वैसे तो गीता में खुद भगवान कृष्ण ने कहा है कि आत्मा का उद्धार आत्मा से ही होता है। जो मन और तन को जीत लेता है, आत्मा उसकी मित्र बन जाती है। इसे जीतने वाले की पहचान है कि सर्दी-गर्मी, सुख-दुःख, मान-अपमान उसके लिए एक समान होते हैं।

हे भगवान! मैं तो अभी तक सर्दी को नहीं जीत पाया हूँ, तो क्या आत्मा मेरी दोस्त नहीं बनी?

कोई बात नहीं। अभी सो जाता हूँ, माँ नींद में मिलेगी ही। उसी से पूछकर बताऊँगा।

□

27 जनवरी

मुझे बार-बार लगता है कि एक दिन ऐसा आएगा, जब हम संसार में शौर्य का नहीं, सिर्फ प्यार का प्रदर्शन करेंगे। जब हम स्त्रियों के हाथ में सत्ता को सौंप देंगे और कहेंगे कि यह संसार तुमसे है, तुम्हीं ने इसे बनाया है, इसे चलाने का जिम्मा भी तुम्हारा। मुझे लगता है कि जिस दिन ऐसा हो जाएगा, यह दुनिया सचमुच रहने लायक हो जाएगी। जब हम तोपों की सलामी नहीं लेंगे, जब हम बंदूकों की परेड नहीं निकालेंगे, जब हमें नाक तक पाँव उठाकर दुश्मन को ललकारने की जरूरत नहीं रहेगी, तब इस दुनिया का स्वरूप अलग ही होगा।

हो सकता है, मेरे ऐसा कहने से कुछ लोगों को आपत्ति भी हो कि जिस देश में शौर्य की गाथा का पर्व मनाया जा रहा हो, वहाँ मैं एक स्त्रियोचित समाज की कल्पना कर रहा हूँ। लेकिन यह भी सच है कि इस सोच के बिना यह दुनिया सचमुच रहने के लायक नहीं हो सकती। मैं जब भी सुनता हूँ कि उन्हें तोपों या राइफल की सलामी दी गई तो मुझे मन-ही-मन हँसी आती है।

क्या तोप और राइफल किसी को खुशी दे सकते हैं?

जब मैं कॉलेज में पढ़ता था, तब मेरे पिता मुझे समझाया करते थे कि तुम कभी पैसे और शोहरत के लिए किसी से मुकाबला मत करना। वो कहते कि जो चीज बाजार में मिलती है उसकी प्रतिस्पर्धा और उसका प्रदर्शन, दोनों व्यर्थ हैं। मान लो, तुमने बाजार से सबसे अच्छी एक शर्ट खरीद ली और तुम सोचने लगे कि तुम्हारे पास सबसे अच्छी शर्ट है, तो तुम गलत हो सकते हो। मुमकिन है कि कोई और तुमसे बेहतर शर्ट खरीदकर तुम्हारे सामने चला आए। ऐसे में न तो तुम्हारी प्रतिस्पर्धा की कोई अहमियत है, न प्रदर्शन की।

लेकिन तुमने अगर ज्यादा ज्ञान प्राप्त किया तो तुम्हें कोई परास्त नहीं कर सकता, क्योंकि उसे बाजार से खरीदा नहीं जा सकता। प्रतिस्पर्धा ऐसी चीज की करनी

चाहिए, जो कहीं बिकती न हो। जो लोग अपनी या अपने देश की ताकत दिखाकर आत्ममुग्ध होते हैं, उन्हें समझना चाहिए कि ये सारी चीजें सबके पास हो सकती हैं। आप अपने हौसले का तो प्रदर्शन कर सकते हैं, लेकिन अपने औजार का नहीं। लेकिन हौसले का प्रदर्शन भी क्यों? क्यों नहीं प्यार का प्रदर्शन?

जब मैं छोटा था और कभी दोस्त से झगड़ा हो जाता तो माँ पास बुलाती और पूछती कि क्या बात हुई। फिर उसे घर बुलाती और उससे पूछती कि क्या बात हुई?

फिर दोनों को सामने बिठाती और कहती कि तुम दोनों अपनी-अपनी गलती मानो। तुम अगल-बगल रहकर अगर आपस में एक नहीं रहोगे, एक-दूसरे को अपनी ताकत दिखाओगे, तो दूसरे मुहल्ले वाले तुम दोनों की पिटाई करके चलते बनेंगे। और फिर वो समझाती कि आपस में मिलकर रहने के बड़े फायदे हैं। चलो उठो, गले मिलो और एक-दूसरे से कह दो कि गलती हो गई है, आगे से नहीं होगी।

मुझे हमेशा लगता है कि हम दो देश, जो आपस में लड़कर आज मरने और मारने पर उतारूँ हैं, मेरी माँ होती तो दोनों के कान उमेठती और कहती कि अपनी-अपनी गलती मानो और गले मिलो। एक-दूसरे के सामने शौर्य का नहीं, प्यार का प्रदर्शन करो। बंदूक तो जहाँ से तुम्हारी आती है, वहीं से उसकी भी आती है। तोप भी जहाँ से उसकी आती है, तुम्हारी भी आती है। इसमें कैसा शौर्य और कैसा प्रदर्शन?

शौर्य और प्रदर्शन भी उसी का जो पहले बटन दबा दे।

प्रदर्शन करना ही है तो ज्ञान का करो, स्नेह का करो, प्यार का करो।

मैं हर बार शौर्य पर्व के प्रदर्शन के वक्त सोचता हूँ कि काश ऐसा होता। काश हम कह उठते, छड यार, गलती हो गई सी, आजा झप्पियाँ पा लें।

मैं ऐसा सोचता हूँ तो यकीन कीजिए ऐसा होगा। एक दिन इस संसार को स्त्रियोचित होना ही पड़ेगा, प्यार की भाषा वाले गीत को गुनगुनाना ही पड़ेगा। बस देखना यह है कि ऐसा मेरे जीवन काल में ही आता है या उसके बाद।

□

28 जनवरी

मुझे नहीं पता कि आप में से कितने लोगों ने स्वामी योगानंद की किताब 'एक योगी की आत्मकथा' (योगी कथामृत : परमहंस योगानंद की आत्मकथा) पढ़ी है, लेकिन जिन लोगों ने पढ़ी है, वे जानते होंगे कि क्रिया योग किसे कहते हैं, ईश्वर की अनुभूति कैसी होती है।

मैंने यह किताब तीन बार पढ़ी। जब पहली बार मैंने इसे पढ़ना शुरू किया तब मैं हाई स्कूल में पढ़ता था। तब इसे पढ़ते हुए बहुत तन्मयता की जरूरत होती थी, क्योंकि कुछ चीजें उस उम्र में गूढ़ लगती थीं। फिर नौकरी में आने के बाद, शादी से पहले दुबारा पढ़ा। और तीसरी बार अमेरिका प्रवास में। वहाँ मुझे एक अमेरिकी महिला मिली, जो साध्वी बन गई थी और उसने मुझसे जब इस किताब की चर्चा की तो मैंने इसे फिर से पढ़ना शुरू किया। इस बार पूरी तन्मयता से मैंने इसे पढ़ा और बालक मुकुंद के योगानंद बनने की कहानी से समझा कि वाकई में भारत ज्ञान के किस विशाल भंडार से भरा पड़ा है।

खैर, इस पुस्तक में बहुत से चमत्कृत कर देने वाले अध्याय हैं। लेकिन आज मैं उनके बारे में चर्चा नहीं करने जा रहा। आज मैं एक बहुत छोटे से अध्याय को छूता हुआ निकल जाऊँगा और बताऊँगा कि उसकी भी चर्चा क्यों की मैंने।

पुस्तक में मुकुंद एक बार अपने परिजनों से कहते हैं कि उनको भोजन की चिंता नहीं, क्योंकि ईश्वर ने उसके लिए सबकुछ निर्धारित कर दिया है, तो लोग उन्हें चुनौती देते हैं कि ठीक है, आज तुम जहाँ जा रहे हो, वहीं खाना खा लेना, देखते हैं कि कौन तुम्हें खाना देता है।

मुकुंद निकलते हैं, ट्रेन से कहीं जा रहे होते हैं। ट्रेन मथुरा में रुकती है और वे उतरते हैं, तभी उनकी ओर दौड़ता हुआ कोई सेठ आता है और खाने की ढेर सारी चीजें थमा जाता है। कहता है कि आज किसी खुशी की वजह से उसने व्रत लिया था

कि यहाँ से जो गुजरेगा, उसे भोजन कराएगा।

संदर्भ एकदम वैसा नहीं है जैसा मैंने लिखा है, लेकिन कहने का अर्थ सिर्फ इतना है कि मुकुंद को भरोसा होता है कि उनके लिए भोजन का इंतजाम ईश्वर ने किया है तो उनका यह भरोसा जीत जाता है।

एक तो मुझे सर्दी, खाँसी और बुखार, ऊपर से यात्रा पर निकलना पड़ा। ऐसे में कई दफा लगा कि सुबह जागकर मैं लिखूँगा क्या। कई-कई फोन आए, लेकिन मैंने बहुत से फोन नहीं उठाए। नाक जब सुड़-सुड़ करती है तो बोलने में मुश्किल होती है और सबसे एक ही बात करनी पड़ती है कि सर्दी है, बुखार है। फिर मैंने तय किया कि फोन को मौन धारण करा दूँ, ताकि घंटी सुनाई ही न दे और घंटी सुनाई नहीं देगी तो उठाना भी नहीं पड़ेगा। कल सुबह चार बजे एयरपोर्ट निकला, हवाई जहाज में फोन को 'मौनी बाबा' बना दिया और सारी रात उन्हें मौनी ही बना रहने दिया।

लेकिन शुतुर्मुर्ग की तरह रेत में मुँह घुसेड़ लेने से तूफान थम थोड़े ही जाता है!

तो फिर सुबह होनी थी, हो गई। अब संकट यह आया कि आज लिखूँगा क्या? रात भर नाक सुड़सुड़ाता रहा और सोचता रहा कि भगवान कुछ-न-कुछ लिखवा देंगे। योगानंद को खाना खिलवाने चले आए थे, मुझे लिखवाने चले आएँगे। यकीन कीजिए, सुबह तक सोता रहा भरपूर भरोसे के साथ कि भगवानजी आएँगे और कहेंगे कि लिख बेटा, मैं हूँ न!

आधी नींद खुली, फोन चार्ज करने के लिए उसमें तार घुसेड़ ही रहा था कि मथुरा में रहनेवाली अपनी प्रिय साली विष्णुप्रिया वृंदावन की तरफ से इनबॉक्स में मेसेज दिख गया। विष्णु जब भी कुछ लिखती है तो मुझे गुदगुदी होती है। अभी एक आँख बंद थी, और मैंने एक आँख से ही उस मेसेज को पढ़ लिया। समझ गया कि 'उसने' विष्णु के हाथों अपना काम कर दिया है। आज आपके लिए जो लिखना है, उसे उसने मेरे पास भेज दिया है।

तो बस मेरे प्यारे परिजनो! आज की कहानी पेश है, जिसे विष्णु ने भगवानजी के कहने पर मुझे भेजा है—

"एक लड़का और लड़की शादी के पहले आपस में बहुत प्यार करते थे। थोड़ी नोक-झोंक उनमें होती रहती थी। फिर प्यार से मान जाते थे वे। शादी के बाद तो उनमें हर छोटी-मोटी बात को लेकर नोक-झोंक होती थी। कई-कई दिनों तक उनमें बातचीत बंद रहती थी।

आज उनकी शादी की सालगिरह थी। लेकिन लड़की ने जान-बूझकर नहीं बताया। वो देखना चाहती थी कि उसके पति को याद है कि नहीं।

पर आज पति सुबह ही उठा और नहा-धोकर जल्दी ही बाहर चला गया।

पत्नी रुआँसी हो गई, थोड़ी देर बाद दरवाजे पर घंटी बजी, दरवाजा खोला, देखा, पति गुलदस्ते और उपहारों के साथ खड़ा था। उसने उपहार लेकर पति को गले से लगा लिया, फिर पति घर के अंदर चला गया, तभी पत्नी के मोबाइल पर पुलिस वाले का कॉल आया कि उसके पति की लाश मिली है। उसके पति का एक्सिडेंट हो गया है।

वो सोचने लगी कि उसका पति अभी तो गिफ्ट देकर अंदर ही गया है, फिर उसे वो बात याद आ गई, जो उसने कई बार सुनी थी कि मरने के बाद अंतिम इच्छा पूरी करने के लिए इंसान की आत्मा एक बार आती है।

वो दहाड़ मारकर रोते हुए कमरे में गई। सच में उसका पति वहाँ नहीं था। वो रोने लगी। उसे अपने किए सारे नोक-झोंक याद आने लगे। वो चिल्लाने लगी, प्लीज कम बैक, प्लीज कम बैक। मैं कभी नहीं लड़ूँगी। तभी बाथरूम से उसका पति निकला और रोने का कारण पूछा। पत्नी उसके सीने से लिपट गई और रोने लगी। फिर उसे सारी बात बताई। तब पति ने बताया कि आज सुबह उसका पर्स चोरी हो गया था।

ज़िंदगी में कई अहम रिश्ते और दोस्त होते हैं, जिनका महत्त्व हमें तब समझ आता है, जब वे नहीं होते।

प्यार बाँटिए, नफरत कहाँ तक ढो पाएँगे, रिश्तों की अहमियत को समझिए।

□

29 जनवरी

माँ पार्वती बहुत नाराज थीं कि किसी ने उनकी बेटी 'अशोकसुंदरी' के अपहरण की कोशिश की थी। बेटी 'माँ-माँ' चिल्ला रही थी और माँ ने अपनी दिव्य दृष्टि से देख लिया कि कौन राक्षस है, जो उनकी बेटी को उठाकर ले जा रहा है। बेटी की रक्षा के लिए उन्होंने शक्ति का आह्वान किया और बन गईं 'काली'। आँखों में क्रोध की ज्वाला, जीभ रक्त पीने को व्याकुल और हाथ में उठा हथियार किसी का वध कर देने को आतुर।

यही होता है एक नारी का क्रोध। प्यार और करुणा की देवी जब प्यार का दामन छोड़ देती है, तो वो 'काली' बन जाती है। और तब शुरू होता है विध्वंस का तांडव। तब संसार के सारे पुरुष मिलकर भी एक महिला के क्रोध का सामना नहीं कर सकते और तब तक नहीं कर सकते, जब तक वो काली से पार्वती के रूप में वापस न लौट आए। दरअसल, किसी में इतना दम नहीं होता कि 'काली' का मुकाबला कर पाए।

सच यह है कि इस संसार में अगर किसी से डरना चाहिए तो सिर्फ उसी से, जो सबसे शांत हो, शरीफ हो, शालीन हो। किसी गुंडे की ताकत का अंदाजा तो सबको होता है, लेकिन शरीफ की ताकत का अंदाजा लगा पाना मुश्किल होता है।

माँ पार्वती की शालीनता और उनकी ममता को कमतर आँक कर ही उनकी पुत्री के अपहरण की साजिश रची गई थी। अपहरणकर्ता ने सोचा भी नहीं होगा कि एक नारी जब शांति का चोला उतार फेंकेगी तो वह इतनी हिंसक हो उठेगी कि खुद ब्रह्मा, विष्णु और महेश तक सहम उठेंगे कि माँ पार्वती ने काली का रूप तो धर लिया, लेकिन अब वे उस रूप से वापस कैसे लौटेंगी।

आप में से बहुत से लोगों ने पौराणिक कहानियाँ पढ़ी होंगी। हर कहानी अपना एक संदेश छोड़ती है। माँ जब संजू को 'काली' के रौद्र रूप की कहानी सुनाती तो

कहती कि चाहे देवी और देवता ही क्यों न हों, क्रोध पहले विवेक हर लेता है। क्रोध में जो होता है, उसके लिए अच्छे और बुरे का भेद मिट जाता है। माँ पार्वती ने काली का रूप तो धर लिया, लेकिन देवताओं को चिंता इस बात की थी कि उनकी याददाश्त चली गई कि वे कभी पार्वती भी थीं, कभी वो शांति की देवी भी थीं। ऐसे में क्रोध से उनकी लपलपाती जिह्वा किसी को काल के गाल में समेट देने के लिए काफी थी। सवाल यह उठा कि कौन अब काली को समझाएगा, और अगर कोई नहीं समझाएगा तो मृत्युलोक तो छोड़िए, देवलोक को तबाह होने से कोई नहीं रोक सकता।

तब खुद महेश यानी भगवान शिव उठे और उन्होंने देवताओं से कहा कि क्रोध में आई नारी किसी की नहीं सुनती। लेकिन नारी चाहे जिस रूप में हो, उसके भीतर का वात्सल्य कभी नहीं मरता। उसके स्तन से चाहे दूध की धार रुक चुकी हो, लेकिन किसी बच्चे की चीत्कार सुनकर वह सहम उठती है। वही नारी, जो एक बच्ची की पुकार सुनकर क्रोध की देवी बन बैठी है, अब किसी बच्चे की आवाज से ही क्रोध को भूलेगी। वह क्रोध को भूलेगी तो पुरानी यादें लौटेंगी और पुरानी यादें लौटेंगी तो उसे अहसास होगा अपने पुराने रूप का। पार्वती होने का।

भगवान शंकर ने इस काम का बीड़ा खुद उठाया और बन गए एक छोटे से बच्चे। जिन्होंने पद्म पुराण पढ़ा है, उन्हें उनके 'बटुक रूप' की कहानी खूब पता होगी। भगवान एक छोटे बच्चे का रूप धरकर क्रोध में 'काली' बनी अपनी पत्नी पार्वती के पास जाते हैं और गुहार लगाते हैं, "माँ, माँ, माँ!"

बहुत छोटा सा, एक अक्षर का यह शब्द रक्त पीने को व्याकुल देवी के कानों में पड़ता है और देवी रुकती हैं। सामने एक निर्भीक बालक को 'माँ' की गुहार लगाते देख ठिठकती हैं। बहुत देर तक तो उनकी समझ में कुछ नहीं आता, लेकिन प्यार की पुकार पर उनका दिल धड़कता है और फिर वे उसे सीने से लगा लेती हैं।

क्रोध की ज्वाला में जलती हुई नारी जब किसी को सीने से लगाने को आतुर हो, तभी उसका क्रोध पिघल पाता है। नफरत पर नफरत कभी नहीं जीतती, लेकिन प्रेम नफरत पर जीत जाता है।

मैंने लिखा था कि मैं सोचता हूँ कि दुनिया प्यार से ही चल सकती है, तो कुछ लोगों ने धीरे से विरोध जताया। कहा कि आप भूल रहे हैं कि भय बिना प्रीत नहीं होती। आप भूल रहे हैं कि 'काली' बने बिना राक्षसों का नाश नहीं हो सकता। आप भूल रहे हैं कि सीमा पर दुश्मन की छाती पर गोली दागे बिना वो नहीं सुनने वाले। उन्हें रौंद देना ही उनकी नियति होनी चाहिए।

मैंने कुछ नहीं कहा। लेकिन मैं आज फिर दुहरा रहा हूँ और दुहराने से सच कमजोर नहीं हो जाता कि माँ पार्वती अगर सचमुच 'काली' रूप में ही रहतीं तो शायद सृष्टि उनके क्रोध की अग्नि में स्वाहा हो जाती, लेकिन पति ने अपनी ही पत्नी को बच्चा बनकर जब माँ-माँ-माँ पुकारा तो क्रोध की देवी प्रेम की देवी बन गईं और तब देवताओं ने संसार पर पुष्प की वर्षा कर दी। अगर प्यार न होता तो संसार न होता।

दुनिया के संचालन में किसी तोप का योगदान अगर एक फीसदी भी होता तो संसार के सभी प्राणी सुख के आगोश में होते। नफरत की ज्वाला अपने ताप से सिवाय नफरत के कुछ और को जन्म ही नहीं देती। यह सही है कि राक्षसों को सुधारने के लिए काली का रूप भी धरना ही पड़ता है, लेकिन वह सार्वभौमिक सत्य नहीं हो सकता। वह जीवन का एक अध्याय तो हो सकता है, लेकिन जीवन नहीं।

जब भी खबर आती है कि हमने चार मार दिए, हमारे दो मर गए, मैं हमेशा छह मौतों की गणना करता हूँ। मुझे हर पल यह बात सताती है कि जिसने हमारे जवान मार दिए, मारने वाले उसे जानते भी नहीं रहे होंगे। जिन्हें हमारे जवानों ने मार दिया, उन्हें भी हमारे जवान नहीं जानते होंगे।

मातम यहाँ होगा, शोक यहाँ होगा, तो मातम वहाँ भी होगा, शोक वहाँ भी होगा।

नहीं, युद्ध कभी किसी की वीरता का परिचय नहीं हो सकता। प्रेम ही किसी की वीरता का परिचय होगा।

काश, हमारे हुक्मरान भी समझ जाएँ कि पार्वती रूप ही स्थायी है, 'काली' रूप तो एक प्रतीक है। नफरत की कोख से नफरत का ही जन्म होता है। नफरत की संतान बारूद की खुराक खाती है, तलवार की धार की चमक में अपना चेहरा देखती है।

प्रेम की खुराक सिर्फ प्रेम है। वो होंठों की मुसकान में अपना चेहरा देख लेती है।

चुनना हमें है, आपको है।

काली या पार्वती—कौन?

फैसला करने से पहले याद रखिएगा कि हिंसा के वायरस एक बुरी बीमारी की तरह हमारे शरीर में छिपे रहते हैं, जिसे हमारा मन पालता है। यही वायरस एक दिन

राक्षस बनकर पार्वती की पुत्री का अपहरण करता है, यही काली बनने पर मजबूर करता है, यही एक–दूसरे को नोच खाने पर भी मजबूर करता है। जिस तरह दुनिया से बहुत सी बीमारियों को दूर कर लिया गया है, अगर समाज हिंसा को छोड़ दे तो न कोई राक्षस रहेगा, न काली की दरकार रहेगी। न जीत का जश्न रहेगा, न मौत पर मातम।

□

30 जनवरी

राम के वियोग में राजा दशरथ की मृत्यु हो चुकी थी। राम वनवास पर निकल चुके थे। राम, लक्ष्मण और सीता, तीनों ने जब इस समाचार को सुना तो बहुत आहत हुए। लेकिन अब कुछ किया नहीं जा सकता था। पिता का श्राद्ध किया जाना जरूरी था, यह बड़े पुत्र की जिम्मेदारी थी। तय हुआ कि गया में फल्गु नदी के किनारे श्राद्ध किया जाएगा।

श्राद्ध का समय तय हो गया। पूजन के लिए कुछ चीजों की जरूरत थी। राम और लक्ष्मण सीता को पूजा की जगह बिठाकर हवन सामग्री का इंतजाम करने निकल पड़े। उनके आने में बहुत देर हो गई और सीता को लगने लगा कि अगर पूजा का समय निकल गया तो फिर बहुत अनिष्ट हो जाएगा। उन्होंने कुछ देर और इंतजार किया और फिर तय कर लिया कि अपने ससुर का श्राद्ध-पूजन और पिंड दान वे खुद कर देंगी।

उन्होंने फल्गु नदी और अग्नि को साक्षी मानकर श्राद्ध का पूजन तय समय पर कर दिया।

जब राम लौटकर आए, तो सीता ने उनसे सारी बात बताई कि आपके आने में विलंब हो रहा था, और पूजन का समय निकला जा रहा था, इसलिए मैंने श्राद्ध-पूजन कर दिया है। राम को बहुत आश्चर्य हुआ। हालाँकि वे यह समझ रहे थे कि देर तो सचमुच हो गई, लेकिन पूजन विधि-विधान से हुआ या नहीं, इसकी उन्हें चिंता थी। सीता ने उन्हें समझाने की कोशिश की कि उन्होंने सभी विधान का पालन किया है। पर राम के मन में संदेह बरकरार रहा।

पति के मन में संदेह देखकर सीता ने अग्नि और फल्गु नदी का आह्वान किया कि आप दोनों आएँ और राम को बताएँ कि पूजा का विधि-विधान किस तरह का था।

सीता के आह्वान पर अग्नि देवता प्रकट हुए, लेकिन राम को सामने देख वे कुछ बोल ही नहीं पाए। सीता ने बार-बार कहा कि वे राम को पूरी बात बताएँ, पर अग्नि ने कुछ नहीं कहा।

उनकी चुप्पी से सीता नाराज हो गईं और उन्होंने उन्हें शापित किया। ''जाओ, तुम्हारी खामोशी तुम्हें मित्र-विहीन कर देगी। इस संसार में कोई तुम्हारा दोस्त नहीं होगा। सब तुमसे दूर रहेंगे। जो तुम्हारे संपर्क में आएगा, वो भस्म हो जाएगा, इसलिए अब लोग तुमसे सदा दूर रहेंगे। तुम्हारी जितनी जरूरत होगी, उतना ही इस्तेमाल होगा, फिर तुम दूर कर दिए जाओगे।''

और तब से कोई अग्नि को अपने साथ नहीं रखता। अग्नि के साधन तो साथ हो सकते हैं, लेकिन अग्नि स्वयं नहीं।

पति को विश्वास दिलाने के लिए सीता ने फल्गु नदी का आह्वान किया।

''मैंने आपको साक्षी माना था, आप बताएँ कि मैंने पूजन में विधि-विधान का किस तरह पालन किया था।'' पर फल्गु नदी भी खामोश रहीं।

सीता ने उन्हें भी शापित किया।

''तुम नदी रहोगी, लेकिन तुम जलविहीन रहोगी। तुम धरती के ऊपर अब से किसी को नजर नहीं आओगी। तुम्हारी चुप्पी तुम्हें आजीवन शर्मिंदगी का अहसास कराएगी और तुम कभी किसी का सामना नहीं कर पाओगी।''

आप लोगों में से जो लोग गया गए होंगे, उन्होंने देखा होगा कि इस संसार में फल्गु इकलौती नदी है, जिसमें पानी नहीं होता। जिन्हें पानी की जरूरत होती है, वे रेत में जरा सा गड्ढा करते हैं और सतह के नीचे से पानी निकाल लेते हैं। फाल्गु ऐसी नदी है, जिसका पानी उसकी सतह के नीचे बहता है।

खैर, राम के सामने अब कोई विकल्प नहीं था। उन्होंने गया में ही पिता का दुबारा श्राद्ध किया। पर सीता तो झूठी साबित हो गई थीं।

किसी रिश्ते की बुनियाद सिर्फ भरोसे पर टिकी होती है। राम ने उस दिन सीता पर विश्वास नहीं किया। भविष्य में सीता और राम का साथ छूट जाएगा, इसकी संरचना वहाँ रची जा चुकी थी। बाद में एक धोबी के कहने पर सीता को अग्नि-परीक्षा देने की जब नौबत आई तो वह सिर्फ उस अविश्वास की पुनरावृत्ति भर थी।

हमारे शिक्षक जब हमें 'सीता का शाप' पढ़ाते थे तो बार-बार समझाते थे कि अगर किसी ने तुम पर भरोसा किया है, तो तुम्हें उसका साथ जरूर देना चाहिए। सीता ने अग्नि और नदी दोनों पर भरोसा किया था, लेकिन दोनों बिना वजह खामोश रह गए। उनकी खामोशी उनके शापित होने की वजह बनी। और सीता? रिश्तों में जब संदेह के बीज पड़ जाते हैं, तो रिश्ते दीर्घायु नहीं रहते। राम ने उस दिन पूजा के विधान को लेकर सीता पर जो संदेह जताया था, उसका नतीजा आगे तुम्हारे सामने आएगा। राम और रावण की कहानी तो हमने सुनी थी, लेकिन सीता की अग्नि-परीक्षा की कहानी हमने नहीं सुनी थी। हमारे शिक्षक कहते थे वो तुम बड़े होकर खुद सुनोगे। आज तो तुम्हारे लिए इतना ही संदेश है कि जो समय पर साथ नहीं देते, उनका कोई मित्र नहीं होता। जैसे अग्नि मित्रविहीन है। जैसे फल्गु नदी होकर भी पानी विहीन है।

लेकिन तुम सब जब बड़े हो जाओगे तो तुम्हारे आने वाले शिक्षक तुम्हें इसी प्रसंग को आगे बढ़ाते हुए नई कहानी सुनाएँगे और समझाएँगे कि जो किसी और के कहने पर अपने रिश्तों पर संदेह करते हैं, उनके हाथ से रिश्ते निकल जाते हैं, चाहे वे स्वयं भगवान ही क्यों न हों।

बहुत से बच्चों की समझ में पता नहीं क्या आता रहा होगा, पर मुझे रिश्तों की भाषा खूब समझ में आती थी। मुझे तो उसी दिन यह बात समझ आ गई थी कि रिश्तों में खुद पर नियंत्रण रखना होता है, दूसरों पर भरोसा करना होता है। जो इस नियम का पालन नहीं करते, उनके रिश्ते पहले दिन ही दरक जाते हैं, बाकी के साल तो सिर्फ निभते हैं, और मौका पड़ने पर वे भी जमीन में समा जाते हैं।

□

31 जनवरी

दुश्मन का दुश्मन दोस्त होता है, यह तो आपने भी सुना ही होगा।

लेकिन यह सही नहीं है। जिसके भीतर दुश्मनी का भाव होता है, वह दोस्त किसी का नहीं होता। हाड़-मांस के विज्ञान की भाषा में सभी आदमी का शरीर करीब-करीब एक सा होता है। जो अलग होता है, वो भाव होता है। ये भाव ही होता है, जो किसी को अच्छा, किसी को बुरा बनाता है। ये भाव ही होता है, जो गलत और सही करवाता है। इसलिए जिसमें दुश्मनी का भाव होगा, वे किसी का दोस्त नहीं होगा। खुद का भी नहीं।

मैंने लिखा था कि अगर मुगल सम्राट शाहजहाँ की बेटी जहानआरा रसोईघर में नहीं जाती और वह जल नहीं गई होती तो हिंदुस्तान का मुकद्दर अलग होता, इतिहास अलग होता। मैंने लिखा था कि आग से जल गई जहानआरा को ठीक कराने के लिए शाहजहाँ ने एड़ी-चोटी का जोर लगाया और जब उसे मालूम हुआ कि सूरत में आए अंग्रेज व्यापारियों के साथ कोई डॉक्टर है, जो जले का इलाज कर सकता है, तो शाहजहाँ ने सूरत तक घोड़े दौड़ा दिए। उस डॉक्टर ने सूरत से आगरा आकर जहानआरा का इलाज किया और जहान ठीक हो गई। मैंने लिखा था कि जहान के ठीक होने की खुशी में शाहजहाँ ने उस डॉक्टर से कह दिया कि तुम जो माँगोगे, वो मिल जाएगा, और डॉक्टर ने अंग्रेजी व्यापारियों के लिए बंगाल में 'फ्री ट्रेड' की इजाजत माँग ली। बादशाह ने इजाजत दे दी, और इस तरह भविष्य में ईस्ट इंडिया कंपनी का जन्म हुआ तथा भारत अंग्रेज व्यापारियों का गुलाम होता चला गया।

स्कूल में इतिहास के शिक्षक कमाल के थे, उनका एक विद्यार्थी संजय सिन्हा और भी कमाल का था। वे जो पढ़ाते, उसे उनका विद्यार्थी पहले पढ़कर जाता। हाई स्कूल तक तो अपने 50 फीसदी अंक से वह 75 फीसदी अंक वालों पर भारी पड़ने लगा था।

कॉलेज आते-आते तो ऐसा लगने लगा था कि इतिहास की किताबें उसने पढ़ी नहीं, लिखी हैं। वैसे सच यही था कि इतिहास पढ़ते हुए उसके पात्र उसकी निगाहों के आगे तैरते नजर आते। कई दफा ऐसा लगता कि बाबर, हुमायूँ, अकबर, जहाँगीर, शाहजहाँ, औरंगजेब और उसके बाद की सारी पीढ़ी उसकी निगाहों के सामने से गुजरी है। ऐसे में संजय सिन्हा की पिछली पोस्ट पर जिन लोगों को आपत्ति थी कि अंग्रेजों को सूरत और बंगाल में जहाँगीर के काल में व्यापार की इजाजत मिली थी, उन्हें अंग्रेज लेखक कर्नल जीबी मैलेसन की पुस्तक 'डीसिसिव बैटल्स ऑफ इंडिया' को पढ़ने की कोशिश करनी चाहिए। यह किताब स्कूल में तो नहीं ही पढ़ाई जा सकती थी, लेकिन मेरी तरह के सेकेंड डिविजनर पढ़ाकू संसार में कहीं से भी ऐसी किताब ढूँढ़ निकालते थे। कई बार मेरे शिक्षक मुझे समझा चुके थे कि तुम स्कूल सिलेबस के बाहर की चीजें मत पढ़ा करो, लेकिन मैं क्या करता, मैं भी लाचार था पूरी कहानी जानने के लिए।

हाँ, तो बात यह हो रही थी कि शाहजहाँ ने जब जहानआरा के जले के इलाज के लिए घोड़े दौड़ाए तो 'ईस्ट इंडिया कंपनी' के डॉक्टर गैब्रिएल बॉग्टान ने इसे एक 'मौके' के रूप में देखा। मौका अंग्रेजी कंपनी की मंशा को पंख दिला पाने का।

जहानआरा ठीक हो गई और गैब्रिएल साहब ने ईस्ट इंडिया कंपनी के लिए बंगाल में व्यापार की छूट माँग ली। हालाँकि सूरत में अंग्रेजों को व्यापार की इजाजत मिली हुई थी, लेकिन उनके लिए बंदरगाह था उड़ीसा में पीपली के पास। यह ऐसा बंदरगाह था कि अंग्रेजों ने तय कर लिया था कि अगर यहीं से धंधा करना है, तो बेहतर होगा हिंदुस्तान छोड़कर चलते बना जाए। और अगर जहानआरा उस दिन जल न गई होती तो अंग्रेज चले भी गए होते।

काश चले गए होते!

पर कहते हैं न कि जिसका 'शुक्र' मजबूत होता है, उसे मौज करने से कोई रोक नहीं सकता। तो अंग्रेजों को बंगाल में व्यापार की इजाजत शाहजहाँ से मिल तो गई थी, लेकिन उसे परवान चढ़ने का मौका मिला शाहजहाँ साहब के ही द्वितीय सुपुत्र सुजा के हाथों। जब गैब्रिएल साहब बंगाल पहुँचे तो वहाँ के गवर्नर सुजा भाई की पत्नी बहुत बीमार थीं। गैब्रिएल साहब ने वहाँ जनानखाना में जाकर सुजा की पत्नी को बताया कि तुम्हारी ननद का इलाज मैंने ही किया है, कहो तो तुम्हारा भी कर दूँ। और उन्होंने जहानआरा की भाभी का भी इलाज कर दिया, ठीक कर दिया।

लो जी, चमत्कार हो गया। इंग्लैंड से एक ऐसे डागदर बाबू आए हैं, जो भगवान हैं।

और डॉक्टर गैब्रिएल भगवान हो गए। पिता पहले ही अहसानों तले दबे थे, बेटा तो अहसान के नीचे लेट ही गया। फिर क्या था? बंगाल में चाहे जितनी मार-काट मची, चाहे जो सत्ता में आया और गया, पर चालीस साल अंग्रेजों को मिले धंधा चमकाने के लिए। वो चाहे एप्पल के फोन बेचें या सैमसंग के या फिर चीनी माल, कोई पूछने वाला नहीं था। लेकिन माराकाटी के खेल में अचानक शाहजहाँ के साले साहब, यानी औरंगजेब के मामाजी, जिनका नाम शाहिस्ता खान था, बंगाल के गवर्नर बन गए। उनके घर में कोई बीमार ही नहीं पड़ा तो वे अंग्रेजों से नफरत करने लगे। उन्होंने अंग्रेजों से चिढ़कर कह दिया, ''ऐ अंग्रेजो, बाहर जाओ।''

शाहिस्ता खान ने बंगाल में अंग्रेजों का जीना मुहाल कर दिया। आलम यह हुआ कि शाहिस्ता खान की नीतियों से आहत होकर ईस्ट इंडिया कंपनी बंगाल छोड़कर मद्रास भाग गई। पूरा कारोबार समेट लिया। एक मौका और मिला भारत को अंग्रेजों का गुलाम नहीं बनने का।

लेकिन होनी तो प्रबल होती है। तुलसीदास ने अयोध्या-कांड में पहले ही लिख दिया था—

''सुनहु भरत भावी प्रबल बिलखि कहेउ मुनिनाथ।
हानि लाभु जीवनु मरनु जसु अपजसु बिधि हाथ॥''

अर्थात् ''हे भरत! सुनो, भावी बहुत बलवान है। हानि-लाभ, जीवन-मरण और यश-अपयश, ये सब विधाता के हाथ हैं।

तो जिन अंग्रेजों का भविष्य में हमें गुलाम बनना था, उन्हें औरंगजेब के मामाजी ने बाहर का रास्ता दिखा दिया था। अंग्रेजी इतिहासकारों की निगाह में शाहिस्ता खान बड़ा ही क्रूर शासक था।

हा... हा... हा... शाहिस्ता खान को वो क्रूर बता रहे थे, जो खुद भविष्य में क्रूरता की मिसाल बनने वाले थे, जिनके व्यापार की कोख में गांधारी के दुर्योधन और दु:शासन समेत हजार पूत पल रहे थे।

बहरहाल मेरी यह बहुत बुरी आदत है कि इतिहास पढ़ते-पढ़ते पौराणिक कहानियों में घुस जाता हूँ। कभी अपने मास्टर साहब को याद करने लगता हूँ, कभी

माँ को। लेकिन आज नहीं, आज तो मैं कायर अंग्रेजों की दुष्टता और उनके प्रबल 'शुक्र' की कहानी सुनाने जा रहा हूँ। शाहिस्ता खान से तंग आए अंग्रेज मद्रास भाग गए और फिर वहीं से दुकान समेटकर बिना विजा-फिजा लिये इंग्लैंड वापसी का मन बना चुके थे। तभी अंग्रेजों का भाग्य फिर जागा और शाहिस्ता साहब इब्राहिम खान के हाथों परास्त हो गए। अब बंगाल पर शासन मिल गया इब्राहिम खान साहब को। इब्राहिम को पता था कि शाहिस्ता खान ने अंग्रेजों को बंगाल छोड़ने पर मजबूर कर दिया था। अब दुश्मन का दुश्मन तो दोस्त होता ही है, तो अंग्रेज इब्राहिम खान को भा गए। उन्होंने फौरन फरमान भिजवाया कि 'ऐ अंग्रेजो, वापस आओ', और मद्रास से अंग्रेज फिर ईस्ट इंडिया कंपनी का झंडा लिये बंगाल पहुँच गए।

इब्राहिम खान द्वितीय ने उनकी भरपूर सेवा की और इस तरह अंग्रेजों ने मुगलों की आँखों के आगे ईस्ट इंडिया कंपनी को व्यापार की आड़ में शहर को लूटने की छूट दिला दी। दुश्मन का दुश्मन दोस्त बन तो गया था, लेकिन तब इब्राहिम ने सोचा भी नहीं होगा कि जिससे वो हाथ मिलाने जा रहे हैं, वो एक दिन बीमारी के इलाज से कहीं ज्यादा बड़ी बीमारी को जन्म देगा।

दुबारा बुलाए जाने के बाद अंग्रेज चौड़े होने लगे। उन्होंने कहा कि आऊँगा तो सही, लेकिन अब हुबली के पास फैक्टरी नहीं लगाएँगे। अब उन्हें समंदर के और करीब धंधा करने की छूट चाहिए थी। छूट मिल गई। और फिर यह बताने की जरूरत नहीं है कि कुछ ही साल बाद मुगलों के आखिरी बादशाह बहादुर शाह जफर इन अंग्रेजों के गुलाम बन गए, गिरफ्तार कर लिये गए और ये भी बताने की जरूरत नहीं कि हम और आप सैकड़ों सालों तक उस डॉक्टर के व्यापारी दोस्तों के गुलाम बने रहे।

जो भी दुश्मन के दुश्मन को दोस्त मानने की भूल करते हैं, वो दरअसल नासमझ होते हैं। यह समझने की जरूरत राजनीति में तब भी थी और आज भी है कि दुश्मन के दुश्मन को दोस्त मानना भूल होती है। एक नाम क्या लिखूँ?

एक ढूँढ़िएगा, सौ मिलेंगे।

□

1 फरवरी

एक राजा था। एक सुबह वह जंगल में शिकार खेलने जा रहा था। सारी तैयारी पूरी हो चुकी थी। राजा हाथी पर बैठने ही वाला था कि रात में पहरा देने वाला सिपाही राजा के पास दौड़ता हुआ आया और उनके चरणों पर गिरकर कहने लगा, ''राजन, आप आज शिकार पर मत जाइए। कल रात मैंने बहुत ही बुरा सपना देखा था। बहुत ही अनिष्टकारी सपना।''

राजा ने सिपाही की बात मान ली। उसने कहा कि ठीक है, आज शिकार नहीं खेलूँगा।

शाम को खबर आई कि कुछ लोग जंगल में शिकार खेलने गए थे, जंगल में भयंकर आग लग गई और सभी जल गए।

राजा ने पहरा देनेवाले सिपाही को अपने पास बुलवाया और उसे ढेर सारा इनाम दिया। उसकी पीठ थपथपाई कि तुम्हारी वजह से आज मेरी जान बच गई है, और इसके साथ ही उसे नौकरी से फौरन निकाल देने का फरमान जारी कर दिया। साथ ही दो महीने के कड़े कारावास की सजा भी सुना दी।

पूरा दरबार सन्न था। कैसा राजा है। जिसने जान बचाई उसी को सजा!

घनघोर अन्याय राजन, घनघोर अन्याय। अगर इस सिपाही ने सपने में उस दुर्घटना को नहीं देखा होता, आपको एकदम मौके पर अगाह नहीं किया होता तो आज आप जीवित ही नहीं होते। जिसने जान बचाई, उसी को सजा?

राजा अपनी गद्दी से खड़ा हुआ। मंत्रिपरिषद् की ओर मुखातिब हुआ और कहने लगा, ''आदरणीय मंत्रिगणो, यह सच है कि इस सिपाही ने सपने के बारे में बताकर मेरी जान बचाई है। इसीलिए मैंने इसे इतना इनाम दिया है। लेकिन इसने अपने कर्तव्य के साथ गद्दारी की है। इसका काम था रात में पहरा देना, न कि

सोना। परंतु यह अपनी ड्यूटी छोड़कर सो गया, और सोते हुए इसने जंगल में होने वाले अनिष्ट को सपने में देखा। क्योंकि इसने अपनी ड्यूटी ठीक से नहीं निभाई, पहरा देने के वक्त सो गया, इसी कारण इसे सजा दी गई है। कर्तव्य पर व्यक्तिनिष्ठा भारी नहीं हो सकती। जिस व्यक्ति को जो काम दिया गया है, वो उस काम को संपूर्ण नहीं करता, तो चाहे वह जितने दावे करे, ईमानदार नहीं हो सकता। जो ईमानदार नहीं, उसका सपना भले जीवन रक्षक ही क्यों न हो, राज्य रक्षक नहीं हो सकता। और मेरे गण्यमान्य मंत्रियो, इतना तो आप भी जानते ही होंगे कि राज्य राजा से बड़ा होता है।''

पूरा दरबार स्तब्ध था।

जो व्यक्ति अपनी ड्यूटी को ठीक से नहीं निभाता, वह चाहे जितना भी चमत्कारी क्यों न हो, वह इज्जत पाने योग्य नहीं हो सकता। सच तो यह है कि जो व्यक्ति अपने कर्तव्य के प्रति ईमानदार नहीं, उसे राष्ट्र की रक्षा की जिम्मेदारी कैसे दी जा सकती है।

मैं राजनीति समझता तो हूँ, लेकिन उस पर लिखता नहीं। मुझे लगता है कि भारत में बिजनेस और राजनीति दोनों में सिर्फ व्यक्तिगत उपलब्धि को योग्यता का पैमाना मान लिया गया है। कोई व्यक्ति अगर बिजनेस में अमीर बन गया है, तो हमारे यहाँ यह पूछे जाने का रिवाज नहीं कि वह अमीर कैसे बना। हमारे यहाँ उसकी अमीरी पाठ्यक्रम का विषय बन जाती है, कोई तह में जाने की जुर्रत भी नहीं करता कि वह यहाँ तक पहुँचा कैसे। इसीलिए हम ऐसे लोगों को फटाफट गुदड़ी का लाल बताकर उनकी कमाई की वीरता का इतिहास लिखने बैठ जाते हैं। ठीक इसी तरह हम राजनीति में भी अपने काम को छोड़कर सपने दिखाने वालों को पुरस्कृत करते रहते हैं। हम व्यक्तिनिष्ठा को राज्य की निष्ठा के ऊपर पहुँचने देते हैं।

यही है मेरी अकुलाहट की वजह।

मैं जब कभी घर से दफ्तर की ओर जाता हूँ तो सड़कों पर तमाम राजनीतिक पार्टियों के दावों को पढ़ता हूँ। जो पार्टी यह कहती नजर आती है कि तुम मुझे वोट दोगे तो इस बार पानी, बिजली, शिक्षा, शौचालय का इंतजाम कर दूँगा, तो उसे बुलाकर पूछा जाना चाहिए कि क्या सचमुच आजादी के इतने सालों बाद भी ये सारी चीजें मुद्दा हैं?

आजादी के इतने वर्षों बाद भी अगर पानी और बिजली चुनावी मुद्दा है, तो यह तो राष्ट्र के साथ धोखा हुआ। जिस तरह रात के उस पहरेदार को याद नहीं रहा कि उसे सोना नहीं चाहिए था और राजा की भक्ति में बिना शर्मिंदगी के अपनी पोल खुद ही खोल गया, उसी तरह हमारे नेताओं को इस शर्मिंदगी का अहसास भी नहीं कि आजादी के हीरक जयंती की ओर बढ़ चुके देश में कोई पानी और शौच जैसे मुद्दे पर चुनाव लड़ने को बेताब है। यह तो उस सिपाही की हरकत से भी ज्यादा निकृष्ट अपराध है।

सोचिए, जिस बच्चे का जन्म 15 अगस्त, 1947 को हुआ होगा, आज उसकी उम्र कितनी होगी। उससे कोई कहे कि तुम मुझे वोट दो, तो इस बार तुम्हारे 'पीने' और 'धोने' दोनों का इंतजाम पक्का कर दूँगा तो कहने वाले को भले शर्म न आए, लेकिन सुनने वाले को तो शर्म आएगी ही। यकीनन ऐसा वही कह सकता है, जिसे ड्यूटी पर सो जाने का अफसोस नहीं होता।

मुझे लगता है कि मेरे घर से दफ्तर के बीच के इस तरह के प्रचार वाले बोर्ड उखड़वा देने चाहिए, ताकि संजय सिन्हा जैसे गैर-जागरूक पत्रकार यही समझते रहें कि देश में मंगल मिशन, चाँद से पेट्रोल लाने, भारत में अमेरिका की तरह चार हजार मील लंबी बिना लाल बत्ती वाली सड़कों की बात पर चुनाव लड़ा जा रहा है। ताकि अपनी कार में पीछे बैठकर एसी की गरम और ठंडी हवा खाते हुए उन जैसा गैर-जरूरी पत्रकार यही सोचकर खुश होता रहे कि जिनके पास रोटी नहीं, वो दो चार दिन केक खाकर क्यों नहीं रह लेते। कार की बैटरी से मिलने वाली ठंडी हवा और बत्ती को वो राष्ट्रीय बिजली मानकर खुश होते रहेंगे, अगर उन्हें इस तरह के बोर्ड न दिखें कि 'तुम मुझे वोट दो, मैं तुम्हें बिजली दूँगा।' अपनी कार में रखे पानी की बोतल को देखकर उन जैसे निकम्मे पत्रकारों खुश होने दीजिए कि पानी की समस्या है ही कहाँ।

बेवजह वोट के चक्कर में अपनी पोल खोल रहे हैं कि इतने साल से पानी नहीं मिला, लेकिन अब मिल जाएगा।

आदरणीय नेतागण, अब तक अपनी ड्यूटी पर सोते रहे, तो प्लीज अब यह बताकर खुद को अपराधी मत साबित कीजिए कि राजन, मैंने सपना देखा है।

ड्यूटी पर सपने देखने वाले ईमानदार नहीं होते। जो ईमानदार नहीं होते, उनसे कुछ भी उम्मीद व्यर्थ है।

मौका सबको मिला, लेकिन किया किसी ने कुछ नहीं। सभी अपनी–अपनी ड्यूटी पर सोते रहे और राजन को अपने सपने सुनाते रहे।

जिनकी निष्ठा व्यक्ति में होती है, वो इनाम के चाहे जितने हकदार हों, लेकिन उस काम के योग्य कतई नहीं होते, जिसकी दुहाई देते हुए वे चौड़े होकर घूम रहे हैं, वोट माँग रहे हैं।

□

2 फरवरी

एक सियार था। उसकी दोस्ती किसी तरह शेर के बच्चे से हो गई। दोनों घंटों साथ घूमते, साथ खेलते, गप्पें मारते। एक दिन सियार शेर के बच्चे के साथ उसके घर गया और वहाँ उसने देखा कि जंगल का राजा शेर शिकार पर निकलने वाला है, उसकी पूँछ तनी हुई है, आँखें लाल और आवाज गरजदार हो गई है। वो समझ गया कि शेर इसी लिए जंगल का राजा है, क्योंकि उसकी पूँछ शिकार करने से पहले तन जाती है, आँखें लाल हो जाती हैं और आवाज गरजदार हो जाती है।

वह अपने घर आया, उसने खुद को पहले आईने में देखा, उसे लगने लगा कि उसकी आँखें लाल हो रही हैं, पूँछ तन रही है, और हुआँ-हुआँ को यथासंभव उसने गंभीर बनाने की कोशिश की। इतनी तैयारी कर वह अपनी पत्नी के सामने गया और उसने उससे पूछा, ''सियारिन, तू देख तो सही, मेरी पूँछ तन गई है कि नहीं? और मेरी आँखों में खून उतरा हुआ नजर आ रहा है कि नहीं? और सबसे खास बात, मेरी हुआँ-हुआँ गरजदार है या नहीं?''

बेचारी सियारिन क्या कहती। उसने सच कह दिया, ''नहीं जी, ऐसा तो कुछ नहीं लगता।''

सियार ने इतनी प्रैक्टिस की और सियारिन को कुछ नजर ही नहीं आया!

वह बिफर पड़ा। उसने सियारिन की खूब पिटाई की। दे लात, दे मुक्का। बेचारी सियारिन बिलबिला उठी। बिलबिलाते हुए उसने कहा, ''सुनिएजी, अब आपकी पूँछ तन गई है, आँखें लाल हैं और आपकी हुआँ-हुआँ में गर्जना सुनाई दे रही है।''

सियार ने पत्नी को पीटना बंद किया और समझ गया कि अब वो राजा बन चुका है। तनकर चलता हुआ वह निकल पड़ा शेर के घर की ओर। जंगल में जो भी उसे मिलता, उसे हिकारत भरी नजरों से देखता हुआ वह पहुँच गया शेर के घर। घर

के बाहर पहुँचकर उसने शेर को आवाज दी, ''ऐ शेर, बाहर निकल। तूने बहुत शिकार कर लिया। आज मैं तेरा शिकार करूँगा।''

शेर अपनी माँद में बैठकर पत्नी के संग चाय पी रहा था और बाहर से सियार ललकारे जा रहा था। आखिर में शेर ने अपने बेटे से कहा, ''जाकर बाहर देख कौन है?''

शेर का बच्चा बाहर आया। उसने सियार को देखा। उसे चुप कराते हुए कहा, ''तू यहाँ कहाँ चला आया? चुपचाप घर जा मूर्ख, पापा बाहर निकल आए तो आज डिनर के लिए कहीं जाने की जरूरत भी नहीं रहेगी। तू निकल ले यहाँ से।''

लेकिन लाल आँखों, तनी पूँछ और गरजती आवाज के नशे में भला कौन किसकी सुनता है। सियार ने शेर के बच्चे को डपटते हुए कहा, ''तू किनारे हो जा, मुन्ने! आज तय होकर रहेगा कि जंगल का राजा कौन है। आज से जंगल का इतिहास बदल जाएगा।''

शेर का बच्चा उसे समझाता रहा। जब सियार नहीं माना तो शेर के बच्चे ने उसे एक थप्पड़ रसीद कर दिया और कहा, ''मूर्ख, अपनी जान गँवाने पर क्यों तुला है?''

सियार के मुँह पर शेर के बच्चे का पंजा क्या पड़ा, सियार वहीं ढेर हो गया।

अंग्रेज भारत में शासन करने नहीं आए थे। उन्हें यहाँ के मसालों की खुशबू और रेशम का आकर्षण खींच लाया था। थे तो वो विशुद्ध व्यापारी। ठीक वैसे ही, जैसे पुर्तगाली, फ्रांसीसी, डच यहाँ आकर धंधा कर रहे थे।

अंग्रेजों को भारत की राजनीति में कोई दिलचस्पी भी नहीं थी। लेकिन सन् 1740 में कर्नाटक की गद्दी पर एक ऐसे व्यक्ति को राज करने का मौका मिल गया, जिसे इल्म था कि उसकी आँखें लाल हैं, पूँछ तनी हुई है और आवाज में गर्जना आ गई है। जनाब का नाम था नवाब अनवरुद्दीन।

अनवरुद्दीन साहब की सत्ता को उस समय वहाँ व्यापार कर रहे अंग्रेज और फ्रांसीसी दोनों व्यापारी स्वीकार करते थे। दोनों में जब कभी खटपट होती तो दोनों नवाब साहब के दरबार में जाते और हुजूर रक्षा करें की गुहार भी लगाते। दुर्भाग्य से इसी साल इंग्लैंड एक यूरोपीय युद्ध में फँस गया। इतिहासकारों ने इसे ऑस्ट्रिया के उत्तराधिकार का युद्ध कहा है। 1740 से लेकर 1748 तक चले इस युद्ध में इंग्लैंड और फ्रांस एक-दूसरे के विरोध में खड़े थे। जाहिर है, युद्ध यूरोप में हो रहा था,

लेकिन आँच हिंदुस्तान तक आ पहुँची थी।

यहाँ दक्षिण के तट पर लगातार फसाद चल रहा था। ब्रिटिश और फ्रांसीसी दोनों व्यापारी बात-बेबात उलझने लगे थे। एक ऐसा ही मामला लाल आँखों वाले, तनी पूँछ वाले नवाब अनवरुद्दीन के सामने आया। इस मामले में फ्रांसीसियों ने अंग्रेजों से अपने जहाज की रक्षा की गुहार लगाई थी। नवाब साहब को पूरे मामले में दखल देकर अंग्रेजों को फ्रांसीसियों के विरुद्ध कदम उठाने से मना करना था। नवाब साहब ने बहुत धीरे से अंग्रेजों से अनुरोध भी किया कि "ऐ अंग्रेजों, तुम ऐसा मत करो।"

अंग्रेजों ने नवाब साहब की मिमियाहट सुनी और उनकी अनदेखी कर दी।

पहली बार ऐसा हुआ जब किसी व्यापारी ने नवाब की बात सुनने से इनकार कर दिया, और कोई कुछ नहीं कर पाया। बेचारे फ्रांसीसी क्या करते। उन्होंने अंग्रेजों से मुकाबले के लिए पूरे मद्रास को घेर लिया। खुद को घिरा देख अंग्रेज घबरा गए और अब वो पहुँच गए नवाब साहब के पास। नवाब साहब ने मिमियाते हुए फ्रांसीसियों से कहा कि "तुम अंग्रेजों को परेशान मत करो।"

फ्रांसीसी देख चुके थे कि जब नवाब साहब के कहे को अंग्रेजों ने नहीं सुना, और वो उनका कुछ उखाड़ नहीं पाए, तो अब फ्रांसीसियों का क्या बिगाड़ लेंगे। उन्होंने नवाब साहब को साफ-साफ संदेश भिजवा दिया कि अब आप इस पचड़े से दूर हो जाएँ, हमें जो करना होगा, कर लेंगे। अंग्रेज तो चालाक थे, उस वक्त धीरे से मद्रास छोड़कर भाग लिये। लेकिन नवाब साहब फँस गए। ऐसे में उन्होंने अपनी बेगम साहिबा से पूछा कि क्या किया जाए? हम भी खिसक लें या दिखा दें कि असली राजा हम हैं? बेगम ने पता नहीं क्या कहा, लेकिन इतिहास में यह दर्ज है कि नवाब अनवरुद्दीन अपनी सेना लेकर फ्रांस की सेना से भिड़ गए। फ्रांसीसी और ब्रिटिशर्स तो समुद्री शक्ति से संपन्न थे ही, यहाँ फ्रांस ने थल शक्ति का भी लिटमस टेस्ट कर लिया। नवाब साहब की खूब पिटाई हुई, उनकी सेना तहस-नहस हो गई।

आगे कहानी सुनाने की जरूरत है क्या?

मास्टर साहब ने सभी बच्चों से पूछा कि बच्चो, बताओ, फिर क्या हुआ? सारे बच्चे सन्न थे। क्या जवाब दिया जाए?

तभी संजय सिन्हा क्लास में उठ खड़ा हुआ और उसने मास्टर साहब से कहा, "सर, होना क्या था। विदेशी समझ गए कि देसी राजा नाम के हैं। इनके पास अपनी अय्याशी और आपसी फूट से समय बचे तब तो ये कुछ करें। इनकी सेना और इनकी

जनता ही इनकी नहीं है। ये सिर्फ यह सोच कर राजा बन गए हैं कि इनकी पूँछ तनी हुई है, आँखें लाल हैं, और आवाज में गर्मी है। पर असल में ऐसा कुछ था नहीं। अगर ऐसा कुछ होता और कोई राजा किसी व्यापारी से कह दे कि तुम ऐसा न करो, तो उसकी मजाल जो उसके नाफरमानी कर दे। वो तो जिस दिन पहली बार अंग्रेज व्यापारी ने नवाब के आदेश की अवहेलना की, उसी दिन नवाब अगर एकाध अंग्रेज को पकड़कर थप्पड़ लगा देता तो फिर फ्रांसीसी कप्तान डूप्ले के बाप की औकात नहीं थी कि उसकी अनदेखी करता। लेकिन उसने देख लिया कि सियार शासक कुछ दिन तो लोगों को धोखे में रख सकता है कि वो शेर है, लेकिन बहुत दिनों तक नहीं। जिस दिन सच सामने आता है, राजा मार खाकर रोता हुआ मारा जाता है।''

फँसती तो जनता है। लेकिन उस जनता को भी फँसना ही चाहिए, जो सियारों को राजा मानकर 'जी हुजूर, जी हुजूर' करती है।

□

3 फरवरी

मेरा छोटा भाई, जो अब इस संसार में नहीं है, मेरे लिए सबसे अधिक मानसिक खुराक तैयार किया करता था। मुझे एक दिन भी ऐसा याद नहीं, जब हम आपस में बातें करते हुए थके हों, जब हम बातचीत में कुछ नया न ढूँढ़ पाए हों। आज उसके नहीं होने का सबसे बड़ा खामियाजा मेरे लिए यही है कि मैं शब्दों और वाक्यों के साथ अगर कभी प्रयोग करता हूँ तो इस बात के लिए तरस जाता हूँ कि उसमें कुछ और कोई जोड़ सके। हालाँकि मेरे भाई के मानसिक खुराक वाला बहुत बड़ा हिस्सा मैं अपनी पत्नी में तलाशने की कोशिश करता हूँ, पर भाई के साथ शब्दों की जो साझेदारी होती थी, वो लाजवाब थी।

हम दोनों के बीच उम्र में चार साल का फासला था, लेकिन जब दो भाई अपनी मुहब्बत की कहानियों को साझा करने लगें, एक ही सिगरेट की साझेदारी करने लगें तो फिर कोई फासला फासला नहीं रह जाता। जब मैं अपनी पत्नी के प्यार में पड़ा था, तो मैंने सबसे पहले यह खुशखबरी अपने भाई को ही सुनाई थी। और यकीनन उससे पहले भी जब-जब प्यार में पड़ा तो उसकी जानकारी भी भाई को ही देता रहा। सिर्फ जानकारी ही नहीं, बल्कि उससे अपने प्रेम पर सलाह भी लिया करता था। शादी वाले प्रेम से ठीक पहले एक कश्मीरी लड़की ने मुझमें थोड़ी दिलचस्पी दिखानी शुरू की, तो मैंने पूरा केस भाई के पास रेफर कर दिया। भाई से पूछा, ''देख लो, भाभी बनने लायक है या नहीं।'' भाई उससे दो-चार बार मिला और उसने रिपोर्ट दी, ''ना भाई, बात कुछ जम नहीं रही।''

मैंने उससे पूछा भी था, क्या नहीं जम रहा? कश्मीरी लड़की है, इतनी सुंदर है। इस पर भाई ने कहा, ''सबकुछ तो ठीक है, लेकिन कुछ है। अब वो क्या है, पता नहीं चल रहा।''

उसने कह दिया और हमारा प्यार कैंसिल हो गया।

लेकिन जब भाई पहली बार प्यार में पड़ा तो उसने मुझसे छिपा लिया। मैंने अपनी तमाम प्रेमिकाओं के पास अपने भाई को पोस्टमैन बनाकर चिट्ठियाँ भी भिजवाई थीं, लेकिन भाई जब पहली बार प्यार में आया, तो मैंने ताड़ जरूर लिया, उसने कभी स्वीकार नहीं किया।

जब उसे पहली बार प्यार हुआ, तो चुप-चुप रहने लगा था। मैं समझ नहीं पा रहा था कि बात कहाँ से शुरू करूँ। जिन दिनों वो प्यार में था, मैं चाहता था कि वो मुझसे बातें साझा करे, ताकि मैं उसे बता सकूँ कि तुम्हारी उम्र अभी प्यार के लायक नहीं हुई है, तुम छोटे हो, तुम्हें अभी पढ़ाई पर ध्यान देने की दरकार है। पर वो ऐसी चुप्पी में पड़ गया कि उसने कभी कबूला ही नहीं कि उसे प्यार हुआ है।

मैं अक्सर सोने से पहले उसके कमरे में चला जाता, और उसके साथ लेटकर प्यार पर बातें करता। उसे याद दिलाता कि देखो, जब-जब मैं प्यार में पड़ा, तुमसे सारी बातें साझा कीं। वो मुझे समझाता कि वो प्यार नहीं था, वो आपका आकर्षण था।

लो जी, अंडा सिखा रहा था मुरगी को कि चूँ-चूँ कैसे किया जाता है।

मैंने उसे डपटा भी कि वो प्यार नहीं था, तब तुमने मुझसे क्यों नहीं कहा कि यह प्यार नहीं है।

भाई आँखें बंद कर धीरे-धीरे बोलता रहा, ''जिससे आपको सच में प्यार हुआ, उससे आपने शादी कर ही ली। और उससे पहले जिन-जिन से आपको प्यार हुआ था, वो सब सिर्फ आकर्षण था। आकर्षण तो हजार बार होता रहता है।''

''बड़े ज्ञानी हो गए हो। प्यार के मास्टर हो गए हो तुम। अभी ठीक से मूँछें भी नहीं आईं, और मुझे प्यार समझा रहे हो?''

''आपका ही भाई हूँ। इतना तो समझना मेरा फर्ज है।''

मैं मन-ही-मन सोच रहा था कि अब वह कबूलेगा कि देखो, प्यार तो मैंने किया है, और इसे प्यार कहते हैं।

पर वो एकदम पक्का था।

एक रात मैं उसी के पास लेट गया। मन में तय करके गया था कि वह अपना प्यार कबूले और मैं उसे रोकूँ उस प्यार से। मैंने उसे समझाना शुरू किया कि आदमी

को सही वक्त पर सही काम करना चाहिए। मुझे देखो, पढ़ाई पूरी की, नौकरी में आया, तब प्यार में पड़ा। पहले जो भी लड़कियाँ मेरी ज़िंदगी में आईं, मैंने उनसे रिश्ते को आगे नहीं बढ़ाया तो बस इसीलिए कि थोथा प्यार किसी काम का नहीं होता।

भाई हँसा। कहने लगा, ''थोथा प्यार? थोथा चना तो सुना था, पहली बार प्यार के लिए 'थोथा' शब्द? अच्छा प्रयोग है। लेकिन मैं इसीलिए तो कहता हूँ कि वो सब आपका प्यार नहीं था। जो सोच-समझकर हो, वो दुनियादारी होती है, प्यार नहीं। आपने जितनी लड़कियों से प्यार किया, उसके बारे में मुझसे पूछा कि शादी के लायक ठीक है? मैंने हर बार कह दिया कि नहीं। लेकिन जिससे आपने शादी की, उसके बारे में आपने एक बार भी नहीं पूछा कि शादी के लिए ठीक है? आपने मुझे बुलाया और कहा कि आप उनसे शादी करना चाहते हैं। मैंने कह दिया, हाँ, ये ठीक है। वही प्यार था।''

मैं उसके पास गया था उसके प्यार की चर्चा करने, और चर्चा हो रही थी मेरे प्यार की।

वो आगे बोल रहा था, ''प्यार में पड़ा आदमी तो ईश्वर के करीब हो जाता है। आप तो अध्यात्म की बातें करते हो, आपको तो पता होना चाहिए कि प्यार में पड़ा आदमी ही सबसे बड़ा कर्मयोगी होता है। प्यार में पड़ा आदमी सचमुच बिना फल की चिंता किए प्यार में कूद पड़ता है। प्यार करनेवाले अनुमति नहीं माँगते, फैसला सुनाते हैं।''

जिन दिनों वो आकंठ प्यार में डूबा था, उसकी कुल उम्र बीस साल रही होगी। बीस साल की उम्र में वह मेरे साथ बिस्तर पर लेटकर मुझे समझा रहा था, ''मुक्ति के तीन मार्ग होते हैं। ज्ञान के जरिए मुक्ति, जिसका बौद्ध धर्म में केंद्रीय स्थान है। श्रद्धा के जरिए मुक्ति, जो ईसाइयत में केंद्रीय है। श्रद्धा और कर्म के जरिए मुक्ति, जो इस्लाम धर्म का मूल मंत्र है। अब रही बात हिंदू यानी सनातन धर्म की, तो इस धर्म ने इन तीनों पंथों को समान रूप में स्वीकार किया है—ज्ञान, श्रद्धा और कर्म। लेकिन एक और चीज है, वो है प्यार। जब आदमी प्यार में डूब जाता है तो वो स्वयं ज्ञानी हो जाता है, श्रद्धा उसके भीतर फूट पड़ती है, कर्म उसका औजार बन जाता है और फिर वह ईश्वर के सबसे करीब हो जाता है।''

मुझे लगा कि यही मौका है, जब मैं अपने बिंदु पर उसे ला सकता हूँ।

मैंने कहा, ''तुम भी लगता है इन दिनों ईश्वर के बेहद करीब हो गए हो। इतनी

लंबी-लंबी बातें कर रहे हो। कहीं प्यार-व्यार तो नहीं हो गया। अरे भाई, अभी तुम्हारी उम्र इन चक्करों में पड़ने की नहीं। अभी प्यार में पड़ना समझदारी नहीं। अभी अपने कॅरियर के बारे में सोचो, प्यार तो फिर कभी भी कर सकते हो।''

भाई ने एक गहरी लंबी साँस ली और बोल पड़ा, ''प्यार में समझदारी? नहीं, नहीं। प्यार और समझदारी दोनों एक-दूसरे के दुश्मन होते हैं। प्यार करनेवाला ईश्वर के करीब होता है। जो ईश्वर के करीब होता है, उससे समझदारी की उम्मीद भी बेकार है। ईश्वर से जुड़ने वाले सवाल-जवाब का खेल नहीं खेलते। वे उसे महसूस करते हैं। जो सवाल-जवाब का खेल खेलते हैं, वे तर्कशास्त्री होते हैं। ईश्वर के दर्शन तर्क से नहीं होते, वे तो होते हैं सिर्फ आस्था से। अगाध विश्वास से।''

फरवरी का महीना था, उस रात भी हल्की बारिश हो रही थी। तारीख मुझे याद है, 2 फरवरी। मैं दफ्तर से लौटा था, पत्नी अपने कमरे में सो रही थी। सुबह ही अल्ट्रासाउंड कराकर आई थी। माँ बनने वाली थी और तबीयत ठीक नहीं रह रही थी। मैं दफ्तर के काम में बहुत व्यस्त था, और मेरा भाई मेरे होने वाले बच्चे और अपनी भाभी दोनों की भरपूर सेवा में लगा था। वो भाभी के लिए खाना तक बनाना सीख चुका था। सास, ससुर, ननद समेत जितने रिश्ते हो सकते थे, मेरी पत्नी की ज़िंदगी की सारी कमी वही पूरी कर देता था।

मैं पता नहीं क्यों, सीधे-सीधे सवाल नहीं करना चाह रहा था, पर इशारों में हजार बार समझाया कि तुम अभी प्यार में मत पड़ो। पहले पढ़ाई, फिर प्यार।

पर वो तो मुझे प्यार का सारा दर्शन समझा रहा था, ''प्यार ही वो सेतु है, जो आदमी को अमरता की ओर ले जाता है। यही असली मुक्ति का मार्ग है। यही ज्ञान का मार्ग है। और सुनो भाई, ज्ञानमार्गी केवल एक यथार्थता यानी सिर्फ ब्रह्म को मानता है और बाकी चीजों से मुँह मोड़कर आभासी दुनिया में विचरता रह जाता है। पर प्यार करनेवाला आसमान में उड़ता है। जैसे आप उड़ रहे थे। जैसे मैं उड़ रहा हूँ।''

मैंने उसे पकड़ लिया था, ''मतलब तुम प्यार में हो।''

''हाँ, भाई, मैं प्यार मे हूँ। और आप तो जानते ही हैं कि प्यार में पड़ा आदमी न कुछ सुनता है, न समझता है। समझदारी प्यार की खुराक नहीं। जो समझदार होकर प्यार करते हैं, वो खतरनाक होते हैं। वो दरअसल प्यार करते ही नहीं। वो सौदा करते हैं। और भाई, अभी तो मैं बहुत छोटा हूँ सौदागर बनने के लिए। बस आज की रात इतना ही। गुड नाइट।''

फिर अगले साल उसकी शादी हो गई। सरकारी खाते में वो बाल-विवाह नहीं था। पर मेरा छोटा भाई एकदम बबुआ की तरह दूल्हा बना बैठा था। कमबख्त जब भी फरवरी की यह तारीख आती है, मैं सारी-सारी रात उसे याद करता हूँ। सोचता हूँ, ठीक ही कहता था वो, जो प्यार में होते हैं, वो ईश्वर के बहुत करीब हो जाते हैं। इतने कि ईश्वर को भी पसंद आ जाते हैं। तभी तो वो चुपचाप एक सुबह हमें प्यार करता हुआ छोड़कर चला गया अपने ईश्वर के पास।

और मैं रह गया अकेला, हर साल फरवरी की जाती हुई सर्दी में एकदम तन्हा। उसकी यादों में डूबा हुआ।

कहाँ हो भाई, कैसे हो? कभी-कभी आकर कुछ नए शब्द दे जाया करो। रोज लिखना होता है फेसबुक पर। आओ, अब नहीं पूछूँगा तुमसे कभी तुम्हारे प्यार के बारे में, क्योंकि तुम प्यार को स्वीकारते हुए फटाफट गुडनाइट कह देते हो।

□

5 फरवरी

अभी मथुरा में हूँ। प्रेम की नगरी में। इस शहर को जितनी बार छूता हूँ, प्रेम के नए अहसास से गुजरता हूँ। चाहूँ तो अपने हर अहसास पर एक किताब ही लिख दूँ। लेकिन आपको तो पता है कि अमिताभ बच्चन से मिलना मतलब मेरा अपनी धड़कनों से मिलना होता है।

परसों दिल्ली में अमिताभ बच्चन से मिलना हुआ। बहुत सोचा कि आज उनके विषय में लिखूँ या प्रेम नगर की उस कहानी को लिख दूँ, जिसमें राधा हैं, कान्हा हैं और प्यार के पायल की रेशमी झंकार है।

अब यह तो आप भी जानते हैं कि मेरे चाहने से कुछ नहीं होता, होता सिर्फ वही है, जो होना होता है। आज कंप्यूटर और उँगलियों को आजाद छोड़ता हूँ। जब पूरा लिख जाएगा, तो मुझे भी पता चलेगा कि किसकी कहानी आज सुना पाया। वैसे दोनों ही संजय सिन्हा के दिल की धड़कन हैं। दोनों ही प्यार हैं। फर्क सिर्फ दिन का होना चाहिए, दिल का तो हो ही नहीं सकता।

तो इस बार अमिताभ बच्चन से मिलते हुए मैंने उनके पाँव छुए और उन्होंने गले लगाकर आशीर्वाद दिया। पहली बात तो यह कि अब मेरी दुविधा खत्म हो चुकी है कि मैं उनसे जब भी मिलूँ तो प्रोफेशनल हैसियत से मिस्टर बच्चन कहकर हाथ मिलाऊँ या 'माँ' समझकर पाँव छू लूँ। अमिताभ बच्चन मेरी दुविधा को समझ चुके हैं, और कई लोगों की मौजूदगी में भी हम दोनों के दिल आपस में बातें कर लेते हैं। अमिताभ बच्चन की आने वाली फिल्म 'शमिताभ' के लिए इंटरव्यू होना था, और ठीक इंटरव्यू से पहले उन्होंने गरम पानी पीने की इच्छा जताई। बहुत देर तक बोलते हुए गले में दर्द हो जाना लाजिमी है और वही हुआ होगा।

दिल्ली के मरीडियन होटल में अमिताभ बच्चन ने गरम पानी की माँग कर दी। मिनरल वाटर के बोतल को खोला जाना था, फिर पानी को गरम किया जाना था, फिर

वो पीने लायक हुआ या नहीं, इसे उनके निजी सचिव की तरफ से जाँचा जाना था और फिर पानी उन तक पहुँचना था। वो इंटरव्यू के लिए बैठ चुके थे, कुछ सवाल पूछे जा चुके थे और तब पानी आया।

सारा कुछ जाँच करने के बाद गिलास मेरे पास आया कि मैं जाकर अमिताभ बच्चन से इंटरव्यू रोककर कहूँ कि आप पहले पानी पी लीजिए। मैंने हाथ में पानी का गिलास लिया, इंटरव्यू रुका और मैं उनके सामने चला गया पानी लेकर।

मेरी माँ बहुत बीमार थी। वो बिस्तर पर लेटी थी। मैं स्कूल से घर आया, माँ के कमरे में गया। माँ के कमरे में हर वक्त कोई-न-कोई होता था, लेकिन उस दोपहर कोई नहीं था। शायद सभी अपने काम में व्यस्त रहे होंगे। माँ लेटी-लेटी कराह रही थी। मेरे कमरे में जाते ही उन्होंने मेरी ओर देखा, पानी पिलाने का इशारा कर रही थीं, उनका गला सूखा पड़ा था। मैं दौड़कर गया और पानी का गिलास लेकर माँ के होंठों तक लगाया। माँ ने पानी पीकर अपना हाथ मेरे सिर पर रखा।

माँ आमतौर पर हमसे कोई काम नहीं करवाती थी। जब तक वो ठीक थी, तब तक तो बिल्कुल नहीं। मुझे एक भी घटना नहीं याद जब माँ ने किसी बच्चे से कहा हो कि पानी दे देना, ये कर देना, वो कर देना। कभी नहीं।

माँ जब बहुत बीमार हो गई थी तब भी वो इस संकोच में गड़ी रहती थी कि उसे किसी से कुछ माँगना पड़ता है। खैर, वो बहुत बड़ी बात नहीं थी। माँ अपनी बीमारी के आखिरी दिनों में अपने मायके में थी और हम लोग भी वहीं रह रहे थे। जितनी देर पिताजी घर में होते, माँ के पास बैठे रहते। फिर माँ की चाचियाँ उनकी भरपूर देखभाल करतीं। ऐसे में हम बच्चों के हिस्से कुछ काम नहीं आता। लेकिन उस दिन दोपहर में माँ ने पानी की इच्छा जताई, और मैंने माँ के होंठों को जब पानी के गिलास से स्पर्श कराया तो माँ ने मेरी ओर देखा, अपना हाथ मेरे सिर पर फेरा, और न बोल पाने की स्थिति में फुसफुसाई, "खुश रहो।"

पता नहीं कितनी ऊर्जा थी उस स्पर्श में कि मैं आज तक उसे महसूस करता हूँ।

अमिताभ बच्चन सामने कुरसी पर बैठे थे, मैं उन्हें पानी का गिलास दे रहा था। प्रोफेशनल हैसियत से न मुझसे कोई कह सकता था कि आप पानी का गिलास उन्हें दीजिए, न वो मुझसे पानी का गिलास लेते। लेकिन ये तो ईश्वर की इच्छा थी कि माँ मेरे हाथों से अपने होंठों की प्यास को बुझाए। पचास लोगों को मौजूदगी में वो हो रहा था, जिसकी कल्पना भी नहीं की जा सकती थी। सामने अमिताभ बच्चन थे। मेरे हाथ

में पानी का गिलास था। वो मेरी ओर देख रहे थे। मेरी आँखें और उनकी आँखें एक हो चुकी थीं। कैमरा ऑन था। एंकर रुकी हुई थी। अमिताभ बच्चन ने गिलास मेरे हाथों से लिया, गिलास को होंठों से लगाया। फिर मेरी ओर देखा। मैं नीचे झुका। उन्होंने अपना हाथ ऊपर मेरी पीठ पर किया।

माँ के हाथ और अमिताभ बच्चन के हाथ एकाकार हो रहे थे। कुल दस सेकेंड का स्पर्श था यह।

मैंने गिलास हाथ में पकड़ लिया था। अमिताभ बच्चन मेरी ओर गौर से देखते रहे, फिर धीरे से बुदबुदाए, ‘‘खुश रहो!’’

□

6 फरवरी

सुनो स्मिता,

कल तुम्हारे पापा से मिला था। मैं उनसे पहले भी कई बार मिलता रहा हूँ, लेकिन कल की मुलाकात उदास कर देने वाली थी। मैं पिछले पच्चीस वर्षों में न जाने कितनी बार उनसे मिला हूँ, न जाने कितनी बार मैंने शेक्सपीयर के ड्रामे के मर्म को उनकी जुबान से समझने की कोशिश की है, लेकिन कल जब वो मिले तो खुश नहीं दिख रहे थे।

तब तुम बहुत छोटी सी बच्ची थी। तुम फ्रॉक पहने हुए इधर-उधर दौड़ती भागती थीं। मैं तुम्हारे घर आता था, तो तुम अंकल-अंकल कहकर लिपट जाती थीं। तब तुम छोटी थीं।

मम्मी तुम्हारे पीछे दूध का गिलास लिये भागती रहती और तुम इधर से उधर उछलती फिरती। मम्मी से बचने के लिए तुम पापा की गोद में सिमट जाती थीं। पापा तुम्हें छिपा लेते और मम्मी आकर पापा से कहती, बेटी को इतना मत बिगाड़ो कि कल को ससुराल जाए तो सारे उलाहने मुझे ही सुनने पड़ें।

ससुराल शब्द सुनकर तुम तुनकती। कहती, लाओ दूध दे दो। पी लेती हूँ, बस फिर कभी न कहना कि तुम मुझे ससुराल भेज दोगी। मैं कहीं नहीं जाऊँगी, अपने प्यारे पापा को छोड़कर कहीं नहीं।

फिर तुम बड़ी हो गई, स्मिता। स्कूल से कॉलेज और कॉलेज से आगे की पढ़ाई करती हुई तुम बहुत बड़ी होती चली गईं। पापा ने चाहा था कि तुम बड़ी होकर खूब नाम कमाओ, पैसे कमाओ। वे सारी खुशियाँ तुम्हें मिल जाएँ, जिसे तुम न पा सकी पापा के पास। आखिर एक टीचर क्या कमा सकता था, क्या दिला सकता था। वो पढ़ा सकता था, उसने पढ़ा दिया।

तुम्हारे पापा मुझसे फोन पर चहकते, कहते ''स्मिता मथुरा से बैंगलोर चली गई है। पता है, वो बहुत बड़ी कंपनी में मैनेजर बन गई है।''

पापा मथुरा में थे, मथुरा में रह गए। तुम चली गई साइबर शहर में।

तुम पापा को रोज फोन करती थी। पापा रोज हैलो कहने से पहले अपने आँसू पोंछते, फिर पूछते, कैसी हो स्मिता?

तुम्हारे पापा मुझे फोन करते, कहते, ''बिटिया से आज बात हुई, बहुत खुश है। मेरा तो जनम सफल हो गया। बेटा और बेटी दोनों ने अपने आसमान को छू लिया है।''

मैं मन-ही-मन मुस्कुराता। कहता, ''सर, जो अच्छे होते हैं, उनके साथ अच्छा ही होता है। आज देखिए न, आपकी ज़िंदगी में सबकुछ है। बेटा, बेटी दोनों कितने अच्छे से सेटल हो गए हैं।''

सुनो स्मिता, तुम्हारे पापा शायद मुस्कुराते होंगे, क्योंकि उनकी मुस्कुराहट की खिलखिलाहट मैं सुन लेता था। मैं महसूस कर लेता था। मैं उनके होंठों से फूटने वाले हर अक्षर को पढ़ लेता था। तुम्हें नहीं पता होगा, पर आज बता रहा हूँ, बहुत पहले तुम जब कॉलेज की पढ़ाई कर चुकी थी, और नौकरी की तलाश में थीं, तो तुम्हारे पापा ने मुझे एक चिट्ठी लिखी थी। उसमें लिखा था, ''प्रिय संजय, ईश्वर की मेहरबानी से तुम्हारी बिटिया ने अपनी पढ़ाई पूरी कर ली है, तुम उसकी नौकरी में कुछ मदद कर पाओ तो मुझे बहुत खुशी होगी। और संजय, सच तो यह है कि तुम्हें भी बहुत खुशी होगी, अपनी बेटी के लिए कुछ कर पाने की।''

यह एक टीचर की पुकार थी। मैं नहीं जानता था कि मैं क्या कर सकता था, लेकिन मैंने कहा कि कुछ-न-कुछ करूँगा जरूर। लेकिन शायद मैं भूल गया। शायद मैंने कुछ किया ही नहीं। मुझे याद भी नहीं। लेकिन तुम्हारे पापा ने फिर फोन किया था कि स्मिता को नौकरी मिल गई है, और तुम बैंगलोर चली गई थी।

तुम बैंगलोर से मुझे भी फोन करती थी। पापा को याद करती थी। मैं अक्सर तुमसे तुम्हारे पापा की चर्चा किया करता था, तुम बहुत खुश थी।

...और एक दिन तुम्हारी शादी हो गई।

तुम बड़ी हो गई। बहुत बड़ी।

तुम्हारे सामने सचमुच बहुत बड़ा आसमान था। एक दिन तुमने मुझे फोन किया कि तुम भी अपने भैया की तरह ऑस्ट्रेलिया जा रही हो, सदा के लिए। पति समेत। मैं जानता हूँ कि पापा कई बार तुम लोगों से मिलने ऑस्ट्रेलिया जा चुके हैं, वहाँ की कई कहानियाँ मुझे सुना चुके हैं।

मैं अपनी पत्नी से एक दिन कह रहा था कि किस्मत हो तो तुम्हारे पापा जैसी। दोनों बच्चे विदेश में हैं। सेटल हैं। एक पिता को और क्या चाहिए!

सुनो स्मिता, मैं गलत था।

कल मैं मथुरा गया था। तुम्हारे पापा से मिला। वो पहले की तरह चहक नहीं रहे थे। वो कुछ खा भी नहीं रहे थे। वो उदास थे। मैंने उनसे उनकी उदासी का सबब पूछा तो उन्होंने आँखों की नमी को पोंछा, कहने लगे, "संजय, तुम तो जानते हो कि मैंने कितने संघर्ष से ज़िंदगी के सफर को पूरा किया है। जब कुछ नहीं था, बच्चे थे, किलकारी थी, खुशी थी, इंतजार था। आज सबकुछ है, बच्चे नहीं हैं। दोनों विदेश में सेटल हो गए हैं। बेटा वहाँ है, मैंने सह लिया। लेकिन पता नहीं क्यों, स्मिता का चले जाना मैं सह नहीं पा रहा। सुनो संजय, तुमसे कह सकता हूँ, इसलिए कह रहा हूँ कि सचमुच स्मिता की बहुत याद आती है। अब न तो घर से बाहर निकलने का दिल करता है, न बाहर से घर लौटने का। बिटिया की माँ भी कहीं जाना नहीं चाहती, हम दोनों अकेले हैं, बेहद अकेले।"

मैं ज्यादा कुछ कह पाने की हालत में नहीं था। मैंने तुम्हारे पापा को गले से लगाया। वो मेरे मित्र है, मेरे बड़े हैं, और एक रिश्ते से मेरे गुरु भी। मैं उनके दर्द को समझ पा रहा था। मैं संसार के सारे पिताओं के दर्द को महसूस कर सकता हूँ, जिनके बच्चे एक शानदार कॅरियर के लिए विदेश जाकर बस जाते हैं।

सुनो स्मिता, मुझे यह सब यहाँ नहीं लिखना चाहिए था। लेकिन तुम्हारे पापा ने कहा कि तुम लिखना, संजय। तुम लिखना फेसबुक पर और मेरा नाम लेकर लिखना। लिखना कि स्मिता, तुम्हारे पापा सचमुच तुम्हें बहुत मिस करते हैं। एक बाप के लिए बेटा अगर उसका हौसला होता है, तो बेटी उसका मान होती है। और जब से बिटिया सात समंदर पार चली गई है, यह तय करके कि वो वहीं रहेगी सदा-सदा, तो मुझे लगता है कि अब मेरी शान चली गई है, खुशी चली गई है। सुनो संजय, तुम लिखना कि बेटी हर बाप के दिल की धड़कन होती है, जब बेटी विदा होती है, तो बाप बिलख पड़ता है। उसे जब तक उम्मीद होती है कि उसके दिल की धड़कन यहीं कहीं होगी, आस-पास, तो वो खुशी से जी लेता है, लेकिन जब वो बहुत दूर चली

जाती है, तो फिर...। तुम लिखना, संजय कि मथुरा में एक पिता उदास है, क्योंकि सचमुच बेटी की बहुत याद आती है।

सुनो स्मिता, तुम जहाँ रहो, खुश रहो। तुम बहुत अच्छी हो, मैं जानता हूँ। मैं जानता हूँ कि संसार बहुत सिकुड़ चुका है। मैं जानता हूँ कि तुम पापा की बहुत परवाह करती हो। पर तुम यह नहीं जानती कि तुम्हारे पापा सचमुच बहुत उदास हैं। बहुत ज्यादा।

मैं आज उनका पैगाम लेकर तुम्हारे पास हूँ। तुम इसे पढ़ना। पापा को फोन करना। कहना, आई लव यू, पापा। फिर उनके गले लग जाना, वहीं से। और आगे सुनो स्मिता, सुना है भारत में भी बहुत पैसे मिलने लगे हैं नौकरी में। मुझे सच नहीं पता। मैंने पैसों की कभी परवाह नहीं की। मुझे खुशियाँ पैसों से नहीं मिलतीं। पर सचमुच अगर ऐसा है कि भारत में अच्छी-अच्छी नौकरियाँ मिलने लगी हैं, तो लौट आना पापा के पास।

मैं जानता हूँ, बहुत आसान नहीं होता लौट आना। लेकिन मैं कल मथुरा से लौट रहा था, तो पहली बार दिल्ली तक का दो घंटे का सफर मेरे लिए दो युग में बदल गया था। मैं रास्ते भर तुम्हें याद करता रहा। तुम्हारी नन्हीं हथेलियों को अपनी हथेली में समेटे हुए महसूस करता रहा। तुम गा रही थीं—

"ट्विंकल-ट्विंकल लिटल स्टार...
हाउ आई वंडर व्हाट यू आर...
अप अबव द वर्ल्ड सो हाई...
लाईक अ डायमंड इन द स्काई..."

* * *

"टिम-टिम करते नन्हे तारे...
मैं आश्चर्यचकित हूँ, तुम क्या हो...
दुनिया से कितने तुम ऊपर हो...
आकाश में एक हीरे की तरह..."

□

7 फरवरी

दो गधों में बहुत दोस्ती थी। एक गधा मोटा था, दूसरा पतला, दुर्बल, मरियल। दोनों कभी-कभी मिलते और अपनी कहानियाँ एक-दूसरे से साझा करते।

मोटा वाला बोलता कि उसका मालिक बहुत अच्छा है। बहुत देखभाल करता है, खूब ख्याल रखता है, खाने को भी खूब देता है, काम भी कम लेता है। भगवान ऐसा मालिक हर गधे को दे।

पतला गधा बोलता कि उसका मालिक बहुत दुष्ट है। उसकी बिल्कुल परवाह नहीं करता। खाने के नाम पर जूठन फेंक देता है। और काम का तो पूछो मत भाई, मालिक दिन-रात पेराई करता है। सूख कर काँटा हो गया गधा रो-रोकर कहता कि खुद भी पीठ पर सवार हो जाता है, बोझा भी लाद देता है।

दुर्बल गधे की कहानी सुनकर मोटे गधे की आँखें भर आतीं। सचमुच कितना क्रूर हो सकता है किसी का मालिक। ऐसे लोगों को कौन मालिक होने का हक देता है। वो दुर्बल गधे की कहानी सुनकर बिलख उठता और कहता, भाई, तू उस मालिक को छोड़ दे। तू मेरे मालिक के पास चला आ। वो तेरा बहुत ध्यान रखेगा। वो तुझे खाने को भी भरपेट देगा। आराम का मौका भी मिलेगा।

पर पतला गधा मोटे गधे की बात नहीं सुनता था। मोटा गधा बोल-बोलकर थक जाता। पतला गधा अपना रोना तो रोता, लेकिन मालिक बदलने को तैयार नहीं होता। एक दिन तंग आकर मोटे गधे ने पतले गधे से पूछा, "भाई, तुम रोते तो रोज हो, लेकिन उसे छोड़कर आने की बात पर चुप्पी साध लेते हो।"

पतले गधे ने कहा, "भाई, बात यह नहीं है।"

"फिर क्या बात है?"

''यार, यह सच है कि खाना नहीं मिलता। वेतन भी कम मिलता है। इज्जत भी कम होती है। मार भी खूब पड़ती है। लेकिन फिर भी इस मालिक के पास मेरा फ्यूचर ब्राइट है।

''फ्यूचर ब्राइट है! क्या बकते हो?''

''हाँ, मेरे भाई, मेरा फ्यूचर ब्राइट है।''

''वो कैसे भाई?''

''भाई, बात ऐसी है कि मेरा मालिक चाहे जैसा भी हो, लेकिन जिस दिन शराब पी लेता है, अपनी बीवी की खूब पिटाई करता है, और पीटते-पीटते कहता है कि तू ठीक से रह, नहीं तो तुझे गधे के पल्ले बाँध दूँगा। तो मेरे भाई! मैं उम्मीद से हूँ कि एक दिन तो ऐसा आएगा, जब मेरा मालिक अपनी बीवी को मेरे पल्ले कर देगा।''

क्या? आपको हँसी आ गई?

लेकिन यह हँसने की बात नहीं है।

यह तो रोने की बात है। खास कर तब जबकि मालिक उस गधे की रोज पिटाई करता था, खाना भी नहीं देता था, लेकिन गधा तब भी एक बहुत छोटे से स्वार्थ की उम्मीद से था।

* * *

ऐसा ही होता है, जब हम सच से दूर हो जाते हैं। जब हम अपने स्वार्थ को प्रबल होने देते हैं, और उस स्वार्थ में अपना मालिक खुद चुनते हैं, ऐसे व्यक्ति को जिसका पूरा अतीत हमारे सामने होता है। जो बहुत बार आजमाया हुआ होता है। मालिक तभी मनमर्जी कर पाता है, जब अपनी ऐसी चाहतों को खुद पर हावी होने देते हैं।

वो तो गधा था, सार्वभौमिक तौर पर माना हुआ गधा। लेकिन हममें से बहुत से मनुष्य भी गधे की तरह गलत उम्मीदों से खुद को सजाए रहते हैं। हमारे पास कई बार मौके आते हैं, जब हम अपने भौतिक मालिक को बदल सकते हैं, लेकिन हम हर बार उसके गलत वादों में उलझ जाते हैं, और यकीन कर बैठते हैं कि शायद इस बार...

और हर बार मालिक जीत जाता है, हम गधा बने रहते हैं।

आज दिल्ली में चुनाव है। सुबह से सोच रहा हूँ कि किसे वोट दूँ। कौन मेरा मालिक होगा, जिसके साथ मेरा फ्यूचर ब्राइट हो सकता है।

एक तो मैं देर रात तक दफ्तर में रहता हूँ, दूसरे सुबह-सुबह लाउडस्पीकर पर बाबा लोगों का प्रवचन शुरू हो जाता है। अब देखिए न कोई बाबा हैं, जो सुबह से चिल्लाए जा रहे हैं, ''सभी मनुष्यों के लिए कर्मयोग ही मोक्ष का एक मात्र मार्ग है। लेकिन मोक्ष के लिए कामना को त्यागना आवश्यक है। ज्ञानी, भक्त या कर्मयोगी, जो भी काम करें, उसका उत्सर्ग शाश्वत के लिए होना चाहिए। कर्मयोगी के लिए यही एकमात्र संभव पथ है, क्योंकि मनुष्य का स्वभाव यह निश्चय करता है कि वह कौन सा मार्ग चुने।''

हे भगवान! सुबह-सुबह इतना ज्ञान?

लेकिन वो बाबाजी जो भी कुछ कह रहे थे, मनुष्यों के लिए कह रहे थे। ये तो भगवान का लाख-लाख धन्यवाद कि वो हम गधों के लिए ऐसा कुछ नहीं कह रहे थे कि हमें किस मार्ग को चुनना चाहिए।

हमारे लिए भला किस मार्ग की अहमियत हो सकती है। घर से घाट और घाट से घर तक बहुत नहीं है क्या? और चाहे पिटाई जितनी हो, खटाई जितनी हो, यह संसार उम्मीद से चलता है, हम भी उम्मीद से हैं। आज ऐसी ही उम्मीदों को मैं मुहर लगाकर आऊँगा। मोटा गधा चाहे जितनी पट्टी पढ़ाए, लेकिन मैं मालिक नहीं बदलूँगा। मैं अपनी उम्मीदों पर पानी नहीं फेरने वाला। मैं जानता हूँ कि मेरा फ्यूचर ब्राइट है। वो दिन चाहे जब आए, आएगा जरूर।

□

8 फरवरी

षड्यंत्र और छल में बहुत ताकत होती है।

मुझे लगता है कि अगर राणा साँगा को उन्हीं के एक मंत्री ने छल से जहर नहीं दिया होता तो बाबर कभी दिल्ली पर शासन नहीं कर पाता। तैमूरवंशी बाबर को दिल्ली पर कब्जा दिलाने के लिए राणा साँगा के एक मंत्री ने उनके भोजन में जहर मिलवा दिया और जहर की एक पुड़िया से बाबर के लिए दिल्ली पर सिर्फ फतह करना ही आसान नहीं हो गया, बल्कि अगले ढाई सौ साल उसने अपने वंशजों के नाम कर लिए।

मुझे नहीं पता कि विश्रवा का सबसे छोटा बेटा विभीषण सचमुच रामभक्त था या फिर अपने बड़े भाई की शक्ति से जलता था, लेकिन इतना सुना है कि उसी ने रावण की नाभि का राज राम को बताया था। विश्रवा के तीनों पुत्र—रावण, कुंभकरण और विभीषण ईश्वर के भक्त थे। ब्रह्मा की गहन तपस्या कर तीनों ने वर माँगा था। रावण ने तीन लोकों में खुद को सबसे शक्तिशाली बन जाने का वर माँग लिया था, कुंभकरण ने छह महीने की नींद माँग ली थी और विभीषण ने ईश्वर की भक्ति माँग ली थी।

रावण तीन लोकों पर शासन करने लगा।

जिस दिन हनुमानजी लंका में घुसे रावण के लोगों ने उन्हें पकड़ लिया। रावण उन्हें बिना अनुमति के दूसरे राज्य में घुसने की बड़ी सजा दे सकता था, लेकिन विभीषण ने समझाया कि दूत को सजा नहीं देनी चाहिए। यहीं से रावण के राज्य की सुरक्षा का छेद सबकी नजर में आ गया। यह बात उसी दिन समझ में आ गई कि सात पहरों और अकूत शक्ति के बावजूद रावण के विनाश का दरवाजा विभीषण के घर से होकर गुजरेगा।

आप सब लोगों को लगता होगा कि मैं अक्सर इतिहास कहाँ से लाकर सिर पर

पटक देता हूँ, लेकिन क्या करूँ, इतिहास इकलौता विषय है, जिसके गर्भ में भविष्य छिपा होता है। अगर आप भारत में मुगलों और अंग्रेजों का इतिहास पढ़ेंगे तो हैरान रह जाएँगे कि मुगलों को भारत पर राज करने का मौका ही मिला राणा साँगा के एक मंत्री के छल की वजह से। और जिस छल का इस्तेमाल बाबर ने अपने हित में किया था, वही छल ढाई सौ साल के बाद अंग्रेजों ने उनकी बिरादरी के साथ कर दिया।

ईस्ट इंडिया कंपनी जब बंगाल में व्यापार करने पहुँची तो उनके भीतर सत्ता की आकांक्षा हिलोरें मारने लगीं। उन्हें एक ऐसे व्यक्ति की तलाश थी, जो वहाँ के नवाब को धोखा दे सके। अंग्रेजों को मीर जाफर के रूप में वो व्यक्ति मिल गया। वो वहाँ के नवाब सिराजुद्दौला को धोखा देने के लिए तैयार हो गया और रॉबर्ट क्लाइव से समझौता कर लिया कि अगर उसे बंगाल का नवाब बनने का मौका मिले तो वो 'गद्दार-ए-अबरार' बनने को तैयार है।

अंग्रेजी कप्तान रॉबर्ट क्लाइव ने उसे बंगाल का नवाब बनाना कबूल कर लिया और 1757 में प्लासी की लड़ाई में मीर जाफर ने सिराजुद्दौला के खिलाफ मोर्चा खोल दिया। सिराजुद्दौला को यह बात समझने में सिर्फ आठ घंटे लगे और 23 लोगों की जान गँवानी पड़ी कि जब अपना ही दगा दे दे, तो इस संसार में कोई युद्ध नहीं जीता जा सकता है। उसने अंग्रेजों से लोहा लेने की कोशिश की, लेकिन जैसे ही उसकी निगाहें मीर जाफर से मिलीं, वो समझ गया कि अब बच पाना नामुमकिन है। कोई अपना है, जो दुश्मनों से जा मिला है। उफ! राणा साँगा का वह जहरीला मंत्री ढाई सौ साल बाद मीर जाफर के रूप में फिर जीवित हो उठा था।

सिराजुद्दौला ने हार को गले लगा लिया और दो सौ साल के लिए भारत अंग्रेजों का हो गया।

इतिहास भरा पड़ा है ऐसी कहानियों से।

पौराणिक कहानियाँ भरी पड़ी हैं ऐसे उदाहरणों से।

लेकिन हम फिर भी नहीं समझ पाते। हम समझ ही नहीं पाते कि कौन विभीषण है, कौन राणा साँगा का मंत्री है, कौन मीर जाफर है।

इस संसार में दुश्मनों को पहचान लेना मुश्किल काम नहीं, मुश्किल काम है दोस्त के चेहरे में छिपे दुश्मन को पहचान पाना। इस संसार में दुश्मनों से डरने की दरकार नहीं होती, दरकार होती है दोस्त के रूप में छिपे दुश्मन से बचने की। इतिहास की कहानियाँ पढ़ाते हुए मेरे टीचर हमेशा समझाते थे कि सत्ता का पूरा खेल षड्यंत्र की मोहरों से खेला जाता है। सत्ता चाहे व्यावसायिक हो या राजनैतिक। इसकी

शुरुआत चाहे जहाँ से हो, इस खेल के सारे मोहरे षड्यंत्र की कोख से पैदा होते हैं। इसीलिए जब सत्ता की बात आती है, तो षड्यंत्र बहुत बेशर्म होकर नंगा नाच करने लगता है।

मुझे नहीं पता कि मेरे टीचर बार-बार यह क्यों समझाते थे कि दुनिया में कोई भी युद्ध बहादुरी के बल पर नहीं जीता जाता, युद्ध जीता जाता है छल से। शक्ति में अगर छल न मिलाया जाए तो शक्ति का अपना कोई वजूद होता ही नहीं। मेरे टीचर कहते थे कि षड्यंत्र और छल ने ही इस कहावत को सार्वभौमिक बनने का अवसर दिया है कि युद्ध में सब जायज है।

कल मैंने दिल्ली में वोट दिया। अधूरे राज्य की दिल्ली के लिए इन दिनों यहाँ जंग चल रही है। वोट देकर जब मैं वापस आया तो मेरे स्कूल के टीचर मेरे घर पर बैठे थे। पूछने लगे कि लोकतंत्र का धर्म निभा आए? उँगली में लगी स्याही की तस्वीर फेसबुक पर चिपकाकर खुद के लोकतांत्रिक देश के सिपाही होने का फर्ज निभा आए?

मैं उनकी ओर देखता रहा। टीचर कहने लगे, तुम अच्छा करते हो राजनीति पर नहीं लिखते। अगर तुम राजनीति पर लिखते तो मैं तुम्हें सारे नतीजे आज ही बता देता, कि कैसे मीर जाफर ने सिराजुद्दौला को परास्त करने के लिए 'गद्दार-ए-अबरार' बनना मंजूर किया। मैं तुम्हें बता देता कि राणा साँगा के किस मंत्री ने उन्हें खाने में जहर देना कबूल किया। मैं तुम्हें बता देता कि विभीषण ने कैसे अपने त्रिकालदर्शी भाई की नाभि का राज बताकर उसे मिले वरदान का मोल भी मिटा दिया। टीचर बोलते जा रहे थे कि तुम राजनीति पर नहीं लिखते, इसलिए तुम्हें बताने से कोई फायदा नहीं। तुम तो रिश्तों की कहानी लिखते रहो, दिल्ली की राजनीति में तुम जैसे लोग सिर्फ उँगली पर स्याही लगाने के लिए पैदा होते हैं। स्याही लगवा ली न, बस मस्त रहो।

मेरे मन में ढेर सारे सवाल थे, पर टीचर चले गए। टीचर के जाने के बाद से मैं लगातार सोच रहा हूँ कि क्या सचमुच उँगली पर लगी स्याही से ज्यादा ताकत छल और षड्यंत्र में होती है? अगर ऐसा है तो फिर तो नतीजे जो भी आएँ, जीत मीर जाफर, विभीषण और राणा साँगा के मंत्री की होगी। आदमी गैरों से लड़कर जीत सकता है, अपनों से तो उसे हारना ही पड़ता है।

□

9 फरवरी

इस बार फिल्म 'शमिताभ' के लिए जब अमिताभ बच्चन से मेरा मिलना हुआ था, तब मेरे मन में एक सवाल था, जो मैं उनसे पूछना चाहता था। दरअसल, बहुत दिनों से मेरे मन में यह सवाल था, जिसे मैं अमिताभ बच्चन से पूछना चाहता था। इस बार जब अमिताभ बच्चन का इंटरव्यू पूरा हो गया और मैं उनसे अलग से बात करने लगा तो मैंने बहुत धीरे से उनसे अपना सवाल पूछा।

बहुत साल पहले मैंने मृणाल सेन की एक फिल्म 'भुवन शोम' देखी थी। मुझे नहीं पता कि आपमें से कितनों ने 'भुवन शोम' देखी है, लेकिन जिन लोगों ने देखी होगी, उन्हें शायद याद हो कि फिल्म शुरू होती है नेपथ्य में फिल्म का परिचय देती हुई एक गूँजती भारी आवाज से। कुल एक मिनट की उस आवाज का परिचय परदे पर कराया जाता है, आवाज—'अमिताभ'।

ब्लैक ऐंड व्हाइट जमाने की इस फिल्म में अमिताभ बच्चन का पूरा नाम तक लिखने से निर्माता निर्देशक को परहेज रहा होगा, ऐसा सोचना मेरे लिए जरा मुश्किल था। मैं बहुत बार सोचता था कि कभी अमिताभ बच्चन से इस बारे में बात जरूर करूँगा। कई बार मिला, लेकिन मेरी हिम्मत यह पूछने की नहीं होती थी कि फिल्म भुवन शोम में आपका परिचय कराते हुए मृणाल सेन से इतनी बड़ी भूल कैसे हुई।

फिल्म में कुछ मिनट के लिए अमिताभ बच्चन की सिर्फ आवाज ली गई है, हीरो उत्पल दत्त हैं। उत्पल दत्त रेलवे के अधिकारी बने हैं, जिनका नाम है भुवन शोम। भुवन शोम के बस दो ही शौक हैं, शिकार खेलना और ईमानदारी।

यह फिल्म रेलवे के इसी अति ईमानदार शिकारी अधिकारी की कहानी है। इतना ईमानदार कि वह अकेलेपन में अपनी ज़िंदगी गुजारने को अभिशप्त है।

एक बार भुवन शोम को एक टिकट बाबू के खिलाफ बेईमानी की शिकायत मिलती है। वो जाँच करने निकल पड़ते हैं। सौराष्ट्र के एक गाँव जाकर उन्हें उस टीटी

के विषय में जाँच करनी है, और यह अच्छा मौका होता है, जब वो जाँच के साथ पंछियों का शिकार भी कर सकते हैं। भुवन शोम निकल पड़ते हैं अपनी बंदूक साथ लेकर।

गाँव में उन्हें एक लड़की मिलती है। बेटी की उम्र की लड़की, जिसका नाम गौरी है। गौरी से मुलाकात के बाद भुवन शोम की नीरस ज़िंदगी में खूब रस घुलता है। एक ऐसे आदमी की ज़िंदगी में प्यार के तार झंकृत होते हैं, जिसके प्यार के सारे तार उसकी ईमानदारी की बलि चढ़ चुके होते हैं। जाँच के बाद गाँव से चलते हुए भुवन शोम को पता चलता है कि जिस लड़की ने गाँव में शिकार पर ले जाने में उनकी मदद की है, जिसने उनकी सूखी ज़िंदगी में प्यार के दो फूल खिलने दिए हैं, उस लड़की की शादी उसी बेईमान टीटी से होने वाली है, जिसकी जाँच के सिलसिले भुवन शोम उस गाँव में पहुँचे हैं।

पूरा रेलवे महकमा जानता है कि भुवन शोम, जिसकी जाँच कर रहे हैं, उसकी नौकरी नहीं बचने वाली। उसे सजा होकर रहेगी।

फिल्म में एक दृश्य है, जिसमें शिकारी शिकार से पहले आसमान में उड़ते पंछियों को देखकर ठहरता है। पहली बार शिकारी पंछियों की उड़ान देखकर आश्चर्य में पड़ जाता है। उसे खुद पर हैरानी होती है कि उसने इतने पंछियों का शिकार किया, तो क्या कभी उसने उड़ते हुए पंछियों को देखा ही नहीं।

एक शिकारी शिकार पर निकलता है, और वह शिकार नहीं कर पाता, लेकिन उसे कोई निराशा नहीं होती, बल्कि जब आखिर में एक पंछी का शिकार कर लेता है तो घायल पंछी की तीमारदारी उसे कोमल जान और एक नए संसार से परिचित होने का मौका देती है।

और यहीं होता है आठवाँ आश्चर्य। एक अति ईमानदार अफसर एक बेईमान टीटी बाबू को माफ कर देता है। उसकी नौकरी बच जाती है।

फिल्म के बीच में कई बार अमिताभ नाम के व्यक्ति की आवाज कमेंट्री की तरह गूँजती है। वही भारी और गंभीर आवाज।

अमिताभ बच्चन यकीनन उन दिनों फिल्म इंडस्ट्री में घुस गए थे। लेकिन उनका नाम अमिताभ बच्चन परदे पर लंबा और अजीब सा था।

मैं अमिताभ बच्चन के सामने था। इंटरव्यू खत्म होने के बाद मैं उनसे बातें करने लगा। फिर मैंने कहा कि मेरे मन में दुविधा भरा एक सवाल है।

उन्होंने कहा, ''पूछो।''

''फिल्म 'भुवन शोम' में आपके नाम के साथ 'बच्चन' नहीं लिखने के पीछे कोई खास वजह?''

अमिताभ बच्चन ने मेरी आँखों में झाँका। कुछ देर खामोश रहे। फिर उन्होंने कहा, ''उन्हें लगता था कि यह नाम बहुत बड़ा है। नहीं चलेगा।''

मैं चुप रहा।

फिर उन्होंने कहा, ''उन्हें तो लगता था कि अमिताभ नाम भी नहीं चलेगा। यह आदमी ही नहीं चलेगा। ऐसा बहुत बार होता है।''

मृणाल सेन से यकीनन भूल हुई होगी। 'भुवन शोम' देखते हुए मैं बार-बार रुकता, सोचता कि समय का पहिया अगर सचमुच पीछे किया जाए तो आदमी मुड़कर देख सकता है कि किसी को पहचानने में उससे कितनी भूल हो सकती है।

हम सब से भूल होती है।

यह भूल जब सिनेमा में होती है तो सिर्फ कलात्मक या व्यावसायिक भूल होती है। लेकिन किसी को नहीं पहचानने की भूल जब ज़िंदगी में होती है, और कोई 'अमिताभ' अगर बाद में 'अमिताभ बच्चन' निकलता है, तो भूल करनेवालों के पास उसे सुधारने का मौका नहीं होता।

क्या बेहतर होता जो हम सचमुच इस सच को समझ पाते कि किसी के नाम को छोटा करने से कोई छोटा नहीं हो सकता। जिस अमिताभ को 'अमिताभ बच्चन' बनना होता है, उसे कोई नहीं रोक सकता। कोई नहीं।

मेरी बात का यकीन न हो तो कल दिल्ली चुनाव के नतीजे देख लीजिएगा। आपको कई 'अमिताभ' कल ही 'अमिताभ बच्चन' बनते हुए दिख जाएँगे। मैं राजनीति पर लिखता नहीं, लेकिन ज़िंदगी के बीच से गुजरना तो मेरी मजबूरी है। हो सकता है, आपने न देखा हो, मैंने सिनेमा के रुपहले परदे पर और ज़िंदगी की सड़क पर कई 'अमिताभों' को 'अमिताभ बच्चन' बनते देखा है।

हर कोई बन सकता है। अगर इतनी हिम्मत और लगन हो कि कोई आपका नाम तक न लेना चाहे, और आपमें उस अपमान को सहने का दम हो, तो यकीन कीजिए, आप भी बन सकते हैं अमिताभ से अमिताभ बच्चन।

□

11 फरवरी

आदमी का सबसे बड़ा शत्रु समय होता है। वह कभी भी किसी के विरुद्ध खड़ा हो सकता है। समय जब विरुद्ध खड़ा हो जाता है तो सिर्फ और सिर्फ धैर्य में ही वह ताकत होती है, जो उसका मुकाबला कर सकता है। और एक सच यह भी है कि समय किसी की प्रतीक्षा नहीं करता। वह अपनी गति से आगे बढ़ता चला जाता है, जो उसकी गति के साथ गति नहीं मिलाते, वे छूट जाते हैं। समय बड़ा क्रूर होता है, उनका लेखा-जोखा भी नहीं रखता। इतिहास उन्हीं की ओर मुड़कर देखता है, जो अपने धैर्य के बल पर समय के प्रवाह के विरुद्ध तैरते हुए निकलने का दम दिखाते हैं, वही कालजयी कहलाते हैं।

मैंने लिखा था कि फिल्म 'शमिताभ' की रिलीज के दौरान मैं अमिताभ बच्चन से मिला था। मैंने अमिताभ बच्चन से वर्षों पुराने उस सवाल को पूछा था कि फिल्म 'भुवन शोम' में महान् फिल्मकार मृणाल सेन ने आपकी आवाज बतौर कमेंट्रेटर लेने के बाद सिर्फ अमिताभ क्यों लिखा था, 'अमिताभ बच्चन' क्यों नहीं, तो अमिताभ बच्चन ने बहुत रुककर कहा था—"उन्हें लगता था कि अमिताभ 'बच्चन' बहुत अटपटा सा नाम है। यह नाम सिनेमा के लिए नहीं बना। यह नाम सिनेमा में चल ही नहीं सकता। इसीलिए उन्होंने सिर्फ अमिताभ लिखा था। उन्हें विश्वास था कि अमिताभ नाम भी उस श्वेत-श्याम परदे पर आखिरी बार लिखा जा रहा है, उसके बाद तो यह कहीं गुम जाएगा, वक्त की लहरों में।"

मैंने अमिताभ बच्चन की आँखों में बहुत भीतर तक झाँककर देखा था कि कितना धैर्य था वहाँ, जो उस टीस को सहकर भी खामोश खड़ा रहा, अड़ा रहा कि एक दिन यही अमिताभ दुनिया के सामने 'अमिताभ बच्चन' बनकर अपने नाम की दुदुंभि बजवा देगा।

मुझे नहीं लगता कि मृणाल सेन को कभी याद भी रहा होगा कि उन्होंने सिनेमा

में हाथ-पैर मार रहे एक नौजवान को उसके नाम के लिए लज्जित किया होगा। मुझे नहीं लगता कि कभी किसी ने अमिताभ बच्चन से इतना मामूली सवाल भी पूछा होगा कि अमिताभ बच्चन की जगह क्यों सिर्फ 'अमिताभ' लिखा गया। क्यों इतने बड़े फिल्मकार से यह समझने में भूल हुई कि जिस नाम को वो बहुत अजीब मान रहे हैं, वो कालजयी बनने जा रहा है।

आपको याद होगा कि यहीं फेसबुक पर मैंने लिखा था कि दिल्ली चुनाव के नतीजे आएँगे और आप अपनी आँखों से बहुत से अमिताभों को अमिताभ बच्चन बनते देखेंगे।

मैंने लिखा था कि हर अमिताभ अमिताभ बच्चन बन सकता है, बशर्ते उसमें समय से लड़ने का साहस हो, धैर्य हो। फिल्म 'भुवन शोम' 1969 में रिलीज हुई थी। मैं तो कुछ भी पढ़ लेता हूँ, कुछ भी देख लेता हूँ, लेकिन बहुत से लोग, जो कुछ भी नहीं पढ़ लेते, कुछ भी नहीं देख लेते, उन्होंने 'भुवन शोम' फिल्म नहीं देखी होगी। लेकिन चार साल तक आँखों में उस टीस को छिपाए उस नौजवान ने 1973 में अपने नाम की कामयाबी और लोकप्रियता के सारे बंधन को टूटते हुए देखा फिल्म 'जंजीर' में। जो कुछ नहीं था, वह भारतीय सिनेमा का सबकुछ बनने की ओर चल पड़ा था।

मुझे मृणाल सेन से कोई शिकायत नहीं। मुझे तो उस सोच पर तरस आता है, जब कोई किसी को कम करके आँकने लगता है।

मुझे महाभारत में कौरवों के गुरु द्रोणाचार्य से कोई हमदर्दी नहीं, लेकिन जब-जब मैं द्रोण के पिता के शिष्य महाराजा द्रुपद और द्रोण के उस संवाद से गुजरता हूँ, तो मेरी रूह काँप उठती है। द्रोण अपने बाल सखा द्रुपद के सामने खड़े थे और मित्रता की याद दिला रहे थे। द्रुपद हँस रहे थे कि राजा और रंक भला कब मित्र हुए हैं। भिखारी राजा का दोस्त नहीं होता, कायर वीरों का सखा नहीं होता। द्रोण ने कहा कुछ नहीं था, लेकिन उनकी आँखें बयाँ कर रही थीं, ''सत्ता के मद ने तुम्हारी बुद्धि को भ्रष्ट कर दिया है, द्रुपद। तुम भूल जाओगे, लेकिन मैं याद रखूँगा। समय किसी का मित्र नहीं होता। धैर्य होता है। आज समय तुम्हारा है, धैर्य मेरा है। इसी धैर्य के अश्व को समय के रथ में जोतकर मैं आऊँगा, तुम्हें याद दिलाऊँगा कि 'भुवम शोम' किसी की आखिरी फिल्म हो सकती है, मेरी नहीं। मेरे धनुष की टंकार तुम्हारी दिल्ली की मत पेटियों से आँधी बनकर निकलेगी। समय किसी का नहीं होता, तुम्हारा भी नहीं, मेरा भी नहीं। लेकिन मैं आऊँगा, जरूर आऊँगा। तुम अपने कहे को भूल जाओगे, लेकिन इतिहास नहीं भूलेगा। समय का अंतराल बहुत कुछ बदल देता है, मैं भी बदल

जाऊँगा और जिसे तुम निरर्थक रस्सी समझकर फेंक रहो हो, वही एक दिन तुम्हें डस लेगी। तुम समय का खेल नहीं पहचानते, मैं पहचानता हूँ।''

अमिताभ बच्चन चले गए थे। लेकिन द्रोण युद्धभूमि पर खड़े थे। द्रुपद से कह रहे थे, ''सुनो राजन, तुमने भ्रम से, चित्त से, मोह से अथवा अपने बल के पराक्रम के भरोसे जो कुछ कहा और किया, उस पर आज सोचने का वक्त आ गया है। सोचो। जो बीत गई वो तो बीत ही गई। यह भी सही है कि बुद्धिमान लोग बीती बातों का बार-बार शोक नहीं करते। लेकिन जो समय रहते उस विषय पर सोचने की जहमत भी नहीं उठाते, वे द्रुपद बनते हैं, द्रोण नहीं। वे मृणाल सेन बनते हैं, अमिताभ बच्चन नहीं।

अपनी जबान कभी किसी के लिए खराब नहीं करनी चाहिए। कभी किसी को उसकी औकात बताने की कोशिश नहीं करनी चाहिए। कभी समय को अपना स्थायी मित्र नहीं मान लेना चाहिए।

और आखिरी बात, कभी धैर्य का दामन नहीं छोड़ना चाहिए। जो धैर्यवान होते हैं, इंद्रप्रस्थ उन्हीं का होता है।

□

12 फरवरी

यह कहानी भी माँ ने ही सुनाई होगी, वरना और कहाँ से कहानी सुन सकता था मैं। लेकिन यह कहानी मुझे अधूरी सी याद है। पता नहीं कल से कई बार रुक-रुककर यह कहानी मुझे याद आती रही। पहले कहानी सुनाने की कोशिश करता हूँ, फिर संदर्भ तो आप खुद ही समझ जाते हैं।

किसी गाँव के एक लड़के की शादी दूसरे गाँव की लड़की से तय हुई। दोनों गाँव वाले समृद्ध थे, अक्खड़ थे। गाँव में शादी सिर्फ शादी तो होती नहीं थी, आन-बान-शान की बात भी होती थी। शादी तय हुई तो लड़के वालों ने माँग रख दी कि सौ लोग बारात में आएँगे, और सभी बकरे का भुना गोश्त खाएँगे। लड़की वालों ने माँग तो मान ली, पर दो शर्त रख दीं कि बारात में एक भी बुजुर्ग नहीं होगा और सौ लोगों के लिए सौ बकरों का गोश्त बनेगा, पर मांस का एक टुकड़ा भी बचना नहीं चाहिए।

मैं जानता हूँ, सुबह-सुबह मांस-बकरा-गोश्त सुनकर कई लोगों को मितली आ सकती है; लेकिन क्या करूँ यह तो कहानी है। इसे कहानी की तरह ही पढ़ें, सुबह-सुबह तो राम का नाम भजने में ही खुशी मिलती है।

हाँ, तो यह गजब की शर्त लग गई और अब मामला हो गया आन-बान-शान और जिद का।

तय समय पर गाँव से बारात निकली, रास्ते में एक बुजुर्ग आदमी ने इतने लोगों को सज-धजकर जाते देखा, तो पूछा, ‘‘भाई, कहाँ जा रहे हो?’’

‘‘मुखिया साहब के बेटे की शादी है।’’

‘‘तो तुम सारे नौजवान ही क्यों जा रहे हो?’’

"जिस गाँव में बेटे की शादी तय हुई है, वहाँ के लोगों ने शर्त रखी है कि एक भी बुजुर्ग शादी में नहीं शामिल होगा।"

बुड्ढे ने अपना सिर पीट लिया। कहने लगा, "मूर्खो, उन लोगों ने कुछ सोचकर ही ऐसी शर्त रखी होगी। तुम लोग अभी तो बहुत जोश में हो, लेकिन ऐसी शर्तों वाले गाँव में जाकर वहाँ फँस जाओगे। ऐसा करो, मुझे साथ ले चलो, मेरे पास उम्र का अनुभव है, मैं मुसीबत में काम आऊँगा।"

बुड्ढे की बात सुनकर एक तेज-तर्रार नौजवान ने कहा, लेकिन तुम्हें ले कैसे जाएँ? शर्त तो ये है कि सिर्फ नौजवान लोग ही आएँगे।

"ऐसा करो, तुम लोग किसी संदूक में मुझे बिठाकर ले चलो। मैं चुपचाप संदूक में छुपा रहूँगा, और जब तुम लोग कहीं फँसोगे तो मुझसे पहले बात कर लेना।"

पहले तो नौजवान नहीं माने। उन्हें अनुभव से ज्यादा जोश पर भरोसा था। पर बुड्ढा अड़ गया, मिन्नतें कीं तो मजबूरी में वे मान गए।

बारात पहुँची। खूब आव-भगत हुई।

खाने के समय लड़की वालों की तरफ से शर्त याद दिलाई गई कि सौ लोगों के लिए सौ बकरे काटे गए हैं, और सौ लोगों को मिलकर सारे बकरे खत्म कर देने होंगे।

इस शर्त की याद आते ही लड़के वालों की बुद्धि गुल हो गई। उस समय तो जोश में पता नहीं क्या-क्या कह दिया था। जैसे चुनाव से पहले नेता वादे करते हैं कि बिजली, पानी, इंटरनेट पता नहीं क्या-क्या मुफ्त दे देंगे। चावल, दाल, सब्जी सब फ्री कर देंगे। लेकिन बाद में उन्हें अपने ही किए वादों को पूरा करने में नानी याद आ जाती है। लेकिन यहाँ तो नेताओं का वादा नहीं था, यह तो दो गाँव में लगी शर्त थी, जिसे ठीक खाने से पहले लड़की वाले लड़के वालों को याद दिला रहे थे। जाहिर है, यहाँ भी नानी, नाना दोनों याद आए होंगे।

बड़ी मुसीबत थी। अब एक आदमी एक बकरे का गोश्त कैसे खा सकता है? मतलब सौ लोग, सौ बकरों को कैसे खाएँगे। भारी चिंता का विषय। इज्जत दाँव पर।

तभी किसी ने मुखिया के कान में फुसफुसाया, "हमारे साथ संदूक में एक

बुड्ढा आदमी है, जिसने कहा था कि वो अनुभवी है और मुसीबत में काम आएगा, तो क्यों न उसी से इस बारे में बात की जाए। क्या पता कुछ बता दे।''

''हाँ, हाँ, उसी से पूछो। बड़ा अकड़कर कह रहा था कि ले चलो, मेरा अनुभव काम आएगा।''

लोगों ने संदूक को खोला, बुजुर्ग को बाहर निकालकर पूछा कि सौ लोग हैं, सौ बकरे हैं, शर्त है कि एक टुकड़ा मांस का नहीं बचना चाहिए, कैसे होगा?

बुजुर्ग मुस्कुराया। उसने कहा, ''यह तो बहुत आसान सी बात है। तुम लोगों ने सौ लोगों पर सौ बकरों की शर्त कबूली है, यह तो नहीं कबूला न कि हर आदमी एक बकरा खाएगा। फिर क्या है। तुम उनसे कहो कि हम सौ लोग मिलकर सौ बकरे खा जाएँगे। पर शर्त यह है कि एक-एक करके बकरे का गोश्त भूनकर लाना। जैसे ही एक खत्म हो, दूसरा ले आना। हम सौ लोग हैं, सौ बकरे सफाचट कर देंगे।''

नौजवानों ने अपनी बात लड़की वालों तक पहुँचा दी। लड़की वाले तैयार हो गए।

अब एक बकरे का भुना गोश्त आया, सौ लोग उस पर एक साथ टूट पड़े। एक मिनट में बकरा साफ। किसी के हाथ छोटा सा टुकड़ा आया, किसी के हाथ वो भी नहीं। फिर दूसरा, तीसरा, चौथा बकरा भुन-भुनकर आता रहा, सब एक साथ उस पर टूट पड़ते और बकरा सफाचट हो जाता।

इस तरह कुछ ही देर में सौ लोगों ने मिलकर सौ बकरे खा लिये।

लड़की वाले शर्त हार गए थे। उन्हें बहुत आश्चर्य हो रहा था कि सचमुच सौ लोग मिलकर सौ बकरे सफाचट कर गए।

बाद में नौजवानों ने बुड्ढे को धन्यवाद दिया कि आपकी सलाह पर हम शर्त जीत गए। वरना एक आदमी एक बकरा नहीं खा सकता था। बुड्ढे ने समझाया कि मिलकर खाने से किसी को पता ही नहीं चला कि वह कितना खा रहा है। और तुम लोग पूरा खा गए।

खैर, यह तो कहानी थी। लेकिन माँ ने सुनाई थी तो सिर्फ सुनाने के लिए नहीं सुनाई होगी। यह उसका अपना तरीका था, ज़िंदगी जीने के लिए मुझे तैयार करने का।

कहानी में और भी कई शर्तें थीं, लेकिन इस एक शर्त से ही आप समझ गए होंगे कि ज़िंदगी की लड़ाई सिर्फ जोश से नहीं, अनुभव से भी जीती जाती है। अगर वह बुड्ढा उनकी टीम में नहीं होता तो नौजवानों की यह टीम नाक कटवाकर आती।

ज़िंदगी के सफर में बहुत जगहों पर अनुभव की दरकार होती है। हर जगह सिर्फ जोश से काम लेने वाले अक्सर हार जाते हैं। सिर्फ जोश से अज्ञान पैदा होता है। अज्ञान अहंकार का जनक होता है और अहंकार के दस सिर भी हों तो वह बच नहीं सकता।

□

13 फरवरी

"त्रिजटा, तुम तो जानती हो कि मेरे दिल में सिर्फ राम बसते हैं। मैं राम के बिना जी नहीं सकती। उस दिन स्वयंवर से पहले जब अपनी वाटिका से मैंने लंबे केशों वाले श्याम वर्ण के उस पुरुष को देखा था, तो मैंने मन-ही-मन उनका वरण कर लिया था। मैंने राम के सिवा कभी किसी को चाहा ही नहीं, ईश्वर से कभी कुछ और माँगा ही नहीं।"

"देवी सीता, उस दिन रावण भी तो आपके स्वयंवर में गए थे। वो भी तो ईश्वर के असीम भक्त थे, बलिष्ठ थे, त्रिलोक के मालिक थे।"

"हाँ, त्रिजटा, यह सही है। लेकिन स्त्री जिससे प्यार कर बैठती है, उसी से निर्वाह करती है। वो अपने प्यार में कोई कारण नहीं ढूँढ़ती। तुम तो समझती होगी, त्रिजटा कि स्त्री दिल से जिसे मान लेती है, उसी की हो जाती है। और मैं तो जनम-जनम से राम की ही थी।"

"लेकिन रावण के प्यार का क्या?"

"सुनो त्रिजटा, प्यार बलात् नहीं हो सकता। मैंने राम को देखा था, राम ने मुझे देखा था। दोनों के दिल में एक साथ उठने वाला भाव ही प्यार होता है। मेरे मन में तुम्हारे बलिष्ठ त्रिलोकस्वामी रावण के लिए कोई भाव उत्पन्न ही नहीं हुआ, फिर मेरा अपहरण कर वह अगर ऐसा सोचता भी है कि मैं कभी उससे प्यार कर बैठूँगी, तो वह मूर्ख है। दुनिया में जो भी ऐसा सोचते हैं कि हठ से प्यार पाया जा सकता है, वे नामसमझ होते हैं। प्यार तो हो जाता है। क्यों, इसका जवाब कभी किसी के पास नहीं होगा।"

"यह सच है, जानकी! मैं जानती हूँ कि आपके पति श्रीराम सचमुच दिलोजान से आपको चाहते हैं।"

''तुम यकीन से यह बात कह रही हो न, त्रिजटा?''

''हाँ, देवी। एकदम यकीन से। और मेरा भरोसा न हो तो संजय सिन्हा से पूछ लें।''

''संजय से तो मैं पूछ ही लूँगी। वो तो रिश्तों के बारे में बहुत कुछ लिखते हैं, लेकिन तुम श्रीराम को कैसे जानती हो?''

''मेरे पिता विभीषण उनके भक्त हैं। उन्होंने ईश्वर की अगाध तपस्या कर राम की भक्ति ही तो माँगी थी।''

''ओह! रावण के राज्य में भी राम के भक्त?''

''हाँ, और सुनिए देवी, मैंने तो एक सपना भी देखा है कि राम ने रावण का वध कर दिया है, और आपको अपने साथ लेकर अपने राज्य वापस चले गए हैं।''

''तुम्हारे मुँह में घी-शक्कर, त्रिजटा।''

''लेकिन मेरी समझ में एक बात नहीं आ रही, त्रिजटा, कि राम इतने बलशाली हैं, न जाने कितने राक्षसों को उन्होंने एक ही बाण से परलोक सिधार दिया है, फिर रावण अब तक क्यों नहीं मारा गया? क्या राम के तरकश में वो बाण नहीं, जो रावण के हृदय को भेद सके?''

''अधीर न हो, जानकी। प्यार बहुत नाजुक होता है। प्यार को आपसे बेहतर कौन समझ सकता है। आपके पति से बेहतर कौन समझ सकता है। आप किंचित् राम पर संदेह न करें, न उनके बाणों की शक्ति पर।''

''तुम मुझे झूठी दिलासा दे रही हो, त्रिजटा। तुम्हें रावण ने मेरी देखभाल के लिए लगाया है, इसीलिए तुम मेरा मन बहला रही हो।''

''नहीं, जानकी। ऐसा बिल्कुल नहीं है। यह सच है कि रावण आपको छल से हरकर यहाँ लंका तक लाए हैं। और यह भी सच है कि उन्होंने आपकी जिम्मेदारी मुझे सौंपी है, यह जानते हुए भी कि समय आने पर मैं राम के पक्ष में खड़ी होऊँगी, लेकिन मैं आपका दिल नहीं बहला रही। मैं तो सिर्फ सच बयाँ कर रही हूँ। मैं यह बता रही हूँ कि ईश्वर के यहाँ देर हो सकती है, अंधेर नहीं। आपके राम आएँगे और आपको सुरक्षित यहाँ से ले जाएँगे। आप अपने दिल को शांत रखिए। प्यार कई बड़ी परीक्षाएँ लेता है।''

''त्रिजटा, मैं तुम्हारी बातों में नहीं आने वाली। मेरे मन में संदेह के काँटे उग रहे हैं। मैं राम को जानती हूँ, मैं जानती हूँ कि वे जब चाहें, जहाँ से चाहें, एक बाण से रावण के हृदय को भेद सकते हैं। फिर वे ऐसा क्यों नहीं कर रहे?''

''सुनिए, जानकी। राम ऐसा इसलिए नहीं कर रहे, क्योंकि वे आपसे सचमुच बहुत प्यार करते हैं। जितना आप सोच सकती हैं, उससे भी कहीं ज्यादा।''

बहु बिधि कर बिलाप जानकी। करि करि सुति कृपा निधान की॥
कह त्रिजटा सुनु राजकुमारी। उस सर लागत मरइ सुरारी॥

''विलाप न करें, जानकी। देवताओं का शत्रु रावण तो हृदय में एक बाण लगने भर से मर जाएगा। लेकिन...

प्रभु ताते उर हतइ न तेही। एहि के हृदयँ बसती बैदेही॥

''परंतु प्रभु राम रावण के हृदय में बाण इसलिए नहीं मारते, क्योंकि उस हृदय में भी जानकी ही बसती हैं, और जिसके हृदय में जानकी बसती हैं, उस हृदय को भला राम कैसे भेद सकते हैं। बस देवी, यही है आपके लिए श्रीराम का प्यार। चाहे दुश्मन का दिल ही क्यों न हो, अगर उसमें आप हैं, तो उस दिल को वो नहीं भेद सकते।

यही है विलंब की वजह। आप धैर्य रखें। रावण प्रभु के बाणों से भेदा जाएगा, लेकिन बाण हृदय में नहीं, कहीं और लगेंगे।''

□

16 फरवरी

कई बार बहुत सुखद भी होता है अपनी ही पुरानी यादों से गुजरना। कल शाम मैं अपने पुराने कॉलेज इंडियन इंस्टीट्यूट ऑफ मास कम्युनिकेशन (आईआईएमसी) में पुराने छात्रों के मिलन समारोह में गया था।

1988, जिस साल मुझे जनसत्ता में नौकरी मिली थी, उसी साल मुझे इंडियन इंस्टीट्यूट ऑफ मास कम्युनिकेशन में दाखिला भी मिला था।

उस समय दिल्ली के जवाहरलाल नेहरू विश्वविद्यालय के कैंपस में आईआईएमसी की यह नई इमारत बनी थी, और वहाँ हमारा यह दूसरा बैच ही था। हालाँकि मुझे मार्च में नौकरी मिल चुकी थी और मई में मैं वहाँ टेस्ट दे रहा था। कायदे से मुझे मास मीडिया कम्युनिकेशन की उस डिग्री की दरकार ही नहीं थी। लेकिन तब अखबार में कुल छह घंटे की नौकरी होती थी, और मेरी ड्यूटी रात आठ बजे से रात के दो बजे तक की लगती थी। तब मुझे पता नहीं था कि कहीं नौकरी करते हुए इस तरह फुल टाइम पढ़ाई नहीं की जा सकती है, लेकिन मैंने लिखित परीक्षा दी और मुझे इंटरव्यू के लिए बुला लिया गया। इंटरव्यू में किसी ने मुझसे मेरी नौकरी के विषय में पूछा ही नहीं, तो मैंने बताया भी नहीं और मुझे दाखिला मिल गया। लेकिन दाखिला मिलने के कुछ दिनों बाद यह राज खुल गया कि मैं नौकरी भी करता हूँ।

मुझे आईआईएमसी से निकाले जाने की तैयारी हुई। मुझे निकाल दिया जाता इसका मुझे अफसोस नहीं होता, लेकिन मैंने चार हजार की फीस जमा करा दी थी, मेरे पैसे डूब जाएँगे और एक लड़की से नई-नई दोस्ती हुई थी, वो छूट जाएगी, मुझे अफसोस इस बात का हो रहा था।

मैंने अपने दफ्तर में बात की। कई लोगों से सलाह ली कि मुझे क्या करना चाहिए। सबने कहा कि नौकरी करते हुए फुल टाइम पढ़ाई करना गलत है। अजीब

मुसीबत में फँस गया था। मेरे एडमिशन पर सवाल उठ चुका था और संस्थान के निदेशक जे.एस. यादव ने मुझे मिलने के लिए बुलाया। मैं रुआँसा सा उनके सामने गया। उन्होंने मुझसे कहा कि तुम नौकरी करते हो, यह बात तुमने बताई क्यों नहीं? मैंने कहा कि किसी ने पूछा ही नहीं तो बताता कैसे?

अजीब धर्म-संकट था। उन्होंने उस फार्म को निकलवाया, जिसे मैंने भरा था। उसमें किसी कॉलम में नहीं पूछा गया था कि क्या आप नौकरी करते हैं, या यह भी दर्ज नहीं था कि नौकरी करते हुए नहीं पढ़ सकते। लेकिन नियम तो नियम था। निदेशक यादव खुद उलझन में थे। कहने लगे, यह तो सरकारी नियम के खिलाफ है। मैंने कहा कि सर, कहीं लिखा होता, तो मैं लिखित परीक्षा ही क्यों देता। बात तो सही थी। मैं ठहरा भोला-भाला, और संस्थान ने सोचा ही नहीं होगा कि पत्रकारिता की नौकरी करते हुए कोई भोला-भाला यहाँ दाखिला भी लेने आएगा। खैर, संक्षेप में बता दूँ कि बात हमारे संपादक प्रभाष जोशी तक गई थी, उन्होंने बुलाकर मुझसे इस विषय में सफाई माँगी थी, और फिर मामले को एचआर विभाग को सौंप दिया गया था। मैं इस मामले पर चुप्पी साधे हुए था, और लग रहा था कि नौकरी या पढ़ाई में से एक तो गई ही समझो।

तब इंडियन एक्सप्रेस में एक सुदर्शन कुमार कोहली हुआ करते थे, जो पहले प्रोडक्शन मैनेजर थे, बाद में जनरल मैनेजर बन गए थे। मुझे नहीं पता कि क्यों, लेकिन वे मुझे बहुत मानते थे। हालाँकि हम पत्रकारों का प्रशासनिक विभाग वालों से ज्यादा रिश्ता नहीं होता था, लेकिन आते-जाते मेरी उनसे दुआ-सलाम हो जाया करती थी। मैं देर रात दफ्तर में रुककर पेज बनवाया करता था, और इसी किसी रात कोहली साहब से दुआ-सलाम हुई तो मैंने उनसे पूछ लिया कि मेरी पढ़ाई का मामला शायद प्रभाषजी ने एचआर विभाग को भेजा है। उन्हें इस बारे में कुछ पता नहीं था। पाँच मिनट में मैंने उन्हें सबकुछ बताया और पूछा कि क्या करना चाहिए।

कोहली साहब गंभीरता से मुस्कुराते रहे और उन्होंने मुझसे कहा कि कल मुझसे मिलना।

मैं अगले दिन उनके पास गया, तो उन्होंने बताया कि तुम पढ़ाई कर सकते हो। मैं चहक उठा। उन्होंने कहा कि तुम अभी यहाँ ट्रेनी सब-एडिटर हो। मतलब तुम्हारा प्रोविडेंट फंड नहीं कटता। इस तरह तुम प्रशिक्षु हो और तुम्हें सैलरी नहीं मिलती, तुम्हें स्टाइपेंड मिलता है। अगले साल तुम जब कनफर्म हो जाओगे, और तुम्हारा प्राविडेंट फंड कटना शुरू हो जाएगा, तब तुम कर्मचारी बन जाओगे, तब नहीं पढ़

सकते। लेकिन ध्यान रहे, यह बात किसी को पता नहीं चले। यह अपनी तरह का इकलौता, पहला और शायद आखिरी मामला है।

मैंने अपने मुँह को सिल लिया। अगले दिन जेएस यादव के पास गया और यही तर्क मैंने उन्हें दिया। जेएस यादव भी चाहते थे कि जो गलती हो गई है, उसे फिलहाल चलने दिया जाए और इस तरह मैं आईआईएमसी की पढ़ाई और नौकरी दोनों करता रह गया। लेकिन उसके बाद आईआईएमसी ने अपने फॉर्म में स्पष्ट लिख दिया कि किसी तरह की नौकरी करते हुए यहाँ दाखिला नहीं पा सकते। इसका एक ही नुकसान हुआ कि मेरे बाद मेरे ही दफ्तर के एक साथी को, जिसे आईआईएमसी में दाखिला मिल चुका था, उसे नाम कटवाना पड़ गया।

खैर, कल रात काफी देर तक आईआईएमसी की उन इमारतों के बीच रहा, जहाँ रहते हुए मेरी नाक के नीचे हल्की-हल्की मूँछें आनी शुरू हुई थीं। जहाँ रहते हुए पहली बार मुझे लगने लगा था कि मैं जवान हो रहा हूँ। जहाँ रहते हुए दिल ने धड़कना शुरू किया था। जहाँ रहते हुए मेरी प्रेम की कहानी शुरू हुई थी। जहाँ रहते हुए प्रेम को मैंने खुद ही दम तोड़ने दिया। अगर मैं कभी आईआईएमसी की उन यादों को ताजा करने बैठ ही गया तो यकीन मानिए अपने प्रेम पर मैं महाग्रंथ लिख सकता हूँ। न जाने कितनी लड़कियों से मेरी दोस्ती हुई। उसमें से कितनों ने मुझसे प्रेम करना शुरू किया और देखते-देखते मैं जवान हो गया।

अपनी जवानी की दहलीज से गुजरने देने वाले उस संस्थान में कल बहुत सी यादें ताजा हुईं। हालाँकि मेरे बैच के ज्यादातर साथी भारतीय सूचना सेवा के अधिकारी बन गए, और मैं बहुत से लोगों के संपर्क में नहीं हूँ, लेकिन उस संस्थान से मेरा बहुत निजी रिश्ता रहा, जिसे मैंने अब तक किसी से साझा नहीं किया। अपने बारे में बहुत से लोगों को बहुत तरह की राय बनाने का मौका मैंने खुद ही दिया, और वह राय कभी नहीं बनने दी, जो मैं था।

मैंने अपनी छवि बेबाक, मस्त, खिलंदड़, बेपरवाह सब तरह की बनने दी। लेकिन बेहद संवेदनशील, भावनाओं से संचालित होने वाला, सबकी परवाह करनेवाले की जान-बूझकर नहीं बनने दी। हालाँकि आईआईएमसी के दिनों में मेरा एक प्रेम-प्रसंग बहुत परवान चढ़ा था, पर उसे अंजाम तक नहीं पहुँचना था, इसलिए पहुँचा भी नहीं, और आज यह सोचने की जहमत भी मैं नहीं उठाता कि अब 24 सालों बाद मेरी वो प्रेमिका कैसी दिखती होगी। वह कहाँ चली गई, किससे उसकी शादी हो गई!

मैं अतीत को याद करता हूँ, अतीत को जीता नहीं।

मैं जानता हूँ कि यादें मुग्धा होती हैं, जो मौका मिलते ही प्रेम के हिंडोले पर कभी इधर और कभी उधर पेंग मारने लगती हैं। यादें राधा की तरह परकीया होती हैं, जो सारे समर्पण के बाद भी यह रोना रोती हैं कि हाय, भाग्य में ये लिखा ही नहीं था। मैं यादों को रोने में यकीन नहीं करता। मुझे राधा की जगह रुक्मिणी इसीलिए पसंद है, क्योंकि वह स्वीकीया है। जिसे स्वीकार किया उसे वरण नहीं किया तो वह सिर्फ अफसाना है। अफसाने कहानी के पात्र तो हो सकते हैं, जीवन के नहीं।

लेकिन जब मैं आईआईएमसी जाता हूँ तो एक पल के लिए ही सही, कहानी को जीने लगता हूँ। कल शाम मैं जीने लगा कि किस तरह छह फीट का लंबा-दुबला पतला नौजवान अपनी प्रेमिका को उकसाया करता था कि क्लास ही मत अटैंड करो। पढ़कर कोई कवि, कहानीकार, पत्रकार नहीं बनता। यह तो जिसके खून में होता है, वही कवि, लेखक और पत्रकार बनता है। खून में होगा तो अपने आप बन जाओगी। यहाँ तो तुम मुझसे मिलने आई हो।

बेचारी भोली लड़की मेरे पीछे-पीछे साये की तरह डोलती रहती।

कल कुछ पुराने लोग मिले तो कहने लगे कि तुम तो कभी क्लास में दिखते ही नहीं थे, मैंने कहा कि मैं नौकरी करता था न! अब कौन बताए कि संजय सिन्हा भागकर शाहरुख के साथ घूमता था, उसकी फौजी की शूटिंग देखने में मस्त रहता था, अपनी गर्लफ्रेंड के साथ आईआईएमसी की कैंटीन में चाय के साथ नई आई फिल्म 'तेजाब' के गाने की धुन 'एक-दो-तीन' को रूसी भाषा में अनुवाद किया करता था।

आईआईएमसी में पिल्लै साहब की कैंटीन के जितने समोसे मैंने खाए और खिलाए होंगे, वह रिकॉर्ड ही होगा। तब तो पता नहीं चला, लेकिन अब पता चल रहा है, जब वजन 80 किलो पार कर चुका है। बेचारी मेरी उस गर्लफ्रेंड का वजन कितना हो गया होगा, वहाँ के सौ-दो सौ समोसे खाकर, यह सोचना भी नहीं चाहता।

पुरानी प्रेमिका के साथ एक अच्छी बात यही होती है कि उसकी याद वैसी ही रह जाती है, जैसी 24 साल पहले थी। मैं यादों को इसीलिए सिर्फ याद करता हूँ, जीता नहीं; क्योंकि क्या पता उसका सच भी तो वर्तमान में 80 किलो ही हो। यादें 50 किलो तक ही ठीक होती हैं, उससे ज्यादा बोझ बन जाती हैं।

कल मैंने आईआईएमसी की उस इमारत के बाहर जे.एस. यादव, प्रभाष जोशी, सुदर्शन कुमार कोहली तीनों को मन-ही-मन धन्यवाद दिया। इन तीनों की वजह से

ही दिल्ली के इस अति शानदार संस्थान से मेरी भी कुछ यादें जुड़ी हैं। यह वही संस्थान है, जहाँ की लड़कियों को हमारे जनसत्ता वाले बॉस 'रेहड़' कहा करते थे।

अगर मैं उन यादों को ताजा करने बैठ जाऊँ तो यकीन कीजिए, कई महीने खत्म हो जाएँगे, मेरी कहानी खत्म नहीं होगी।

इसलिए आज के लिए इतना ही।

□

17 फरवरी

"आज फिर याद आया—बहुत सारी लड़कियों को अच्छा पति उनके पिता और भाई के कारण नहीं मिलता है।"

मेरी कल की पोस्ट पर यह टिप्पणी आई तो मुझे भी लगा कि सचमुच हमारे देश में माँ-बाप अपनी नाक और जिद के चक्कर में अपनी बेटियों से जीने का हक छीन लेते हैं। आज उम्र के इस पड़ाव पर खड़ा होकर तो यह मैं भी कह ही सकता हूँ कि आईआईएमसी में जिस लड़की से मेरा प्रेम परवान चढ़ा था, अगर उसके माँ-बाप ने मुझे स्वीकार कर लिया होता, तो उनका दामाद कोई बुरा नहीं होता।

मैं नहीं जानता कि उन्होंने अपनी बेटी की शादी कहाँ की और किससे की, लेकिन मैं अपनी तमाम महिला दोस्तों के पतियों से मिलकर यह निष्कर्ष निकाल सकता हूँ कि मैं किसी के लिए घाटे का दामाद नहीं होता।

खैर, अपने मुँह मियाँ मिट्ठू होना कोई अच्छी बात नहीं। मैं तो याद करने निकला था, अपने कल के सफर को।

कल मैं आईआईएमसी में पूर्व छात्रों के मिलन समारोह में गया और अतीत में डूबकर वापस आया। न जाने कितनी यादें जी आया। भारतीय जनसंचार संस्थान में पढ़ते हुए मुझे कई तरह के अनुभवों से गुजरने का मौका मिला।

जिस लड़की से प्रेम की कहानी परवान चढ़ रही थी, उसके माता-पिता किसी कीमत पर दो हजार रुपए वाले पत्रकार को अपनी बेटी देने को तैयार नहीं थे। लड़की अड़ी हुई थी, माता-पिता भी अड़ गए थे।

मैंने तो सुना है कि लैला की माँ भी अड़ गई थी कि खबरदार, जो कैस की ओर देखा भी कभी। कैस था लैला का मजनूँ और लैला कैस की दीवानी। मेरी प्रेमिका मुझ पर क्यों मर मिटी थी, मुझे खुद नहीं पता था। यह बात सच है कि मैं उसके साथ

सारा दिन घूमता था, क्लास छोड़कर भी। मैंने बताया था न कि नौकरी मेरे पास पहले से थी, इसलिए मैं पत्रकारिता की पढ़ाई को लेकर बहुत गंभीर नहीं था। एक बार जब तय हो गया कि मुझे नौकरी के साथ पढ़ाई करने दी जाएगी, तो मैं निश्चिंत भी हो गया था।

कुछ टीचर मेरे इस रवैए से परेशान भी थे कि संजय सिन्हा न तो खुद क्लास करता है, न कई और लोगों को करने देता है। कम-से-कम उस लड़की को तो नहीं ही। एक बार एक टीचर ने मुझे बुलाकर धमकाया कि तुम फेल कर दिए जाओगे, तो मैंने कहा कि अगर मैं फेल हो गया, तो फिर अगले साल भी क्लास में आना जारी रखूँगा, क्योंकि फेल होने के बाद करूँगा क्या? टीचर को यह बात समझ में आ गई कि अगर इसे फेल किया, तो अगले साल के लिए भी मुसीबत तैयार है। मैं उनकी आँखों में पढ़ चुका था कि यहाँ नंबर चाहे कितने भी कम मिलें, फेल नहीं हो सकता।

मैंने अपनी प्रेमिका को यह बात बता दी कि नंबर चाहे जितने कम आएँ, लेकिन हम फेल नहीं हो सकते। उसकी आँखें चमक उठीं, मतलब हम आज जनपथ चल सकते हैं।

पता नहीं क्यों, जब कभी वह खुश होती थी, जनपथ चलने को मचल उठती थी। वहाँ मोलभाव वाली दुकानों से अपने लिए स्कार्फ खरीदना, बैग खरीदना, ये सब उसे बहुत भाता था और वापसी में बंगाली मार्केट के नत्थू स्वीट्स में छोले-भठूरे खाना वो कभी नहीं भूलती थी। मेरे कहने से अगर उसने सौ-दो सौ समोसे खाए होंगे, तो उसके कहने से मैंने पचास बार छोले-भठूरे खाए होंगे। उन समोसों और भटूरों का तेल आज कोलेस्ट्रोल बनकर हम दोनों के रक्त में बह रहा हो तो कोई बड़ी बात नहीं।

मेरे कई मित्रों को हमारे प्यार की खबर थी। उन्हीं में से एक ने मुझसे मजाक में कहा कि एक दिन मिसेज सिन्हा दफ्तर में आएँगी और पूछेंगी कि संजयजी कहाँ हैं, तो उनका 'आकार' इस तरह होगा, और उसने दिल्ली की पंजाबी महिला की पूरी एक्टिंग की। मेरी प्रेमिका थी तो बहुत पतली-दुबली, लेकिन पहली बार मेरे मन में खटका हुआ कि सचमुच कहीं वो ऐसी ही न हो जाए, गोलमटोल आंटीनुमा। मैंने आसपास ढेर सारी पंजाबी महिलाओं पर निगाह डालीं, सब वैसी ही नजर आने लगीं, बस अगले दिन उसने जैसे ही छोले-भठूरे खाने की बात की, मैंने साफ ना कह दिया।

मैंने कहा कि तुम पंजाबी लड़कियाँ सैंपल में माधुरी दीक्षित दिखाती हो और शादी के बाद टुनटुन बनकर ज़िंदगी में आती हो।

वह तुनक गई, इसी बात पर कि मैंने उसके पूरे समुदाय को टुनटुन कहा, फिर वह हँस पड़ी। कहने लगी बात तो सही है, तो आज से समोसा और भठूरा बंद।

उसने पता नहीं बंद किया या नहीं, लेकिन मैंने बंद नहीं किया। आज भी समोसा मुझे बहुत प्रिय है, और अगर कभी बंगाली मार्केट चला जाऊँ तो कसम आईआईएमसी की मुहब्बत कि जो बिना छोले-भठूरे खाए लौट आया होऊँ, एक बार भी।

खैर, इस संसार में ज्यादातर लोगों की प्रेम कहानी अधूरी होती है, मेरी तो चौथाई भी नहीं चल पाई। संचार के माध्यम से जुड़ी हमारी उस प्रेमिका से एक दिन संचार बंद हो गया। उसके पिता ने बिरादरी में अपनी नाक बचाने के लिए उसे घर में बंद कर दिया। फिर हम नहीं मिले। कभी नहीं। मैंने उससे बहुत स्पष्ट कहा था कि तुम सबको छोड़कर मेरे घर चली आई तो कोई तुम्हें मुझसे छीन कर ले नहीं जा सकेगा, लेकिन तुम खुद नहीं आई तो मैं तुम्हारे घर नहीं आऊँगा छीनने के लिए।

कहानी चौथाई पर ही रुक गई। आधा प्रेम रह गया, पूरी प्रेमिका चली गई।

अब मुझे सचमुच नहीं पता कि वह कहाँ है, कैसी है।

मैंने मान लिया कि अपने पिता के अरमानों के आगे उसने अपनी चाहतों को मरने देना मंजूर किया। हमारे देश में ज्यादातर महिलाएँ अपने प्रेम को मन के किसी कोने में छिपाकर अपना घर बसा लेती हैं। मुझे यकीन है कि उसने अपने पति से कभी मेरी चर्चा भी नहीं की होगी। लेकिन एक सच यह भी है कि जिस उम्र में और संस्कारों के साथ हम मुहब्बत की राह पर चल रहे थे, उसमें हमने एक भी ऐसा काम नहीं किया था, जिसके लिए मुझे या उसे नजरें झुकाने की कभी जरूरत पड़ेगी। महिलाएँ अपने प्रेम में चाहे जितना मुखर हों, वे उसकी गोपनीयता की शर्त पर ही मुहब्बत की पेंग को आगे बढ़ाती हैं। उनकी ये गोपनीयता उनके साथ ही मिट जाती है। अपनी उस गोपनीय कहानी के पन्ने वे मन-ही-मन चाहे हजार बार पढ़ लें, लेकिन अपने पति और बच्चों के सामने मजाल जो उसकी टीस भी नजर आ जाए!

फिर भी मुझे लगता है कि जब कभी वह ईंट-पत्थरों की उन इमारतों से गुजरती होगी, जहाँ उसने पहला प्रेमपत्र अपने प्रेमी को पकड़ाया था, तो उसके बदन में भी हलचल तो मचती ही होगी, जैसे कि दो दिन पहले आईआईएमसी के पुराने छात्रों के मिलन समारोह में जाकर मुझमें मची थी। आईआईएमसी में करीब घंटा भर मैं रुका होऊँगा, लेकिन उस एक घंटे में मैंने पूरी सदी जी ली।

लौटते हुए मैं यही सोचता हुआ लौटा कि माँ–बाप अपनी संतानों को किसी के पल्ले बाँध देते हैं, पर उनकी मर्जी से उन्हें क्यों जीने नहीं देते? क्यों माँ–बाप यह सोचने की जहमत भी नहीं उठाते कि लड़की ने जिसे पसंद किया है, वह उनकी उम्मीदों पर खरा भी उतर सकता है। कभी परवरिश के दंभ और कभी जाति और हैसियत जैसे छोटे मुद्दों के चलते लड़की की पसंद को देखना भी गवारा नहीं करते, परखना तो दूर की बात है। मुझे लगता है कि जिन माँ–बाप को अपनी परवरिश पर भरोसा होगा, उन्हें अपने बच्चों की पसंद को एक मौका तो देना ही चाहिए। मुमकिन है, बच्चे भावनाओं में फैसला ले लें, लेकिन माँ–बाप सच्चाई के धरातल पर उसे परख तो सकते हैं, बिना किसी पूर्वाग्रह के। इतना तो वे कर ही सकते हैं।

☐

18 फरवरी

माँ क्या तुम सचमुच पापा को छोड़ दोगी? क्या तुम सचमुच दादी और दादू को पसंद नहीं करती? माँ, क्या तुम्हें बुआ भी अच्छी नहीं लगती?

क्यों माँ? तुम तो नाना-नानी और मौसी की बेस्ट फ्रेंड हो, फिर दादी-दादा और बुआ से तुम क्यों नाराज रहती हो? माँ, पापा को तुम छोड़ दोगी, तो फिर तुमने पापा से शादी ही क्यों की? माँ, पापा के बिना तुम तो शायद रह लोगी, लेकिन क्या तुमने सोचा है कि मैं कैसे रहूँगी?

मैं अभी दो साल की हूँ माँ, अभी तुम समझ नहीं सकती कि जैसे-जैसे मैं बड़ी होऊँगी, मुझे पापा की कितनी जरूरत पड़ती जाएगी। माँ, जिन बच्चों को पापा का प्यार नहीं मिलता, वो बच्चे अधूरे रह जाते हैं। तुम अपने अहंकार में मेरा इतना भी ख्याल नहीं करोगी?

माँ, मैं समझती हूँ दादी तुम्हारी माँ नहीं हैं, दादू भी तुम्हारे पापा नहीं हैं। लेकिन माँ, वो पापा की तो माँ हैं, पापा के तो पापा हैं। माँ, तुम समझती तो हो कि तुम्हारा उनके साथ चाहे खून का रिश्ता न हो, कर्तव्य का रिश्ता तो है। तो क्या माँ, कर्तव्य के रिश्ते रिश्ते नहीं होते?

माँ, मत छोड़ो पापा को। तुम समझो माँ, मैं इस बात से ही सहम जाती हूँ कि तुम एक दिन सबको छोड़कर एक अलग घर बसा लोगी। एक ऐसा घर, जिसमें तुम रहोगी, मैं रहूँगी। हो सकता है माँ कि वो घर बड़ा हो, हो सकता है कि तुम मुझे बहुत समय भी दो, हो सकता है कि तुम सारी ज़िंदगी मुझे प्यार भी करती रहो, लेकिन माँ, क्या वो ज़िंदगी संपूर्ण होगी? मैं जानती हूँ कि दादी की मैली साड़ी तुम्हें नहीं भाती, तुम्हें उनके माथे से बहते पसीने से दुर्गंध भी उठती महसूस होती होगी, लेकिन माँ, वह तो पापा की माँ है, ठीक वैसी ही, जैसी तुम मेरी हो। माँ, तुम मुझसे बहुत प्यार करती हो, मैं जानती हूँ कि तुम मेरे बिना जी ही नहीं सकती। लेकिन माँ,

तुम अगर मुझे अपने साथ लेकर हमेशा के लिए घर छोड़कर चली जाओगी तो दादी मेरे बिना कैसे रह पाएँगी?

माँ, उस रात जब तुमने मुझे दूध पिलाकर सुला दिया था, तब मैं सोई नहीं थी। मैं तुम्हारी और पापा की बातें सुन रही थी। तुम कह रही थीं कि या तो मुझे छोड़ो या माँ को। कितनी अजीब सी शर्त थी न यह, माँ। कोई कैसे अपनी माँ को छोड़ दे? क्या तुम्हें लगता है कि पापा अपनी माँ को छोड़कर बहुत खुश रह पाएँगे?

क्या कभी मैं तुम्हें छोड़कर खुश रह पाऊँगी।

नहीं माँ। तुम फिर से सोचो। एक बार नहीं हजार बार विचार करो। सिर्फ जरा सी बात के लिए तुम सबसे रिश्ते तोड़ लोगी? मत तोड़ो, माँ। रिश्ते तोड़ने आसान होते हैं, बनाने मुश्किल। तुम दादी से बात किया करो। दादू से भी बात किया करो। तुम देखो तो सही, वो तुम्हें कितना प्यार करते हैं। वो तुम्हें उतना ही प्यार करते हैं, जितना पापा को करते हैं। माँ, तुम रात में सोते हुए धीरे-धीरे ऐसी बातें मत किया करो, मैं सहम जाती हूँ। मैं सारी रात फिर जागी रह जाती हूँ, यह सोचकर कि एक दिन तुम और पापा अलग हो जाओगे।

मैं जानती हूँ, तुम भी मुझे प्यार करती हो, पापा भी प्यार करते हैं। माँ, उस प्यार की खातिर ऐसा मत करना। प्लीज, माँ।

माँ, मैं तुम्हें कभी परेशान नहीं करूँगी। मैं कभी गुड़िया दिलाने की जिद भी नहीं करूँगी। टॉफी भी नहीं माँगूँगी। माँ, तुम जो कहोगी, मैं बड़ी होकर सब करूँगी। लेकिन माँ तुम पापा को मत छोड़ना।

तुम पापा को छोड़ दोगी तो फिर मैं कभी किसी के प्यार पर भरोसा ही नहीं कर पाऊँगी माँ। तुम जरा सा समझौता करके तो देखो। यह ज़िंदगी समझौतों पर ही टिकी है, माँ। तुम सो गईं क्या, तुम मेरी बात सुन रही हो न! मैं तुम्हारी दो साल की बेटी, बहुत दिन जीना चाहती हूँ, तुम्हारे साथ, पापा के साथ, दादू के साथ, दादी के साथ, बुआ के साथ। माँ बड़ा घर भी सीमेंट और ईंट का ही होता है। बड़ी गाड़ी भी लोहे की होती है। तुम बड़े घर में मुझे ले जाओगी, तो मैं अकेले उसमें खो जाऊँगी। तुम यहीं रहो। तुम रहो, क्योंकि हम सब रहें। माँ, तुम सुबह जागना तो दादी से बात करना। दादू से भी बात करना। बुआ तो तुम्हारी सहेली ही हैं, माँ। तुम एक बार सबसे जुड़ने की कोशिश तो करो। माँ तुम मत टूटना, मेरी खातिर, अपनी खातिर, सबकी खातिर।

मैं बहुत छोटी हूँ माँ, इसलिए सबकुछ बोल नहीं पाती, लेकिन समझती तो सब हूँ न, माँ।

समझ तो चिड़िया के बच्चे को भी होती है।

मैं तो तुम्हारी बेटी हूँ, माँ।

□

19 फरवरी

पता नहीं फेसबुक पर किसने लिखा, लेकिन जिसने भी लिखा यह चुटकुला नहीं था। और अगर यह चुटकुला था तो बेहद मार्मिक था।

लिखनेवाले ने तो लिख दिया कि एक बूढ़ा आदमी अपने फोन को लेकर बाजार में गया, यह दिखाने के लिए कि उसके फोन में क्या खराबी है, यह पता चल जाए। फोन ठीक करनेवाले ने बूढ़े के फोन को पूरी तरह जाँचने के बाद कहा कि फोन में कोई खराबी नहीं, फोन तो बिल्कुल ठीक है।

''फोन ठीक है?''

बूढ़ा अचकचाया। फिर अपना फोन हाथ में लेकर यह बुदबुदाता हुआ दुकान से बाहर निकल पड़ा, ''फोन ठीक है तो फिर मेरे बेटे का फोन आता क्यों नहीं?''

जिन दिनों मैं अमेरिका में रह रहा था, मुझे वहाँ ऐसे बहुत से बुजुर्ग मिलते थे, जिनका फोन ठीक था, लेकिन फोन पर घंटी कभी नहीं बजती थी। ऐसे बुड्ढे कभी शाम को यों ही पार्क में मुझे मिल जाते तो मैं उनका अभिवादन कर उनके साथ गप किया करता था। उनसे उनके देश के बारे में पूछता था और अपने देश के बारे में बताया करता था। वे इस बात पर बहुत आश्चर्यचकित होते थे कि कहीं कुछ देश ऐसे भी हैं, जहाँ लोगों के पास हर रोज इतना समय होता है, जिसे वे अपने बुजुर्ग माता-पिता के साथ गुजारते हैं, उस परिवार के बीच जहाँ बेटे के पिता और उनके पिता भी साथ रहते हैं।

अमेरिकी बुजुर्गों से बात करते हुए मैंने कभी उनके मन में इस बात का अफसोस नहीं देखा कि उनकी बहुत व्यस्त संतान बुढ़ापे में उनके साथ नहीं। उन्हें इस बात के लिए भी मैंने कभी मातम मनाते नहीं देखा कि कोई उन्हें फोन नहीं करता। और अपने फोन की न बजने वाली घंटी से उनके मन में यह ख्याल भी नहीं आता था

कि कहीं उनका फोन खराब तो नहीं हो गया। दरअसल उनकी परवरिश ही कुछ इस तरह हुई होती है कि बुढ़ापे में उन्हें पता होता है कि कहाँ और कैसे रहना है। वहाँ सरकार की ओर से सामाजिक सुरक्षा की व्यवस्था इतनी पक्की है कि संतान से किसी तरह की आर्थिक या सामाजिक सुरक्षा की उन्हें दरकार नहीं रहती।

लेकिन संपूर्ण रूप से सुरक्षित उन बुजुर्गों से भी जब कभी मैंने दिल की बात की, मैंने उनकी आँखों से छलकते पानी को महसूस किया। हालाँकि एक ऐसे समाज की कहानी उनके लिए कल्पना ही थी कि पिता, पिता का पिता और उनके पिता सब साथ एक ही छत के नीचे रह सकते हैं। वैसे आपको बता दूँ कि अमेरिकी लोग बहुत भावुक होते हैं। मानवीय संवेदनाएँ उनमें चरम पर होती हैं। मनुष्य की ज़िंदगी का मोल क्या होता है, यह अगर किसी को समझना हो तो एक बार उसे अमेरिका जरूर जाना चाहिए। फिर भी उनका बुढ़ापा बेहद सुरक्षित होते हुए भी अकेलेपन के दंश के बीच ही गुजरता है। मैं 'दंश' शब्द का इस्तेमाल इसलिए कर रहा हूँ, क्योंकि उन बुजुर्गों से जब मैं बातें करता था तो शाम के उस अकेलेपन में उन्हें मेरा साथ बहुत भाता था। दो-चार बुजुर्ग तो हर शाम इस बात का इंतजार किया करते थे कि कब मैं अपने फ्लैट से नीचे उतरूँगा और उनके साथ अपनी और उनकी कहानी साझा करूँगा।

अगर कोई मुझसे पूछे कि इस धरती पर सबसे बड़ा आश्चर्य क्या है, तो मैं कहूँगा अमेरिका।

मैं दुनिया के बहुत से देश घूम चुका हूँ। अगर यह कहूँ कि दो-चार छोटे-छोटे देशों को छोड़कर मैं सारा संसार देख चुका हूँ तो इसे आप अतिशयोक्ति मत मानिएगा। और अपने इसी अनुभव से कह रहा हूँ कि अमेरिका एक अद्‌भुत देश है। वहाँ के लोगों का आदमी पर किया जाने वाला भरोसा अविश्वसनीय किंतु सत्य है। फिर भी मैं अमेरिका को छोड़कर भारत चला आया, क्योंकि वहाँ के बुढ़ापे को मैंने बहुत अकेलेपन के बीच गुजरते देखा है।

जिन दिनों मैं अमेरिका गया था, उन दिनों दिल्ली में 'मॉल कांसेप्ट' नहीं आया था। उन दिनों इलेक्ट्रॉनिक क्रांति भी यहाँ नहीं आई थी। लेकिन मेरे यहाँ वापस आने के बाद मैंने महसूस किया कि अमेरिका भारत में आ चुका था। जो चीजें वहाँ मिलती थीं, वो सभी चीजें यहाँ मिलने लगी थीं। कुल चार साल वहाँ रहकर जब मैं भारत वापस लौट आया तो यह देखकर हैरान रह गया कि सचमुच अमेरिका भारत चला आया है।

मैं खुश था कि भारत ही अमेरिका बन चला है।

लेकिन मेरी खुशी कल काफूर हो गई।

जब से इस चुटकुले को पढ़ा, मन ठहर सा गया।

क्या सचमुच तकनीकी क्रांति के साथ हम वहाँ की पारिवारिक व्यवस्था भी आयात कर रहे हैं। क्या सचमुच हमारा बुढ़ापा भी उनकी तरह तनहा होगा। क्या हमारा फोन भी दुरुस्त होगा, लेकिन उसमें एक दिन घंटी बजनी बंद हो जाएगी? क्या कुछ दिनों बाद हमारे पास ढेर सारे कमरे होंगे, कोई रहनेवाला नहीं होगा? क्या हमारे पास ढेर सारी बातें होंगी, कोई सुनने वाला नहीं होगा? हर कमरे में टीवी का सेट लगा होगा, देखने वाला कोई नहीं होगा?

ऐसे बहुत से सवालों से मन विचलित है।

हो सकता है, ऊपर जिसे मैंने चुटकुला कहा है, जिसे पढ़कर आपको हँसी भी आई हो, मुझे वह चुटकुला नहीं लग रहा।

जिस तरह हम अमेरिका से सबकुछ भारत ला रहे हैं, उसी तरह कहीं हम जाने-अनजाने वहाँ की व्यवस्था भी यहाँ ला रहे हैं?

पर यह तो 'अर्धआयात' होगा। याद कीजिए, बहुत साल पहले हम इंग्लैंड से लोकतंत्र चुराकर भारत ले आए थे। एक ऐसा लोकतंत्र, जिसमें हमने लोगों को अधिकार के विषय में तो बता दिया, लेकिन कर्तव्य के बारे में नहीं समझाया। हमने यह सोचने की जहमत भी नहीं उठाई कि एक अशिक्षित देश के लिए शिक्षा उसकी पहली जरूरत होती है। एक गरीब देश के लिए रोटी उसका पहला हक है। हमने लोकतंत्र के नाम पर बस इतना समझ लिया कि वोट देने का अधिकार हमें मिल गया, मतलब लोकतंत्र आ गया। उस 'अर्ध लोकतंत्र' की वजह से ही हम आजतक पीने के पानी और रोटी जैसी बुनियादी जरूरतों के लिए तरस रहे हैं।

काश! हमने जब लोकतंत्र इंग्लैंड से लिया था, तब हम वहाँ की पूरी व्यवस्था समझ पाए होते।

आज हम अमेरिका से एकल परिवार आयात कर रहे हैं, लेकिन इस परिवार के पीछे वहाँ सरकार की ओर से मिलने वाली सामाजिक सुरक्षा को तो हम आयात नहीं कर रहे न! बिना उस सामाजिक सुरक्षा के ऐसा एकल परिवार एक दिन इस देश को इतना अकेला कर देगा कि आदमी आदमी के लिए तरस उठेगा।

हो सकता है, कल यह मेरी कहानी हो, लेकिन यकीन कीजिए, परसो, नरसों ये आपकी, आपकी और आपकी कहानी भी हो सकती है। यह एक कल्पना है, जो बहुत जल्दी सच में तबदील होकर रहेगी।

आपके बेटे के फोन की घंटी आपके फोन पर बजती रहे, इसके लिए जरूरी है कि आप अपने पिता को फोन करते रहें। जो बोएँगे, काटेंगे वही, इस कहावत में आपको कोई संदेह तो नहीं है न!

□

20 फरवरी

दिल्ली में कभी-कभी बिजली चली जाती है तो घर में अँधेरा हो जाता है। जब हमारे घर में इनवर्टर नहीं था, तब तो यह अँधेरा बहुत गहरा होता था और तब तक रहता था, जब तक कि मेरी पत्नी कहीं से मोमबत्ती और माचिस ढूँढ़ नहीं लाती थी। कमाल की बात यह नहीं कि दिल्ली में बत्ती चली जाती है, कमाल की बात यह है कि मेरी पत्नी को हर बार मोमबत्ती और माचिस ढूँढ़नी पड़ती है, मतलब उसे कभी याद नहीं रहता कि उसने पिछली बार इस्तेमाल के बाद मोमबत्ती और माचिस कहाँ रख दी थी। अभी भी जब इनवर्टर में कोई खराबी रहती है, तो बिजली जाने का मतलब गहरे अँधेरे से गुजरना।

मुझे अँधेरे से डर नहीं लगता, लेकिन अँधेरा मुझे पसंद नहीं। मैं कभी सारी बत्ती बुझाकर नहीं सो पाता। मैं जब कभी दिल्ली से बाहर जाता हूँ और मुझे होटल में रहना पड़ता है, तो मैं एक न एक बत्ती जलाकर ही सोता हूँ। अँधेरा मुझे हमेशा अपने ही वजूद से दूर करता नजर आता है। फिर भी कभी-न-कभी अँधेरे से मेरा सामना हो ही जाता है।

लेकिन जब मैं बच्चा था, और माँ साथ थी, तो मैंने कभी अँधेरे को नहीं देखा। ऐसा नहीं कि जिस शहर में तब मैं था, वहाँ बिजली नहीं जाती थी। बल्कि सच कहूँ तो वहाँ खूब बिजली जाती थी और अक्सर बिना किसी पूर्व सूचना के बिजली चली जाती थी। लेकिन जैसे ही बिजली गई, माँ पता नहीं कहाँ से मोमबत्ती या दीया ढूँढ़ लेती और मिनट से पहले घर रोशनी से भर जाता।

माँ जब तक रही, कभी उसे मोमबत्ती या दीया ढूँढ़ने में मशक्कत नहीं करनी पड़ी। मैं कभी यह समझ नहीं पाता था कि माँ ऐसा कैसे कर लेती है कि जैसे बत्ती गुल हुई मोमबत्ती जल जाती थी, मानो बिजली के जाते ही जैसे इनवर्टर अपने आप ऑन हो गया हो और उससे मोमबत्ती अपने आप जल उठी हो। मतलब ये कि बत्ती

जाने के बाद माँ की तरफ से रोशनी का वैकल्पिक इंतजाम करने में उतना वक्त भी नहीं लगता था, जितना अभी इनवर्टर के ऑन होने और उसके टूँ-टूँ करने में लगता है।

यह कमाल था माँ का। यह कमाल था उस तैयारी का, जिसे माँ के अनुभवी हाथ हर बार बिना कभी धोखा खाए, अंजाम देते थे।

फिर मैं बड़ा हो गया। मेरी शादी भी हो गई। मैं जानता हूँ कि पत्नी बाहर के काम के अलावा घरेलू काम में भी कुशल है। लेकिन बिजली चले जाने के बाद अगर इनवर्टर ऑन न हो तो यकीन मानिए, हर बार मुझे गहरे अँधेरे से गुजरना ही होता है। जैसे ही बत्ती गुल हुई, पत्नी इधर-उधर मोमबत्ती ढूँढ़ने लगती है। मैं उसे हजार बार समझा चुका हूँ कि तुम किसी एक तय जगह पर मोमबत्ती रखा करो। मेरी बात मानकर वह कभी रसोई में, कभी बेडरूम में मोमबत्ती और माचिस रखती भी है, लेकिन फिर कई दिनों तक बिजली नहीं जाती और हम सब भूल जाते हैं कि अँधेरा भी कुछ होता है। जैसे ही हम भूलते हैं कि अँधेरा भी कुछ होता है, वह मोमबत्ती इधर-उधर हो जाती है। और जिस दिन मोमबत्ती इधर-उधर होती है, उसी दिन किसी-न-किसी बहाने बिजली चली जाती है, और फिर मुझे अंधकार से गुजरना पड़ता है।

जब भी मैं अपने बचपन को याद करता हूँ तो बहुत सी सुखद यादें मुझे गुदगुदा जाती हैं। जैसे हमारे घर कभी भी कितने लोग आ जाएँ, माँ पता नहीं लगने देती थी कि कब और कैसे उनके लिए खाना पक गया! यकीन कीजिए, माँ उन सभी लोगों से दुआ-सलाम करती, उनका हाल-चाल पूछती और खाना रेडी हो जाता। मैं तो बच्चा था, लेकिन मैंने बहुत लोगों के मुँह से सुना है कि संजू की माँ पता नहीं कब और कैसे खाना पका लेती हैं, जब तक कोई खाने के बारे में सोचे, तब तक टेबल पर खाना लग चुका होता था। जब बिजली गई, मोमबत्ती जल चुकी होती थी। जब कभी मुझे सर्दी-खाँसी-बुखार हुआ, माँ का काढ़ा और थर्मामीटर सब मेरे सामने होता।

इतनी बातें सिर्फ इसलिए आपको बता रहा हूँ कि माँ के होते हुए कभी हमें किसी चीज का इंतजार नहीं करना पड़ता था। हर जरूरत के लिए उसकी तैयारी पक्की होती थी। मुझे तो अभी भी यह याद नहीं आता कि वो सुबह कब जागकर सबसे पहले नहा लेती थी, तैयार हो जाती थी, चाय का पानी गैस पर चढ़ा चुकी होती थी, और जब घर में गैस का चूल्हा भी नहीं था, तो कोयले के चूल्हे में काले कोयले को लाल कर चुकी होती थी। मुझे नहीं याद कि वो कब अपने हाथों से बेलकर ढेर

सारे पापड़, चिप्स पूरे साल के लिए तैयार करके रख लेती थीं। होली और तीज पर गुझिया कब तल लिये जाते थे, पूरे घर में किसी को पता नहीं चल पाता था। मकर संक्रांति पर महीनों चलने लायक तिलवा, लड्डू कब बन जाते थे, किसी को भनक तक नहीं लगती थी। ये सब माँ की तैयारियाँ थीं। माँ हमेशा आने वाले समय से खुद को आगे रखने की कोशिश करती थी।

जिस दिन माँ की मौत हुई, उस दिन की भी एक बहुत मार्मिक घटना मुझे याद है। माँ बहुत बीमार तो साल भर पहले पड़ चुकी थी। एक रात माँ ने यह अनुरोध किया था कि कल सुबह खिचड़ी बना देना। सुबह-सुबह खिचड़ी? सबने उसे टोका भी था। माँ ने कहा था कि मैं चाहती हूँ कि सब लोग सुबह खाना जल्दी खा लें। उसने एक-एक व्यक्ति के बारे में खुद ही आश्वस्त किया कि सबने खाना सुबह में ही खा लिया है न! और फिर दोपहर होने से पहले माँ चल बसी थी।

सुबह खाना बन जाना आश्चर्य की बात नहीं थी। माँ ने कहा था तो सबने कुछ-न-कुछ खा भी लिया था। लेकिन बाद में मैंने सुना था, लोग कह रहे थे कि ओह, उन्हें पता था कि आज चले जाना है, इसीलिए सबको खिलाकर गईं।

हाँ, यह सच है। माँ जानती थी कि मौत के बाद घर में चूल्हा नहीं जलेगा, इसलिए सुबह-सुबह सब कुछ खा लें, और सबसे आसानी से खिचड़ी बन सकती थी, इसलिए उसने खिचड़ी की शर्त रखी थी, ताकि आसानी से कुछ बन जाए और उसके चले जाने के बाद लोग भूखे न रहें। यह तैयारी थी माँ की अपनी ओर से अपनी मौत की।

आप सोच रहे होंगे कि मैं अचानक इतनी पुरानी बातें क्यों याद करने लगा हूँ। तो सच यह है कि पिछले दो-तीन दिनों से पता नहीं क्यों, दिल्ली में बिजली जा रही है। पिछले कई दिनों से बिजली नहीं गई, तो हम भूल गए कि बिजली जाती भी है। कल मैंने पत्नी से पूछा कि मोमबत्ती कहाँ है, तो वो हैरान निगाहों से पूछने लगी कि मोमबत्ती क्या करोगे। मैंने कहा कि बिजली चली गई तो? वो हँसने लगी, अरे जब जाएगी तब देखेंगे।

मैंने उसे समझाया कि अगर रात में बिजली गई तो अँधेरा हो जाएगा।

पत्नी ने कहा, "तो क्या जो मोमबत्ती साथ रखते हैं, उनकी ज़िंदगी में अँधेरा नहीं होता।"

"हाँ, नहीं होता।" मैंने कहा।

फिर मुझे याद आया कि किसी ने कहा था, ''जिन्हें दीपक की याद तब आती है, जब अँधेरा हो जाता है, उनकी ज़िंदगी में ही अँधेरा आता है। जो दीपक को हमेशा याद रखते हैं, उनकी ज़िंदगी में अँधेरा कभी नहीं आता।''

जैसे माँ के होते हम सबकी ज़िंदगी में कभी अँधेरा नहीं आया।

□

23 फरवरी

मैंने नया सूट सिलवा लिया था। पहली बार मेरे लिए सूट सिल गया था। यह सूट मेरे छोटे भाई की शादी के मौके पर सिला था।

मेरी अपनी शादी में सूट नहीं सिला था। इसकी दो वजहें थीं, एक तो मेरी शादी अप्रैल के महीने में हुई थी, तब गर्मी पड़ने लगी थी। और दूसरी यह कि अपनी शादी में मैंने तय किया था कि किसी से कुछ नहीं लिया जाएगा, जो मुझसे बन पड़ेगा, उतना ही होगा। तो सूट सिलवाने का जुगाड़ नहीं हुआ। न मेरे लिए सूट का जुगाड़ हुआ, न पत्नी के लिए लहँगे का। मैं अपनी शादी में क्रीम रंग की कमीज और ग्रे पतलून खरीद लाया था, वही पहनकर विवाह मंडप में बैठा।

लेकिन भाई की शादी में मेरे लिए सूट का जुगाड़ हो गया था। आज से ठीक 23 साल पहले अहमदाबाद में, उस शाम जब मैं सूट पहन रहा था, तब मन-ही-मन सोच रहा था कि सूट की भी अपनी ही गरिमा होती है। एक ही रंग की पतलून और उसी रंग का कोट। हालाँकि मैं रेडीमेड कपड़े तब तक पहनने लगा था, लेकिन शादी-ब्याह वाले घर में एक दर्जी का आना और सबके लिए कपड़ों के नाप लेना एक रस्म की तरह था। मैं लड़के का बड़ा भाई था, इसलिए मेरे लिए जब दर्जी घर पर आया तो उसे खास निर्देश दिया गया कि 24 घंटे में सूट सिल जाना चाहिए। शादी दो दिन बाद होनी थी, यानी 22 फरवरी को। 20 फरवरी को दर्जी नाप ले रहा था, और दो दिन बाद मैं सूट में सजने वाला था।

सूट सिलते-सिलते और प्रेस होते-होते शाम के पाँच बज चुके थे। सात बजे बारात निकलनी थी और पाँच बजे तक लड़के का बड़ा भाई बिना सूट के था। सूट आया, जरा ढीला सा था। कोट बड़ा था, पतलून बेढब थी। फिर भी किसी तरह बेल्ट से टाइट करके मैंने सूट पहन लिया।

बारात निकली, लोगों ने नृत्य शुरू कर दिया। मैंने इससे पहले किसी की शादी में नृत्य नहीं किया था, लेकिन अपने भाई को दूल्हे के रूप में देखकर वह सब अपने

आप होने लगा, जिसका अब तक मैं धुर विरोधी रहा था। मतलब बैंड-बाजा-बारात, और इस तरह सड़क रोककर डांस करने का। मैंने अपनी शादी दिन में की थी, बिना तामझाम के की थी। लेकिन छोटे भाई की शादी में सब हो रहा था। हालाँकि वह भी विशुद्ध प्रेम-विवाह ही कर रहा था, और 21 साल की उम्र में कर रहा था। लेकिन उसने पिताजी को खुश करने के लिए उनकी मर्जी से सारे नियमों का पालन होने दिया।

सूट पहनकर बीच सड़क पर मैंने जो नृत्य किया, उसका वीडियो मेरे पास नहीं है, लेकिन उस वीडियो को जब भी, जिसने देखा, खूब हँसा। मुझे नाचना बिल्कुल नहीं आता था, इसलिए मैंने ढोल की थाप पर कुछ इस तरह नृत्य किया, मानो ट्रैफिक पुलिस वाला बीच चौराहे पर गाड़ियों को नियंत्रित कर रहा हो। कभी दोनों हाथ उठाता और खुद को इस तरह रोकता जैसे पूरे ट्रैफिक की जिम्मेदारी मुझ पर आ गई है।

मेरा वह ट्रैफिक डांस बहुत लोकप्रिय हुआ।

भाई की शादी के बाद मेरा मनोबल नृत्य के प्रति बढ़ गया था। फिर तो जहाँ मौका मिला, बीच सड़क पर खूब थिरका।

भाई मस्त था। तब उसने सिगरेट पीनी शुरू नहीं की थी। शराब कभी पी ही नहीं। खाने का शौक था बस।

बारात जब लड़की वालों तक पहुँचकर रुकी, तो भाई ने धीरे से मेरे कान में पूछा, ''खाने में क्या बना है?''

मैंने कहा कि अरे यार, कुछ भी बना हो। आज तुम्हारी शादी है और तुम्हें खाने की पड़ी है।

भाई कहने लगा कि आपको पता है, ''रामकृष्ण परमहंस को भी खाने से बहुत लगाव था। वो कितनी भी महत्त्वपूर्ण चर्चा में बैठे हों, जब उन्हें भूख लगती थी तो विचलित हो उठते थे। एकाध दफा तो सत्संग छोड़कर रसोई में घुस जाते, और अपनी पत्नी से कहते कि खाना दो। कई दफा तो रसोई में ही खाने लगते। उनकी पत्नी ने कई बार उन्हें टोका भी कि लोग आपका मजाक उड़ाते हैं। आप संतों के बीच बैठकर भी खाने की तरफ लोलुप नजर आते हैं।''

परमहंस ने अपनी पत्नी से कहा कि आदमी में कुछ-न-कुछ व्यसन का होना जरूरी है। अब मैं किसी और चीज में तो लिप्त नहीं, लेकिन खाना भी छोड़ दूँगा, तो समझ लो मेरा अंत निकट आ गया। पत्नी ने उनकी ओर देखा। उन्होंने कहा, ''जिस

दिन मैंने भोजन से अपना ध्यान हटा लिया, उसके तीसरे दिन मेरी मृत्यु हो जाएगी।''

परमहंस की पत्नी ने उनके मुँह पर हाथ रख दिया और कहा, ''जितनी मर्जी हो खाइए, ऐसी अशुभ बातें मत बोलिए।''

परमहंस मुस्कुराए और कहने लगे, मैंने अपने जीवन की सारी इच्छाएँ खत्म कर ली हैं। मेरी सारी वासना मिट चुकी है। लेकिन इस एक इच्छा को मैं जबरन पकड़े हुए हूँ। ज़िंदगी एक नाव है, उसकी सारी जंजीरें टूट चुकी हैं, बस इस खाने वाली जंजीर से उसे पकड़े हुए हूँ, जिस दिन इसे भी छोड़ दिया, यह नाव अनंत यात्रा पर निकल जाएगी।''

मैंने भाई की पीठ पर धौल जमाया। कहा, ''जो मर्जी हो खाओ, ऐसी कहानियाँ सुनाकर अपने खाऊ मन को सांत्वना मत दो।''

भाई खाने में लग गया।

पंडित मंत्रोच्चार करते रहे, दूल्हे ने भर पेट भोजन किया। फिर आइसक्रीम खाने के बाद शादी की वेदी पर आ बैठा।

शादी हो गई।

भाई जब भी हमारे घर आता, भाभी के साथ रसोई में घुस जाता, ''परजाई, क्या बना रही हो?''

मेरी पत्नी कहती, ''जो कहो बना दूँ।''

''अरे आप निकलो रसोई से। मैं जा रहा हूँ चिकन लाने। आज चिकन फ्राइ बनाऊँगा।''

और पूरा घर जश्न में डूब जाता।

दो साल पहले होली पर हम दोनों भाई अहमदाबाद में मिले थे। होली पर हम भाई के एक दोस्त के घर खाना खाने गए। भाई चुप था। मैंने पूछा भी, ''मटन कैसा लगा?'' उसने कहा, ''स्वाद पर ध्यान नहीं दिया।''

''और पुलाव?''

''ओह! पुलाव भी था? पता नहीं क्यों, खाने से मन हट सा गया है।''

रामकृष्ण परमहंस अपने कमरे में लेटे हुए थे। उनकी पत्नी थाली में भोजन सजाकर ले गई थीं। परमहंस से उन्होंने कहा, ''उठिए, खाना खा लीजिए।'' परमहंस

ने कहा, "खाना रख दो। अभी मन नहीं है।" और पीठ दूसरी तरफ करके लेट गए।

उनकी पत्नी के कानों में गूँजा, "जिस दिन खाने की वासना भी मिट गई, उसके तीसरे दिन अनंत यात्रा पर नाव निकल पड़ेगी।"

हाथ से थाली छूट गई।

और सचमुच तीन दिन बाद रामकृष्ण परमहंस की आत्मा तंतुओं से घिरे शरीर को छोड़कर अनंत में विलीन हो गई।

होली के दिन मेरा भाई कह रहा था कि उसे खाने का स्वाद नहीं पता चला। सारा दिन प्रफुल्लित रहनेवाला मेरा भाई अचानक मौन हो गया था। दो साल पहले 28 मार्च को होली थी। 29 मार्च की सुबह हम अहमदाबाद से बिना कुछ खाए घर से निकले थे, मैं दिल्ली के लिए और वह पुणे के लिए। वह 30 को पुणे में था। बताने वाले ने मुझे बताया कि 30 को उसने बहुत कोशिश की, लेकिन खाना ठीक से नहीं खा पाया। 31 मार्च को मेरी पत्नी का जन्मदिन था, उसने बधाई देने के लिए फोन किया। 2 अप्रैल को तो किसी और ने मुझे फोन करके बताया कि आपका भाई अनंत यात्रा पर निकल पड़ा है।

दिल्ली में सर्दी खत्म हो चली है। लेकिन मैंने कल कोट पहना।

22 फरवरी को ही मेरे भाई की शादी की हुई थी।

कल सारी रात मैं सोया नहीं। भाई को सामने देखता रहा। भाई मुझे समझा रहा था, "जिस आदमी की सारी इच्छाएँ खत्म हो गईं, उसके होने का कोई कारण नहीं रह जाता। उसे अनंत यात्रा पर निकल ही जाना चाहिए। मेरी इतनी ही इच्छा थी जीने की। मैं दुनिया के लिए चला गया हूँ, आप तो जब चाहते हो, मैं बात करने पहुँच ही जाता हूँ आपके पास। भाई, अपनी इच्छाओं को जिंदा रखना। इच्छाएँ हैं, तो शरीर है। बिना इच्छा के जन्म की वजह ही खत्म हो जाती है।"

"पगले, बड़ा मैं हूँ कि तुम हो? चले हो मुझे समझाने।"

तुम मुझे क्या समझाओगे। मैं बताता हूँ तुम्हें, "यह जीवन अनंत यात्रा का एक पड़ाव है।"

और सुनो, "अपनी शादी का सूट ले जाओ। मुझे नहीं जरूरत इस सूट की। मुझे सूट पहनाकर ट्रैफिक डांस में उलझा गए, और खुद निकल पड़े एक अंतहीन यात्रा पर।"

□

24 फरवरी

कभी-न-कभी तो यह सवाल सबके दिल में उठता ही है कि आखिर जीवन का प्रयोजन क्या है?

अपने-अपने तरीके से हर व्यक्ति इस सवाल का जवाब तलाशता है। लेकिन मुझे लगता नहीं है कि किसी के पास इस सवाल का उपयुक्त जवाब होता होगा। हालाँकि बड़े-बड़े ऋषि-मुनि, साधु-संतों ने इस सवाल की गुत्थी को सुलझाने की कोशिश की है, पर ऐसा कोई जवाब मुझे नहीं मिला, जिसमें मैं दस में किसी को दस नंबर दे ही दूँ। अपने जीवन को अगर विश्वविद्यालय मान लूँ और अपने अनुभव को उसका प्रोफेसर मान लूँ, तो भी सवाल अनुत्तरित ही रह जाता है।

मैंने जितने धर्म ग्रंथों का मनन किया है और जिस उम्र में किया है, उसमें तो मेरे पास ऐसे सवालों के जवाब चुटकियों में होने चाहिए थे, लेकिन नहीं है।

हाई स्कूल की पढ़ाई पूरी होने से पहले मैंने संपूर्ण भागवत को पढ़ लिया था। राजा परीक्षित की तरफ से शुकदेवजी से पूछे गए दो मौलिक सवालों में मैंने बहुत बार जीवन को तलाशने की कोशिश भी की। परीक्षित ने यही दो सवाल तो पूछे थे कि जीव को जीवन में सर्वदा क्या करना चाहिए और जो थोड़े ही समय में मरने वाले हों, उनका कर्तव्य क्या होना चाहिए?

शुकदेवजी ने इसी के जवाब में कहा था, ''जीवन का रहस्य जीवन के लक्ष्य में समाहित है। स्कंध पुराण का हवाला देते हुए उन्होंने परीक्षित को यह कहकर शांत करने की कोशिश की थी कि संसार में ईश्वर के अतिरिक्त कुछ है ही नहीं। यह संपूर्ण सृष्टि भगवान का ही प्रतिरूप है। पूरे जगत, चराचर जगत में परमात्मा समाया हुआ है।''

आपने भी तमाम वेदों और पुराणों को पढ़ा होगा। आपने भी गीता को आत्मसात

किया होगा। आपके मन में भी ऐसे सवाल उठते होंगे कि यार, आखिर सारा खेल है क्या? क्या सचमुच ज़िंदगी सिनेमा है, जिसमें हम सब सिर्फ वीडियो में चलने वाली तस्वीर भर हैं? अगर ऐसे सवाल मन में उठें, और हमें जवाब शुकदेवजी की तरह मिले, तो आप क्या कहेंगे? यही न कि किसी के पास इस सवाल का जवाब नहीं। सब बस यही कहते हैं कि छोड़ो ऐसी बातें, जो है उसे मस्ती में गुजारो।

तो क्या जीवन सिर्फ गुजर जाने का नाम है?

यह इकलौता सवाल नहीं, जिसका जवाब मुझे नहीं मिलता।

कानपुर में मेरे बड़े बाबूजी के घर बहुत साल पहले हर पूर्णमासी के दिन भगवान सत्यनारायण की पूजा हुआ करती थी। पंडितजी कलावती की कहानी सुनाया करते थे। कलावती एक महिला थी, जिसने सत्यनारायण की पूजा नहीं की तो उसका पति उसे भूल गया, छोड़ गया और जब उसने पूजा शुरू की तो पति को उसकी याद आई, और उसके दिन फिर गए। माँ ऐसी कहानियों को पढ़ते वक्त सत्यनारायण की पूजा की उस कहानी की पुस्तिका को आँखों से लगाती और बुदबुदाती, जिस तरह कलावती के दिन फिरे, वैसे सबके दिन फिरें।

हम सब शीश झुकाए पूजा में बैठे रहते। शंख बजता, हवन होता, और दशांग की खुशबू फिजा में बिखर जाती।

मेरा ध्यान पंचामृत पर होता, जिसका हल्का मीठा स्वाद मुझे बहुत भाता था। फिर प्रसाद पर तो सबकी निगाहें होती ही थीं। मैंने कई बार माँ से पूछने की कोशिश की थी कि सत्यनारायण की पूजा में कलावती का दुःख भर बयाँ किया जाता है, और पूजा कर लेने से दुःख दूर हो जाने की महिमा का बखान भर होता है। माँ अपने हाथ मेरे होंठों पर रख देती, ''बेटा भगवान के विषय में ऐसी बातें नहीं सोचते। यह लो तुम केला खाओ।''

मैं केला हाथ में पकड़कर घर से बाहर निकल जाता और बच्चों की भीड़ में मगन हो जाता।

पर केला खाने से सवाल थोड़े न खत्म हो जाते हैं? माँ से नहीं पूछता, खुद से पूछता। आखिर इन सारी बातों का अभिप्राय क्या है?

मेरा छोटा भाई जीवन के संदर्भ में मुझसे अधिक ज्ञानी था। उसके पास मुझसे अधिक अनुभव था। हम दोनों अक्सर इन विषयों पर चर्चा किया करते थे।

अब मेरे पास ऐसा कोई नहीं, जो मुझे यह बता सके कि जीवन का प्रयोजन क्या होता है?

जीवन क्यों होता है?

बहुत छोटा सा सवाल है। आज सुबह-सुबह मेरे मन में फिर उठ गया है। मेरे दस हजार परिजनों, आज आपसे पूछना चाहता हूँ, पहली बार पूछना चाहता हूँ कि आप में से किसी के पास मेरे इस बहुत छोटे से सवाल का जवाब हो तो आप जरूर दें। मैंने बहुत सी कहानियाँ सुनाईं, बहुत से अनुभवों को साझा किया। आज आप सबसे सवाल पूछ रहा हूँ। बहुत छोटा सा सवाल है, अपने बहुमूल्य समय में से थोड़ा सा समय निकालकर अगर यह बता पाएँ कि क्या आदमी पैदा हो जाता है, सिर्फ इसलिए जीता है या जीने की कोई वजह भी होती है? और जीवन है क्या?

मुझे माफ कीजिएगा, अगर मैंने कोई बहुत बड़ी बात पूछ ली हो। आप आजाद हैं, जवाब देने के लिए और नहीं देने के लिए भी। आपके सिवा मेरा कोई और है भी तो नहीं, जिससे मैं ऐसी चर्चा कर सकूँ। माँ ने तो बहुत पहले केला खिलाकर मुँह बंद कर दिया था कि ऐसे सवाल नहीं करने चाहिए।

भाई मुझे छोड़कर सदा के लिए जा चुका है, यह आपको पता ही है।

□

25 फरवरी

मेरी सबसे छोटी बहन आज अगर होती, तो शायद संसार की सबसे खूबसूरत लड़की होती। उसने चार साल की उम्र में दुनिया को अलविदा कह दिया था। जिस दिन उसकी मौत हुई थी, वो माँ के साथ गाँव में थी और मैं वहाँ नहीं था। माँ बहुत रोई थी।

बहन की आँखों का रंग कत्थई था, बिल्कुल मेरी तरह। पासपोर्ट में मेरी आँखों का रंग काला लिखा है, लेकिन मैंने शीशे के सामने बहुत बार अपनी आँखों के रंग को देखा है, वो काली नहीं, भूरी नहीं, हरी नहीं, नीली भी नहीं। पुतलियाँ एकदम कत्थई हैं, डार्क चॉकलेट की तरह। यह मैं नहीं कह रहा, माँ के कहे को भी नहीं दुहरा रहा, पर जब मैं छोटा था तब मुहल्ले की दीदियों के लिए खिलौना हुआ करता था। मुझे याद है किशोरावस्था में मुहल्ले की दीदियाँ मुझे बिंदास गले लगा लिया करती थीं, पड़ोस की चाचियाँ गाल छू लिया करती थीं, और मैं खुशी-खुशी उनकी मस्ती का हिस्सा बन जाता था।

माँ को जब भी पता चलता कि फलाँ चाची ने गाल छू लिया है, फलाँ दीदी ने गले लगा लिया है, तो वो फटाफट लाल मिर्ची को आग में जलाकर मेरे चारों ओर घुमाया करती थी। कहती थी कि कहीं नजर न लग जाए उनके लाल को। एकाध दफा तो बुखार में भी डॉक्टर की गोलियों के बीच माँ मिर्ची जलाकर नजर उतारने की फिराक में रहती थी। मेरे बुखार की वजह माँ की निगाह में पड़ोसियों का मुझे 'नजर' लगाना हुआ करता था।

मैं लड़का था। मैं सुंदर था। मैं दावे के साथ कह सकता हूँ कि मेरी वो सबसे छोटी बहन सबसे सुंदर थी। वो होती तो संसार की सारी लड़कियों से ज्यादा सुंदर होती। मुझे उसकी बहुत ज्यादा याद नहीं, लेकिन जितनी याद है, उसमें उसकी आँखों का रंग और उसकी मुस्कुराहट याद है।

बहन की मौत के कुछ महीनों बाद गाँव में ही हमारे एकदम पड़ोस वाले घर में एक गाय को बछड़ा हुआ। वो बछड़ा अगले दिन पता नहीं कैसे पड़ोसी के घर से निकलकर हमारे घर घुस आया और माँ आँगन में बैठी थी, वो माँ के पास आकर उसे चाटने लगा। माँ तो मानो हैरान ही हो गई, फिर अचानक वो उससे लिपट गई। गाय के उस बछड़े ने भी बहुत देर तक माँ को दुलार किया। वजह क्या थी, कोई नहीं जानता, लेकिन माँ कह रही थी कि यह मेरी मधु है, मधु।

खैर, पड़ोसी थोड़ी देर तक सब देखते रहे, फिर माँ को समझाकर उस बछड़े को उनसे अलग किया गया और बात खत्म हो गई। लेकिन मेरे जेहन में यह बात रह गई कि यह मधु है, मधु।

यह मेरा पहला पाठ्यक्रम था पुनर्जन्म का।

बाली की मौत हो चुकी थी। उसकी पत्नी तारा विलाप कर रही थी।

श्रीराम सामने खड़े थे। कह रहे थे—

''तारा! अगर तुम बालि के शरीर के लिए रो रही हो तो वह शरीर तुम्हारे सामने ही पड़ा है। और अगर तुम उसमें से निकल गई आत्मा के लिए रो रही हो, तो वह मरी नहीं। वह अमर है। अत: दोनों में से किसी के लिए भी शोक करना उचित नहीं।''

तो मेरी बहन का शरीर बछड़े के रूप में माँ के सामने था, और आत्मा उस बछड़े के शरीर में थी, जिसे नए जन्म के अगले दिन तक पूर्व जन्म की माँ की याद थी।

पुनर्जन्म सच है या नहीं, इसका कोई वैज्ञानिक आधार मौजूद नहीं। अगर इसका वैज्ञानिक आधार मिल जाएगा, तो यकीनन ईश्वर के होने पर मुहर लग जाएगी। ईश्वर के होने पर मुहर लग जाएगी, तो जीवन का प्रयोजन खत्म हो जाएगा। फिर यह मान लिया जाएगा कि हमें शरीर की नश्वरता और आत्मा की अमरता को भलीभाँति समझकर ही जीवन को जीना है।

लेकिन ऐसा नहीं होगा। शायद प्रकृति भी नहीं चाहती कि उसके रहस्यों को कोई भेद पाए।

फिर तो मेरा सवाल अधूरा रह गया कि सचमुच आखिर जीवन है क्यों? अगर जीवन को सिनेमा मानकर सिर्फ उसे देखना है और उसका निर्माता और निर्देशक कोई

और है, तो उस जीवन के लिए इतनी आपाधापी क्यों? मुझे यही जानने की इच्छा है। टेलीविजन पत्रकार होने के नाते मैं अपने जूनियर से अक्सर कहता हूँ कि टीवी में दो चीजें बिकती हैं—भय और सेक्स।

मेरे जूनियर बहुत आश्चर्य से मेरी बातें समझने की कोशिश करते हैं। मैं बहुत सामान्य ढंग से समझाता हूँ कि सारे संसार को यही दो चीजें संचालित करती हैं। भय और सेक्स।

भय का दायरा बहुत बड़ा है। इसमें जीवन, मृत्यु, भगवान, जीने की चाहत, उस चाहत की पूर्ति के साधन सब आ जाते हैं। संसार में सभी बाबाओं की दुकान में भय बिकता है। वो हमारे भय का सौदा करते हैं। वो कहते हैं कि ऐसा करोगे तो वैसा होगा, और हम भयभीत होकर वैसा करते हैं। सारे धर्मग्रंथ भय का कारोबार करते हैं। ईश्वर की आड़ में मौत का भय दिखाते हैं। किस्मत को सामने लाकर, उसे पलट देने का दावा करते हुए तावीज बेचते हैं, मंत्र बेचते हैं। गीता जीवन के रहस्य को नहीं सुलझाती, बस मृत्यु पर शोक न मनाने का संदेश देती है, और मन से मृत्यु का भय मिटाने की कोशिश करती है। जहाँ गीता मेरे सवालों पर अनुत्तरित होती है, वहाँ वो कहती है, ''सांसारिक भोगों को त्यागपूर्वक भोगो, उसमें आसक्त मत होओ।''

यह तो मेरे सवाल का जवाब नहीं हुआ। मैंने तो पूछा था कि जीवन का प्रयोजन क्या है? धर्मग्रंथ जीवन जीने का तरीका बताते हैं, जीवन का प्रयोजन नहीं। और बहुत जोर से पूछने पर कहने लगते हैं कि संसार के समस्त कार्य परमात्मा की इच्छा से होते हैं। मनुष्य केवल निमित्तमात्र है। जीवन को सिर्फ प्रभु प्रसाद मानकर ग्रहण करना चाहिए। अपना कर्म करना चाहिए।

मैं चाहूँ तो सारी फिलॉसफी यहीं धोकर रख दूँ। मैं फिर सवाल पूछ बैठूँगा कि सब ईश्वर की मर्जी ही है, तो फिर कर्म पर हमारी मर्जी कैसे? और उससे भी आगे बढ़कर दुबारा पूछ लूँगा कि इन सबके होने का प्रयोजन ही क्या है?

दो साल पहले मेरे छोटे भाई की मौत के कोई महीने भर बाद मैं पत्नी के साथ दिल्ली वाले अपने अपार्टमेंट में देर रात नीचे टहल रहा था। अचानक बिल्ली का बहुत छोटा सा बच्चा, जो ठीक से चल भी नहीं पा रहा था, हमारे साथ हो लिया। जहाँ हम जाते, वो साथ चलता। मैंने कई बार उसे हटाने की कोशिश की, पर वो छोटा सा बच्चा न तो मुझसे घबराता था, न भागता था, बस मेरे पाँव से लिपट जाता था। पता नहीं कहाँ से चला आया था। अपार्टमेंट के करीब दो चक्कर वो हमारे साथ लगाता रहा। वहीं मैंने पहली बार अपनी पत्नी को अपनी छोटी बहन की मौत के बाद

माँ के पास उस बछड़े के आने वाली बात बताई, और यों ही उससे पूछा कि कहीं इस बिल्ली के बच्चे के रूप में यह मेरा भाई ही तो नहीं?

पत्नी पहली बार चौंकी। आमतौर पर ऐसी बातों में वो चुप रहती है। लेकिन उसने उस बिल्ली के बच्चे की ओर गौर से देखा, और फिर कहा कि नहीं चाहिए मुझे इस रूप में अपना देवर।

''हमने मनुष्य खोया है, बिल्ली के रूप में वापस देकर क्या भगवान हमें चमत्कृत करना चाहता है या समझाना चाहता है कि देखो मेरी ताकत। मैं जब चाहूँ, आदमी को बछड़ा और बिल्ली बना सकता हूँ। मैं ईश्वर को मानती हूँ। और किसी चमत्कार से उसे यह साबित करने की जरूरत नहीं कि आदमी के बदले बिल्ली ले लो। अगर वो इतना ही बड़ा चमत्कार कर सकता है तो देवर के बदले देवर दे। खाना पेट में जाने के बाद बेशक सिर्फ अपना स्वरूप ही बदलता हो, लेकिन दुबारा स्वीकार्य नहीं होता। यह सब ईश्वर की तरफ से दिया गया भय है। हम सब भय के साथ जीते हैं, भय के साथ मर जाएँगे।''

मेरा जूनियर पूछ रहा था, ''सर, क्या संसार में सचमुच सिर्फ दो ही चीजें बिकती हैं—भय और सेक्स?''

''हाँ। ईश्वर, मौत, धर्म, बीमारी, इलाज, कर्म, फल, सब भय से संचालित होते हैं। खुशी, संतोष, चाहत, पैसा, सुख, भोग, विलास, सुंदरता ये सब सेक्स से संचालित होते हैं। तुम जीने की चाहत को 'भय' मान लो और सुख चाहत को 'सेक्स' मान लो। पर मेरा यकीन करो, जब-जब टीवी पर भय और सेक्स को परोसोगे वो बिकेगा। भय देवताओं के गुरु का नाम है और सेक्स दानवों के गुरु का। दोनों का मिल जाना जीवन है।''

''तो क्या मान लूँ कि जीवन का प्रयोजन इन्हीं दो धुरी के बीच घूमते हुए गुजर जाना है?''

''हाँ, जीवन का प्रयोजन बस इतना ही है। भय और सेक्स की धुरी के बीच से गुजर जाना। यही दोनों चीजें जीने को उकसाती हैं, कर्म करने को उकसाती हैं और यही दोनों चीजें इस खेल को रोचक भी बनाती हैं।''

''तो आपके मूल सवाल का जवाब तो आपको मिल ही गया। जीवन का प्रयोजन क्या है?''

चलो मान भी लूँ कि जवाब मिल गया, लेकिन मेरे इस सवाल का जवाब कौन देगा कि कत्थई आँखों वाली मेरी बहन के चार साल की उम्र में चले जाने की वजह क्या थी? और चले ही जाना था, तो आई ही क्यों थी? मान भी लूँ कि बछड़ा बनकर माँ से मिल गई, तो उसकी भी वजह क्या थी?

मेरा सवाल जिंदा है, जिंदा रहेगा—''यही दुनिया है तो फिर ऐसी दुनिया क्यों है? यही होता है, तो आखिर यही होता क्यों है?''

□

27 फरवरी

''मैं तुम्हारे साथ चलूँगी, कन्हैया।''

''नहीं, तुम मेरे साथ नहीं चल सकती, राधा।''

''तब मैं यहाँ रहूँगी कैसे?''

''जैसे अभी रह रही हो।''

''फिर प्यार क्या है?''

''मैं यहाँ नहीं रहकर भी तुम्हारे पास रहूँगा और तुम वहाँ नहीं रहकर भी मेरे पास रहोगी। यही प्यार है।''

''अगर तुम्हें जाना ही था, तो मेरी ज़िंदगी में आए ही क्यों?''

''किसी का किसी की ज़िंदगी में आ जाना तो एक घटना है, राधा! लेकिन प्यार करने का अर्थ यह तो कदापि नहीं कि शरीर उनका साथ रहे।''

''फिर ऐसे प्यार का क्या फायदा?''

''प्यार फायदा या नुकसान के लिए नहीं किया जाता।''

''लेकिन साथ रहने की चाहत भी तो अपने प्यार के साथ ही होती है।''

''हो सकती है। लेकिन तन के साथ की मियाद होती है। प्यार में तो मन का साथ होना चाहिए।''

''इसका मतलब तुम किसी और से विवाह भी कर सकते हो?''

''विवाह का संबंध प्यार से नहीं है। विवाह एक व्यवस्था है। जो लोग यह समझने की भूल करते हैं कि प्यार की संपूर्णता विवाह में छिपी है, वो धोखा खाते हैं।

प्रेम आत्मा में घटित होने वाली घटना है। विवाह शरीर में घटने वाली घटना।''

''तो क्या आत्मा और शरीर अलग-अलग हैं।''

''ओह राधा! इतनी जल्दी? आत्मा के विषय में मैं बताऊँगा, लेकिन अभी नहीं। अभी इंतजार करना होगा। पहले लोभ, काम, क्रोध को लेकर एक महाविनाशकारी युद्ध होगा, अर्जुन मोहग्रस्त होगा, फिर मैं शरीर और आत्मा का भेद समझाऊँगा।''

''कान्हा, समंदर में जब तूफान उठता है, तो लहरें उसकी सूचना दे देती हैं। लेकिन आज पहली बार लग रहा है कि मन में अगर तूफान उठता है तो उसके बारे में किसी को पता नहीं चलता।''

''क्यों, कल कमला की कहानी संजय सिन्हा ने फेसबुक पर लिखकर उसके मन में उठने वाले तूफान के बारे में नहीं बताया था? उसने तो फेसबुक के अपने दस हजार से अधिक परिजनों से पूछ लिया कि कमला को क्या करना चाहिए? कमला ने भी तो यही कहा था कि वो कपिल से प्यार करती है। लेकिन कपिल शादी की कसौटी पर खरा नहीं उतर रहा।''

''कन्हैया, संजय सिन्हा का वो सवाल पढ़ा तो मैंने भी था, तो अब कमला को क्या करना चाहिए?''

''करना क्या चाहिए? प्रेम करती है, करती रहेगी।''

''फिर उसने प्रेम पर सवाल क्यों उठाया?''

''उसने प्रेम पर सवाल नहीं उठाया। उसने शादी पर सवाल उठाया है।''

''मैं समझ गई, तुम फिर वही कहोगे, प्यार और शादी एक नहीं होते।''

''हाँ, मैं फिर वही कहूँगा। प्यार मन का भाव है। विवाह तन का भाव है। कमला ने जब कपिल से प्रेम किया था, तब उसके मन में ये सवाल नहीं उठा था कि कपिल करता क्या है? कपिल करेगा क्या? जब तक यह मन का भाव रहा, सवालों का जन्म नहीं हुआ।

''जिस दिन तन का भाव बना, उसका अर्थ बदलने लगा। सुनो राधा, बहुत सी बातें होती हैं, जो महत्त्वपूर्ण नहीं लगतीं, लेकिन बहुत दिनों बाद उनका महत्त्व किस्मत के साथ जुड़ जाता है। एक बहुत छोटी सी बात पूरी किस्मत बदल देती है।''

"तो तुम कमला से क्या कहना चाहते हो? उसे कपिल से शादी करनी चाहिए या नहीं? संजय सिन्हा के परिजनों में से आधे लोगों ने तो कहा है कि उसे कपिल को छोड़ देना चाहिए, आधों ने कहा है कि उसे उससे बात करनी चाहिए और प्यार से उसे समझाकर उसकी हो जाना चाहिए। यह तो समस्या का समाधान नहीं है। इससे तो उसकी उलझन बढ़ गई होगी।"

"कमला की उलझन तो उसी दिन बढ़ गई थी, जिस दिन उसके मन में सवाल उठा।"

"सवाल तो मेरे मन में भी उठा कान्हा कि मैं तुम्हारे बिना कैसे रहूँगी?"

"तुमने इतना ही तो पूछा कि मेरे बिना कैसे रहोगी? मैंने बता दिया कि मैं यहाँ नहीं रहकर भी तुम्हारे पास रहूँगा और तुम वहाँ नहीं रहकर भी मेरे पास रहोगी। वैसे राधा, अगर तुम मुझसे पूछती कि कान्हा तुम मेरे बिना कैसे रहोगे, तो मैं तुमसे कुछ और कहता।"

"हाँ, बात तो सही है। मुझे यह पूछना चाहिए था कि तुम मेरे बिना कैसे रहोगे, कन्हैया? लगता है पल भर के लिए स्वार्थ हावी हो गया था?"

"नहीं, राधा नहीं। तुम इस बात के लिए अफसोस न करो। आदमी के जीने का मकसद ही उसके भेदों तक पहुँचना होता है। और इस भेद तक पहुँचने का रास्ता प्रेम है। पहला प्रेम तो खुद से ही होता है। कितनी बड़ी बात है कि तुम खुद से प्रेम करती हो, तुम खुद से प्रेम करती हो, इसीलिए मुझसे कर पा रही हो। तुम मेरे बिना कैसे रहोगी, इसके बाद ही यह सवाल उठेगा कि मैं कैसे रहूँगा। तुम्हारा प्यार स्वार्थी नहीं।"

"फिर कमला, जो पूछ रही है कि उसे कपिल से शादी करनी चाहिए या नहीं, वह सवाल भी उचित है?"

"हाँ, उचित है। जिस तरह आत्मा को एक स्वस्थ शरीर की जरूरत होती है, उसी तरह प्यार को उचित उम्मीद की। उम्मीद में ही शरीर की चाहत होती है। रही बात मेरे और तुम्हारे प्यार की तो उसमें शरीर है ही कहाँ?"

"तुम्हारी बातें उलझाऊँ होती हैं, कान्हा। तुम कमला के लिए कुछ साफ-साफ क्यों नहीं कहते? उसकी ज़िंदगी का सवाल है। उसकी तो अगले छह महीने में शादी है। वो कपिल से शादी करे या न करे।"

''मैं समझता हूँ कि अगर उसे उससे प्यार है, और यह प्यार आत्मा से होकर शरीर तक जाता है, तब तो शादी कर लेनी चाहिए। लेकिन शरीर से गुजरने वाले प्यार की मियाद होती है, जैसे शरीर की मियाद होती है। ऐसे प्यार में कुछ मिलता है, तो कुछ खो भी जाता है।''

''मैं जानती हूँ कि तुम किसी और से विवाह कर लोगे, कान्हा।''

''मैं जिससे भी विवाह करूँगा, भाव तुम रहोगी। शरीर रुक्मिणी का हो या सत्यभामा का। दोनों तुम ही होगी। विवाह सामाजिक जरूरत है।''

''फिर प्रेम विवाह क्यों नहीं?''

''विवाह टूट जाए तो आदमी सह लेता है। उसमें सिर्फ कुछ रस्म टूटते हैं। कुछ बंधन टूटते हैं। लेकिन प्रेम टूटता है, तो आदमी टूट जाता है। उसके जीने की वजह खत्म हो जाती है। इसीलिए बार-बार दुहरा रहा हूँ कि विवाह और प्रेम को एक मत समझो।''

''जाओ कान्हा, तुम मथुरा जाना चाहते हो न! जाओ। लेकिन तुम कमला के विषय में सोचना।''

''कमला जो सोचेगी, सही सोचेगी। उसे सोचने दो। उसके पास फेसबुक पर संजय सिन्हा के दस हजार परिजनों की सोच है। सब सोच रहे हैं। अभी कुछ और समय दो उसे। उसे भी जीने का मतलब मिलेगा, रास्ता प्रेम की गली से होकर ही गुजरेगा।''

□

3 मार्च

गोपियाँ कन्हैया से मनुहार कर रही थीं, कान्हा, हमारे कपड़े लौटा दो।

एक के मनुहार पर कान्हा ने उसके कपड़े पेड़ से नीचे फेंक दिए। जिसे कपड़े मिल गए थे, उसने कहा कि जब तक बाकी सखियाँ निर्वस्त्र रहेंगी, वह भी कपड़े नहीं पहनेगी।

कान्हा ने पूछा, तुम नारियाँ एक-दूसरे के सामने निर्वस्त्र क्यों हो जाती हो?

क्योंकि हमारे बीच आपस में ऐसा कुछ नहीं कि कपड़े की आवश्यकता पड़े।

फिर पुरुष के सामने कपड़े क्यों?

तुम्हारे जैसे लोगों के डर से।

हम पुरुष कभी किसी के सामने निर्वस्त्र नहीं होते।

शायद तुम पुरुष अपने बीच की दूरी बनाए रखना चाहते हो। हर आक्रामक ऐसा ही करता है।

सच कहती हो। पुरुष आक्रामक होता है। वो आक्रामक होता है, इसीलिए उसे आपस में भी छिपाने की जरूरत पड़ती है।

नहीं, पुरुष सिर्फ आक़ामक ही नहीं होता, वो महिलाओं के लिए रक्षक भी होता है। वो रक्षक होता है, इसीलिए महिलाओं को पुरुषों के साथ की जरूरत होती है।

और महिला? वो सृष्टि की संचालिका होती है, इसलिए वो घर चलाती है?

हाँ, कान्हा। तुम हमारे कपड़े लौटा दो। मैं दुआ करूँगी कि जल्द तुम्हारा विवाह हो और तुम्हें एक अति सुंदर स्त्री मिले। जिसकी रक्षा की जिम्मेदारी तुम पर होगी,

और तुम्हारा घर चलाने की जिम्मेदारी उस पर।

फिर कौन किसके घर जाएगा? क्या मैं उस स्त्री के घर जाकर रहने लगूँगा? या फिर वो हमारे घर आएगी?

स्त्री तुम्हारे घर आएगी। यही विधान है। तुम उसकी रक्षा का वचन दोगे, उसकी मर्यादा का पालन करने का वचन दोगे, उसके बदले में वो तुम्हारा वंश बढ़ाएगी, तुम्हारा घर सँवारेगी।

इसका अर्थ यह हुआ कि मैं विवाह करने उसके घर जाऊँगा और वो विवाह के बाद मेरे घर आएगी?

हाँ कन्हैया, यही होगा। अब जल्दी से हमारे वस्त्र लौटा दो।

इसका मतलब हुआ कि लड़की विवाह के बाद अपने पिता के घर को छोड़कर एक नए घर में रहने आएगी।

हाँ, सृष्टि का संचालन तो तभी होगा।

तब तो लड़की के घर वालों को बहुत दुःख होगा। उनका घर सूना हो जाएगा। लड़की ब्याह के बाद विदा हो जाएगी?

हाँ, यह सब तो होगा ही। लेकिन उस लड़की के घर भी तो कोई लड़की आएगी। इस तरह घर फिर से गुलजार हो उठेगा।

फिर भी विदाई में तकलीफ तो होगी ही?

हाँ कान्हा, साथ छूटने की पीड़ा तो होगी ही। पीड़ा छूटने के मोह के कारण होती है। स्त्रियों को पता होता है कि विवाह के बाद एक घर छूट रहा है, एक नया घर मिलने जा रहा है। इसलिए उनके क्रंदन में भी नए को पाने की खुशी होती है। स्त्रियाँ मन से मजबूत होती हैं, वो रहस्यों को भेद सकती हैं, इसलिए उन्हें खोने और पाने का भेद पता होता है।

अरे गोपियो, तुमने तो वो सब इतने कम में कह दिया, जिसे मैं अर्जुन के सामने युद्ध के वक्त कहने की सोच रहा था। यही तो कहना है मुझे कि पुराना छूटेगा, नया मिलेगा। हर शोक व्यर्थ है।

कन्हैया, बातें न बना। हम ठंड से मरी जा रही हैं, तू हमारे कपड़े नीचे फेंक। हमें बड़ी लाज आ रही है।

हाँ, कपड़े तो दूँगा ही। लेकिन मेरा सवाल तो अभी जिंदा है कि पुरुष कभी इस तरह एक सरोवर में निर्वस्त्र होकर एक साथ स्नान नहीं करते और तुम महिलाओं को आपस में लज्जा नहीं आती। पर मुझ जैसे एक बालक से लज्जा आ रही है?

बताया तो कान्हा, पुरुष और महिलाओं में बड़ा फर्क है। यह फर्क देह का है।

ओह! तो लज्जा तन को है? पर देह की तो परिधि होती है। देही की नहीं, और ठीक से देखो मैं देही हूँ। देह तो मेरा रथ है। फिर मुझसे क्या लज्जा? मैं तो असीम हूँ। विराट हूँ। मैं जब यहाँ से चला जाऊँगा, तब भी यहीं रहूँगा। जब यहाँ नहीं आया था, तब भी यहीं था। इसलिए लज्जा तो मन को होनी चाहिए, तन का क्या है? बाहर निकलो गोपियो, अपने-अपने वस्त्र ले जाओ।

कन्हैया, यह सब हमारी समझ से परे है—देह, परिधि। हमें तो वस्त्र चाहिए बस। हम सब तुमसे प्रेम करती हैं। हम तुम्हारी दासियाँ हैं।

नहीं। महिलाएँ पुरुष की दासी नहीं हो सकतीं। पुरुष को महिलाओं का दास होना चाहिए। महिलाएँ तो सृष्टि की संचालिका होती हैं, अभी तुमने कहा था।

हाँ, हाँ, महिलाएँ संचालिका होंगी। तुम अब वस्त्र दे दो। कोई देख लेगा तो क्या कहेगा?

कोई कुछ नहीं कहेगा। जो कहना है, वो हमारा और तुम्हारा मन कहेगा।

मैं सबके वस्त्र लौटा रहा हूँ। तुम सब दुआ करना, मेरा विवाह एक सुंदर स्त्री से हो, सुंदर मन वाली से।

और तन से नहीं?

कहा न, मैं तन हूँ ही नहीं। तुम सब भी तन नहीं हो। जो है, मन है। तन के भाव नहीं होते।

तो बहुत दिनों बाद दूर अमेरिका में बैठे लोग जब कहेंगे कि भारत में विवाह के बाद विदाई के आँसू नकली होते हैं, तो इसका मतलब यही होगा कि वो सिर्फ तन रह जाएँगे? तन के भाव नहीं होंगे, इसीलिए उन्हें शोक भी नहीं होगा।

हाँ, वहाँ विवाह तन का मिलन होगा। वो समाज भोगप्रधान होगा। वो ऊबे हुए लोगों का समाज होगा। वो देही का नहीं, देह का समाज होगा। वो नितांत अकेले लोगों का समाज होगा। वो तुम सबकी तरह इस तरह नदी में एक साथ सामूहिक

स्नान का सुख नहीं उठाने वालों का समाज होगा।

कान्हा, वस्त्र दे दो। अब तो तुमने सब जान लिया कि विवाह क्या है? स्त्रियाँ ही विदा क्यों होती हैं? विदाई का दुख क्या होता है?

और तुमने भी तो जाना गोपियों कि देह क्या होती है? मन क्या होता है? चलते-चलते तुम यह भी जान लो कि अँधेरे में जीने वाले बेशक अंधकार को जीने लगते हैं, उनकी कोशिशें बेशक अँधेरे में ही देखने भी लगती हैं, अपनी राह भी अँधेरे में चुन लेती हैं। लेकिन इसका मतलब नहीं कि उनके मन में उजाले की कामना नहीं होती। वे जो कभी उजाले से रूबरू नहीं हुए होते, उनके मन में भी उजाले की कामना होती है। उजाले की कामना ही मुक्ति की कामना है। तुम भविष्य के जिस देश की बात कर रही हो, वो भविष्य में परमाणु शक्ति से पूरे देश रोशन कर लेगा, लेकिन मन को रोशन करने के लिए उसे परमाणु नहीं, पुराण की जरूरत पड़ेगी। तब उन्हें तुम सबके इसी गाँव तक आना पड़ेगा। उन्हें तुम सबसे सामूहिकता का पाठ पढ़ना होगा। उन्हें समझना होगा कि आक्रमण से संसार नहीं चलता, संसार डर से भी नहीं चलता। संसार चलेगा प्रेम से। संसार चलेगा उनसे, जिन्हें आपस में एक-दूसरे से कुछ छिपाने की जरूरत नहीं रहेगी। संसार चलेगा तुम स्त्रियों से, जो एक-दूसरे के सामने वस्त्रविहीन होने में संकोच नहीं करेंगी। और प्रेम विवाह की सबसे बड़ी कड़ी है। विवाह संसार को चलाने का सबसे सुगम तरीका है। तन इसका रथ होगा, रथी तो मन ही होगा।

बहुत खूब, कान्हा।

ये लो अपने वस्त्र। बाहर निकल आओ।

और विवाह के बाद विदाई की घड़ी में संजय सिन्हा की उदासी का सबब?

कहा न! संसार प्रेम से ही चलेगा। जो संजय की तरह भावनाओं से संचालित होंगे, वही प्रेम को समझेंगे। सुदूर अमेरिका में बैठे लोग तो देह को प्रेम मानकर अंधकार को जीते रहेंगे। मेरी प्यारी गोपियो, आना उनको भी तुम सबकी शरण में पड़ेगा, कोई तर्क से आएगा, कोई विश्वास से।

□

10 मार्च

पत्नी धीरे से आकर कान में फुसफुसाई कि शायद वो माँ बनने वाली है।

ट्रेन की रफ्तार बहुत तेज थी। मैं ऊपर बर्थ पर लेट कर किताब पढ़ रहा था। वो अचानक अपनी सीट से उठी और मुझे हिलाकर उसने मेरा ध्यान अपनी ओर खींचा, और एकदम फिल्मी स्टाइल में अपनी बात कह गई।

माँ बनने वाली हो? मतलब मैं पिता बनने वाला हूँ।

मैंने अब तक यही सुना था कि माँ बनने की अनुभूति संसार में सबसे सुखद अनुभूति होती है, पर यह तो पिता बनने की अनुभूति भी गजब सुखदायक थी। मैंने अपने पेट पर हाथ फेरा, फिर खुद ही हँस पड़ा। बच्चा मेरी कोख में थोड़े ही है, पर पिता बनने का पहला अहसास वहीं से हुआ।

हम पिताजी से मिलने पटना गए थे। पटना से दिल्ली आते हुए तिनसुकिया मेल का वो एसी कंपार्टमेंट मेरे लिए खुशियों का ऐसा संसार बन गया, लगा कि यहीं गोल-गोल घूम जाऊँ। फिर हम दिल्ली पहुँचे। अगले दिन हमने खान मार्केट में एक परिचित डॉक्टर से समय लिया और पहुँच गए अपनी अनुभूति को कन्फर्म करवाने। डॉक्टर ने पत्नी की कुछ जाँच की और कह दिया, बधाई हो! आप पिता बनने वाले हैं।

अब तक मैं न जाने कितने डॉक्टरों से मिल चुका हूँ। लेकिन वो डॉक्टर मुझे नाम, पता और चेहरे के साथ आज भी याद है।

बस, फिर क्या था। जैसे मातृत्व शरीर से अधिक मन की भावना है, वैसे ही पितृत्व भी मन की भावना होती है, पहली बार समझा। कल तक मैं जो खुद एक बच्चा था, अचानक बड़ा हो गया था। पत्नी में मुझे माँ नजर आने लगी थी, और मैं खुद को पिता की जगह देखने लगा था। कहीं बैठता तो अपने पिता की तरह जूते से

जमीन पर टक-टक की आवाज निकालता, और खुद को पिता के साँचे में ढलता हुआ पाता।

कहानी तो नौ महीने की ही है, लेकिन लिखने को नौ सौ पन्ने हैं। कैसे मैं रोज बंगाली मार्केट जाकर तरह-तरह की खाने की चीजें ले आया करता, और उस बच्चे के मुँह में स्वाद लगाने की कोशिश करता, जो अभी कोख में था। मेरा मन करता कि कबाब खाऊँ तो अपनी तब शाकाहारी पत्नी को उकसाता कि उसे भी कबाब खिलाओ। मैं कहता कि तुम थोड़े ही खा रही हो, यह तो उसका हिस्सा है। और इस तरह धीरे-धीरे शाकाहारी पत्नी सबकुछ खाने लगी।

बीच में पत्नी की तबीयत खराब हुई तो डॉक्टर ने कह दिया कि अब दफ्तर जाने की जरूरत नहीं। बस आराम कीजिए।

वो आराम करने लगी, मैं काम करने लगा।

मैं कोई डॉक्टर तो हूँ नहीं। लेकिन जब कभी मेरे पेट में दर्द होता था, पिताजी पुदीन हरा दे दिया करते थे। पुदीन हरा पीते ही दर्द छूमंतर।

पत्नी ने एक रात बताया कि उसके पेट में दर्द हो रहा है। मैंने कहा, पुदीन हरा जिंदाबाद।

पुदीन हरा पिलाया। फिर थोड़ी देर में उसने कहा, दर्द बढ़ रहा है। मैंने फिर पुदीन हरा पिला दिया। इस तरह सारी रात पुदीन हरा का हरा-हरा इलाज चलता रहा।

हमारे देश की शिक्षा व्यवस्था में पता नहीं क्यों डॉक्टर, इंजीनियर, प्रोफेसर, पत्रकार और ढेरों चीज बनने की पढ़ाई कराई जाती है, लेकिन आदमी बनने, पिता बनने, माँ बनने की शिक्षा नहीं दी जाती। हमें बताया ही नहीं जाता कि हमारा शरीर है क्या? नर और मादा के जो दो शरीर जब आपस में मिलते हैं, तो वो कैसे तन से अधिक मन का मिलन होना चाहिए। कैसे मन का एकाकार होना ही तन का एकाकार होना होता है। नर और मादा के शरीर के मिलन की गोपनीय विद्या का आलम यह हुआ कि हम जैसे दो पढ़े-लिखे लोग सिर्फ इसलिए उस दर्द को लेबर पेन नहीं समझ पाए, क्योंकि सुबह पत्नी ने डॉक्टर को दिखाया था, डॉक्टर ने कह दिया था कि सबकुछ नॉर्मल है, आप चिंता मत कीजिए।

डॉक्टर ने सारा कुछ मशीन से जाँचा था। उसे मशीन पर भरोसा था। पत्नी को डॉक्टर पर भरोसा था।

मैं तो पटना और भोपाल में पढ़ा हुआ छोटे शहर का बालक था, पर पत्नी दिल्ली की थी। मैं हिंदी वाला, वो अंग्रेजी वाली। मुझे अंग्रेजी वाली पर भरोसा था। भरोसे के इस खेल में उसे उस रात बच्चा होने वाला दर्द हुआ, जिसे अंग्रेजी में 'लेबर पेन' क्यों कहते हैं, ये सवाल पहली बार मेरे जेहन में आज ही आया है, पत्नी अभी सोकर उठेगी तो उससे पूछूँगा। फिलहाल सच यह है कि उस लेबर पेन में सारी रात वह हिंदीवाले की पेशकश पुदीन हरा पीती रही। सुबह मैं भागकर मकान मालकिन के पास गया ये कहने कि पत्नी को डॉक्टर के पास ले जाना पड़ेगा, वो सारी रात दर्द में रही है। मकान मालकिन की छोटी बहन वही थीं, जो नर्स थी। वो भाग कर पत्नी के पास आई और सिर पीटने लगी। अरे यह तो लेबर पेन है। अभी भागो अस्पताल। बच्चा होने वाला है।

लो जी सारे भरोसे की ऐसी तैसी हो गई। मशीन की, डॉक्टर की, अंग्रेजी की और...

जिस दिन अस्पताल गए, उसी दिन मैं पिता बन गया।

कुछ दिनों के बाद हम अस्पताल से घर लौट रहे थे, तो डॉक्टर ने पत्नी के हाथ में बच्चे को पकड़ाया। मैंने पत्नी के हाथ से बच्चे को ले लिया। उसने मेरी ओर देखा तो मैंने कहा कि तुम गिरा दोगी। तुम अभी खुद छोटी हो। तुम्हें बच्चा उठाना नहीं आता। वह झेंप गई। घर के सारे रास्ते बच्चा मेरी गोद में रहा। फिर उसके बाद दो साल का होने तक बेटा दूध पीने तक माँ के पास रहता, बाकी मेरे पेट पर सोता। उसे पेट पर सोने की आदत पड़ गई। हम बैंगलोर, ऊटी, काठमांडू पता नहीं कहाँ-कहाँ घूमने गए। वो मेरी छाती से चिपककर अँगूठा चूसता।

बच्चा उठाने का मेरा कॉनफिडेंस गजब का था। इतने गजब का कि जब मेरी साली का बेटा हुआ और हम एक बार मुंबई घूमने गए तो पत्नी और साली को शॉपिंग पर भेजकर मैं खुद उसके बेटे को गोद में उठाए, सड़कों पर घूमता रहा। दो घंटे में उसने न जाने कितनी बार सू-सू किया। मेरी पूरी शर्ट गीली हो गई। किसी तरह उसे गोद में लिये हुए ही मैं एक दुकान से शर्ट खरीदकर लाया और उसे वहीं चेंज किया।

दो दिन पहले मैं अपने एक फेसबुक परिजन की पोतियों की शादी में गया। वहाँ उनके किसी रिश्तेदार ने अपने छोटे से बच्चे को मेरी गोद में रख दिया कि आशीर्वाद दूँ। मेरी तो मेरी बाँछें खिल गईं। अहा, फिर मेरी गोद में बच्चा। मेरा रोम-रोम खिल उठा।

ये सही है कि समय के साथ बच्चा उठाने की प्रैक्टिस खत्म हो गई है, और बच्चा रो भी रहा था, पर रो इसलिए थोड़े ही रहा था कि मैंने उसे ठीक से उठाया नहीं है। वो तो इसलिए रो रहा है, क्योंकि पैदा होते ही बच्चे गोद को पहचानने लगते हैं।

कल से सौ बार अपने होंठों की मुस्कुराहट पर मैं मर-मर जा रहा हूँ। पिता होने का बोध, माँ होने के बोध से रत्ती भर कम नहीं होता।

यह सारा खेल बोध होने का ही है। सबको अपने-अपने रिश्तों का बोध होना चाहिए।

यही एकमात्र अंतर है, मनुष्य होने और मनुष्य नहीं होने में।

□

11 मार्च

सिनेमा के संसार में मेरा पहला क्रश बॉबी फिल्म देखकर डिंपल कपाडिया से हुआ था। एक दिन दीदी ने किसी फिल्मी पत्रिका को पढ़कर बताया कि डिंपल कपाडिया की शादी राजेश खन्ना से हो रही है।

ओह! बॉबी की शादी हो जाएगी, फिर मेरा क्या होगा?

तब मैं छह–सात साल का रहा होऊँगा। पर यह पता था कि लड़की की शादी हो गई, तो वो गई। जिन दिनों राजेश खन्ना दिल्ली से चुनाव लड़ रहे थे, मेरी मुलाकात एक दिन डिंपल से हो गई। वो सामने थीं, और मैं चुप था।

हालाँकि बाद में यही क्रश जया भादुड़ी से भी हुआ और एक दिन जया भादुड़ी जब मिलीं तो मैंने उन्हें बता भी दिया था। वो हँस पड़ी थीं।

कल मैं अनुष्का शर्मा से मिला। सिनेमा के संसार में ज्यादातर हीरो–हीरोइनों से मेरी मित्रता है। सबसे मैं बहुत नजदीक से बातें करता हूँ। लेकिन अनुष्का इकलौती हीरोइन हैं, जिनसे बात करते हुए मुझे एक दूरी रखनी पड़ती है। वजह बहुत सामान्य है।

जिन दिनों अनुष्का की फिल्म बैंड बाजा बारात रिलीज हुई थी, मेरा बेटा हाई स्कूल कर रहा था। मैंने एक दिन घर में बताया कि कल अनुष्का से मिलने जा रहा हूँ, तो बेटे की आँखें चमक उठीं।

उसने कहा, पापा मुझे भी मिलना है।

यह क्या? मैं इतने लोगों से मिलता हूँ, बेटे ने कभी कहा नहीं कि उसे किसी फिल्मी हस्ती से मिलना है। अमिताभ बच्चन, शाहरुख खान, सलमान खान, आमिर खान, माधुरी दीक्षित, प्रियंका चोपड़ा से, जिसे मिलने की इच्छा नहीं हुई, वो अनुष्का

से मिलना चाहता है?

मैंने पूछा, क्या करोगे मिलकर?

उसने कहा, मैंने उसकी एक पेंटिंग बनाई है, उसे गिफ्ट करूँगा।

ओके।

फिर मैंने पत्नी की तरफ देखा। पत्नी मुस्कुराई। धीरे से बोली, अपना डिंपल वाला भूल गए क्या?

ओह! तो पहला क्रश है?

मैं दफ्तर चला गया। अनुष्का आई। मैंने अनुष्का से कहा कि मेरा बेटा आपसे मिलना चाहता है। तब तक अनुष्का की एक ही फिल्म आई थी, रब ने बना दी जोड़ी। उस फिल्म में उसकी ऐसी कोई पहचान नहीं बनी थी।

खैर, अनुष्का ने कहा कि हाँ, जरूर मिलूँगी। बेटे से मिली। दोनों ने एक-दूसरे को देखा। बेटे ने उसकी जो तस्वीर बनाई थी, उसे बतौर उपहार दिया। एक-दो तसवीरें खिंचवाई। फिर चला गया। अनुष्का की शूटिंग पूरी हुई, मैं कार तक छोड़ने गया, तो उसने मुझसे पूछा, आपका बेटा चला गया क्या?

मैंने कहा, हाँ, चला गया। तस्वीर देने आया था।

वो मुस्कुराने लगी। कहने लगी, एक बार फोन पर और बात करा दीजिए।

बीच सड़क पर अनुष्का की गाड़ी रुकी थी, वो फोन पर बात कर रही थी।

बात आई-गई हो गई।

फिर बेटा स्कूल से निकलकर कॉलेज चला गया। इंजीनियरिंग की पढ़ाई करने लगा। इन दिनों बाहर है। हालाँकि अब अनुष्का उसके क्रश से निकल चुकी है। पर अनुष्का कल हमारे दफ्तर आईं। मुझसे मिलीं। काफी देर तक चुप रहीं। मैं भी चुप रहा। आमतौर पर जितने भी स्टार आते हैं, उनसे मेरी लंबी बात होती है। थोड़ा हँसी-मजाक होता है। लेकिन अनुष्का के सामने मैं ज्यादा नहीं बोल पा रहा था।

मैंने कहा था न कि रिश्ते मन के भाव होते हैं। मुझे लगता है कि बैंड बाजा बारात के बाद बेटे के जेहन से अनुष्का निकल भी गई, क्योंकि कल अनुष्का के सामने ही अचानक उसका फोन आया, पापा अमेरिका में एप्पल का नया लैपटॉप और

एप्पल वाच लॉन्च हो गई है।

मैंने कहा, छोड़ो तुम एप्पल वाच, यहाँ अनुष्का शर्मा मेरे सामने बैठी है। बात करोगे?

उधर से हँसी की आवाज आई। अरे वो तो बचपन में हो जाता है। अब क्या बात करनी? पूछ लो मेरी पेंटिंग रखी है या...?

अनुष्का मेरी और देख रही थीं।

मैंने पूछा, पेंटिंग है या...?

ऑफ कोर्स है।

ओह! इसका मतलब अनुष्का को भी याद है।

अब क्या बात करूँ? ये मन के भाव ही तो होते हैं। कुछ समय के लिए मैं छोटा बच्चा बन गया था। डिंपल सामने थीं। मैं कुछ बोल नहीं पा रहा था। अनुष्का सामने थीं, फोन पर बेटा कह रहा था, क्या बात करनी है?

सबकी ज़िंदगी में कभी-न-कभी रिश्तों की ऐसी कोपलें फूटती हैं, जिसका असर किसी पेंटिंग के रंग की तरह टँगा रह जाता होगा मन की दीवार पर और ज़िंदगी आगे बढ़ जाती है, नए रिश्तों के साथ।

मैंने पूछा, ''इंटरव्यू के लिए चलें?''

''हाँ, लेकिन विराट कोहली पर कोई सवाल नहीं।''

''क्यों?''

''रिश्ते मन के भाव होते हैं। उन पर क्या बात करनी?''

□

12 मार्च

नो जेनिफर, ऐसा नहीं करना।

ओह! जेनिफर, सँभालो खुद को।

नहीं-नहीं, जेनिफर नहीं। ऐसा करना ठीक नहीं।

शाम को मेरा दोस्त कहीं सुनी एक कहानी मुझे सुना रहा था। शाम को अगर मौका मिलता है तो चाय पीने की जगह हम दस मिनट दफ्तर के बाहर टहलना पसंद करते हैं। उस दस मिनट में हम अगले दिन सुबह की योजना बनाते हैं कि अपने न्यूज चैनल के लिए कल किस तरह के कार्यक्रम बनाए जाएँ। कभी हम जीवन क्या है, ऐसे विषयों पर भी चर्चा करते हैं। राजनीति में कहाँ क्या चल रहा है, यह भी हमारी बातचीत का एजेंडा हो सकता है। और कभी-कभी हम ऐसी कहानियाँ भी एक-दूसरे को सुनाते हैं, जिसका हम पर असर हुआ रहता है। मेरे पास कहानियों और उदाहरणों का अकूत भंडार है। मुझे खुद भी नहीं पता होता कि ऐन वक्त पर कहाँ से कब की सुनी या पढ़ी कहानी मेरे जेहन में तैरने लगती है। तो कल मेरे दोस्त ने मुझे जो कहानी सुनाई, उसे बहुत देर तक मैं अनमने ढंग से सुनता रहा। लेकिन जैसे ही उसने कहानी पूरी की, मैं अवाक् रह गया। अरे ये क्या? क्या सचमुच? हाँ, होना तो यही चाहिए। आइए पहले आपको पूरी कहानी सुनाता हूँ। हो सकता है आपने कहानी सुनी भी हो। कहानी सुनी होगी तो भी इतना तो तय है कि मेरी जुबानी नहीं सुनी, तो फिर वो बात कहाँ? एक महिला एक शॉपिंग मॉल में एक छोटे बच्चे को लेकर किसी दुकान के बाहर बेंच पर बैठी थी। बच्चा उसकी गोद में शांति से बैठा था, महिला रुक-रुककर बोलती नो जेनिफर, ऐसा नहीं करना। ओह! जेनिफर सँभालो खुद को। नहीं-नहीं, जेनिफर नहीं। ऐसा करना ठीक नहीं। जब उसने कई बार ऐसा कहा, तो वहीं पास बैठे एक आदमी से रहा नहीं गया। वो उसके पास गया और उसने पूछा कि आप बच्चे को बार-बार डाँट क्यों रही हैं? मैं बहुत देर से नोट कर रहा हूँ कि बच्चा

आपकी गोद में शांति से बैठा है और आप उसे लगातार डाँटे जा रही हैं। महिला ने आश्चर्य से पूछा, मैं बच्चे को डाँट रही हूँ? मैंने तो बच्चे को एक बार भी नहीं डाँटा। फिर आप बार-बार क्यों कह रही हैं, नो जेनिफर, ऐसा नहीं करना। ओह! जेनिफर, सँभालो खुद को। ऐसा करना ठीक नहीं।

ओह! आप जेनिफर की बात कर रहे हैं? लेकिन जेनिफर तो मैं हूँ। मेरा मन कई बार बहकता है। मेरा मन यहाँ इस दुकान के बाहर बैठकर मुझसे कई बार कह चुका है कि यह वाली ड्रेस ले लो। वो सैंडल ले लो। ये खरीद लो। वो खरीद लो। जबकि मेरे पास सबकुछ है। मुझे दरअसल इन चीजों की जरूरत नहीं। पर मन की हवस कभी खत्म नहीं होती। ये मिल गया, तो वो चाहिए। वो मिल गया तो और चाहिए। चाहत की सीमा ही नहीं। चाहत खत्म ही नहीं होती। ऐसे में मैं खुद को डाँटती हूँ। खुद को रोकती हूँ। नो जेनिफर, ऐसा नहीं करना। ओह! जेनिफर, सँभालो खुद को। नहीं-नहीं जेनिफर, नहीं। ऐसा करना ठीक नहीं। कहानी यहीं रुकी थी या आगे बढ़ी इसमें मेरी दिलचस्पी नहीं थी। मेरे लिए कहानी वहीं की वहीं रुक गई। कल से मैं खुद को कई बार डाँट चुका हूँ। नो संजय, किसी के बारे में ऐसा नहीं सोचते। नहीं, नहीं संजय यह गलत है। माना उसने तुम्हारे लिए ऐसा कहा, पर क्या तुम भी वही करोगे? नो-नो, तुम्हें अपने आपको सुधारना होगा। मन पर नियंत्रण रखना होगा। हवस का अंत नहीं। रुको। रुक जाओ, संजय। खुशी से जीवन को जीयो। चाहतों के चक्र में कोई खुश नहीं रहा अब तक। कल से मन की डाँट मुझे अच्छी लग रही है। जो चीज मुझे अच्छी लगती है, उसे अपने परिजनों से साझा जरूर करता हूँ, यह तो आपको पता ही है।

□

13 मार्च

माइक्रोस्कोप से मेरा पहला पाला दसवीं कक्षा में पड़ा था। मेरे टीचर ने मुझे वनस्पति शास्त्र की पढ़ाई में पहली बार प्याज के एक छिलके को माइक्रोस्कोप में डाल कर दिखाया था कि देखो, माइक्रोस्कोप में ये कैसा दिखता है। मैंने आँखें डालकर प्याज के उस छिलके को देखा, मुझे उसमें हजार ऐसी तरंगें दिख रही थीं, जिन्हें हम कभी यूँ ही नहीं देख सकते। फिर कभी कुछ और देखा, कभी कुछ और।

मेरे टीचर मुझे समझा रहे थे कि माइक्रोस्कोप उन चीजों को देखने का यंत्र है, जो चीजें हम अपनी सामान्य आँखों से नहीं देख सकते।

इसी कड़ी में मैंने दही की एक बूँद स्लाइड पर रखकर माइक्रोस्कोप के नीचे रखा और यह देखकर हैरान रह गया कि बहुत से छोटे-छोटे कीटाणु उसमें मौजूद थे। वो दिन था और आज का दिन है, दही खाने में मुझे झिझक सी होती है। उसके बाद फिर कभी मेरे मन में माइक्रोस्कोप के नीचे झाँकने की इच्छा पैदा नहीं हुई। मेरे मन में यह बात बैठ गई कि जो चीज मुझे अपनी सामान्य आँखों से नहीं दिखती, उसे मुझे देखने की कोशिश भी नहीं करनी चाहिए। हाँ, जिनके लिए वो शोध का विषय हो, वो बेशक माइक्रोस्कोप का सहारा ले सकते हैं।

कल मेरे पास दो लोगों ने इनबॉक्स में संदेश भेजे।

एक महिला को अपने पति के साथ नहीं रहना। उसे पति की बातें नहीं पसंद। उसे पति पर संदेह है।

एक सज्जन अपनी पत्नी के चरित्र को माइक्रोस्कोप में देखने की कोशिश में लगे हैं। वो उसके मेल, एसएमएस आदि को स्लाइड पर रखकर माइक्रोस्कोप के नीचे लगा रहे हैं। यकीनन उन्हें कुछ-न-कुछ जीवाणु दिख सकते हैं।

मेरा सवाल है—क्यों?

किसी भी रिश्ते में इतनी तस्दीक के बाद बचेगा क्या? किसी को अपनी पत्नी पर संदेह हो या किसी को अपने पति पर संदेह हो तो उसे उन रिश्तों को यों ही छोड़ देना चाहिए, बजाय इसके कि उसे माइक्रोस्कोप के नीचे डालकर उसके जीवाणुओं को देखा जाए। संसार में किसी भी व्यक्ति के मन के करोड़वें हिस्से की स्लाइड बनाकर अगर माइक्रोस्कोप के नीचे रखा जाए, तो मेरा यकीन कीजिए आदमी का आदमी से रिश्ता टूट जाएगा।

रिश्तों में स्पेस देने की आदत विकसित करनी चाहिए। जिन रिश्तों में प्यार हो, वहाँ संदेह के विषाणुओं की तलाश नहीं करनी चाहिए। संदेह के विषाणु देखने निकलेंगे तो माइक्रोस्कोप में कुछ-न-कुछ तो नजर आएगा ही, लेकिन जो सामान्य आँखों से नहीं दिख रहा, उसे देखने की जरूरत भी क्या है? हाँ, जिन मनोवैज्ञानिकों को इस पर शोध-पत्र तैयार करने की जरूरत हो, उनके लिए सब ठीक है। लेकिन मेरा यकीन कीजिए, रिश्ते भरोसे की नाव पर चलते हैं। जिनके पास भरोसे की नाव नहीं होती, उनके रिश्ते डूब जाते हैं।

जो रिश्तों की स्लाइड बनाते हैं, उनके रिश्ते खत्म हो जाते हैं। और कोई जरूरी नहीं कि रिश्तों की मेरी यह परिभाषा सिर्फ प्रेमी-प्रेमिका, पति-पत्नी, स्त्री-पुरुष के संदर्भ में हो। यह सच संसार में हर रिश्ते पर लागू है।

मेरा मानना है, और पहले भी मैं लिख चुका हूँ कि रिश्तों में दूसरे पर सिर्फ भरोसा करना चाहिए और खुद पर नियंत्रण। जो भरोसा नहीं करते, उनके रिश्ते नहीं चलते। आप अपनी खाने की सबसे प्रिय वस्तु को माइक्रोस्कोप में डालकर देख लीजिएगा, आप नहीं खा पाएँगे। आप अपने सबसे प्रिय रिश्ते को भी माइक्रोस्कोप में डालेंगे तो रिश्ते नहीं निभा पाएँगे। भगवान ने आँखों में जितनी शक्ति दी है, वो पर्याप्त है आपके जीवन को सुचारु रूप से चलाने के लिए। अपनी आँखों पर भरोसा कीजिए और वो सब खाइए, जिसे खाते हैं। अपने मन पर भरोसा कीजिए और उन सभी रिश्तों को निभाने की कोशिश कीजिए, जिन्हें आपको निभाना है।

बचपन में माइक्रोस्कोप की स्लाइड पर दही की एक बूँद डालने की भूल से मुझे आज भी दही खाने में मुश्किल आती है। आप क्यों ऐसी गलती करते हैं? सारी दुनिया को पता है कि दही स्वास्थ्य के लिए लाभदायक है। काश! मैंने उसे माइक्रोस्कोप में न डाला होता। दही छूट जाने का अफसोस मुझे आजतक है। सोचिए,

रिश्ते छूट जाएँगे तो उसका अफसोस कितने दिनों तक रहेगा।

इसलिए रिश्तों को जीने की कोशिश कीजिए। जब रिश्ते बहुत बिगड़ जाएँगे और सचमुच निभाने लायक नहीं रहेंगे, तो सबकुछ खुद-ब-खुद सामने नजर आने लगेगा। उसके लिए माइक्रोस्कोप की जरूरत नहीं पड़ेगी।

□

14 मार्च

कुछ दिन पहले मैं अमिताभ बच्चन से मिलने उनके दिल्ली वाले घर में गया था। पहले भी कई बार जा चुका हूँ, लेकिन इस बार जब मैं उनसे मिलने गया तो मुझे उनके साथ कहीं जाना था। मैं ड्राइंग-रूम में बैठकर चाय पी रहा था, अमिताभ बच्चन तैयार हो रहे थे। मुझे लग रहा था कि अमिताभ बच्चन अभी ड्राइंग-रूम में आएँगे और फिर हम साथ-साथ निकल पड़ेंगे।

मैं चाय पी रहा था, तभी एक व्यक्ति मेरे पास आया और कहा कि बच्चन साहब बाहर इंतजार कर रहे हैं। मैं फटाफट कमरे से बाहर निकला, रात के आठ बजे होंगे। सामने पोर्टिको में गाड़ी खड़ी थी, और उस गाड़ी के पीछे अमिताभ बच्चन एकदम तैयार होकर हाथ जोड़े लॉन में जल रहे एक दीपक के सामने पूजा कर रहे थे। कई मिनट तक वो पूजा करते रहे और फिर पूजा खत्म होते ही हम वहाँ से निकल पड़े।

अमिताभ बच्चन की कई फिल्में मैंने देखी हैं, जिनमें वो ईश्वर को चैलेंज करते हैं। वो नास्तिक होते हैं। वो भगवान से कहते हैं कि तू पत्थर का एक टुकड़ा है, कुछ और नहीं। पर मेरे सामने जो अमिताभ बच्चन खड़े थे, वो तो घर से निकलने से पहले भी उस पत्थर के टुकड़े को नमन कर रहे थे। मतलब अमिताभ बच्चन नास्तिक नहीं हैं। वो नास्तिक नहीं हैं, यह बात मैं पहले से जानता हूँ। मैं जानता हूँ कि मुंबई में जुहू वाले अपने घर से कई दफा आधी रात को वो नंगे पाँव सिद्धि विनायक मंदिर निकल पड़ते हैं। मैं जानता हूँ कि वो बनारस से लेकर उज्जैन तक भगवान के दर्शन कर आते हैं। मैं जानता हूँ कि ईश्वर में उनकी अगाध आस्था है। लेकिन यह पहला मौका था, जब मैं अमिताभ बच्चन को घर से निकलते हुए ईश्वर को याद करते हुए देख पा रहा था।

एक बहुत गरीब आदमी एक बार अकबर के दरबार में पहुँचा, कुछ माँगने के

लिए। उसने वहाँ पहुँचकर अपनी मंशा जताई कि वो बादशाह अकबर से मिलना चाहता है। दरबारियों ने उससे इंतजार करने को कहा। जब काफी देर हो गई तो उस व्यक्ति ने किसी से पूछा, बादशाह किस काम में इतना व्यस्त हैं, जो मुझे इंतजार करना पड़ रहा है?

उसे बताया गया कि अकबर इस वक्त नमाज पढ़ रहे हैं।

नमाज पढ़ रहे हैं? नमाज पढ़ना क्या होता है?

वो अल्लाह को याद कर रहे हैं।

अल्लाह! वो कौन है? और क्या वो मुझसे पहले उनसे मिलने आया था?

नहीं, नहीं। इसका मतलब यह कि वो ईश्वर को याद कर रहे हैं, वो पूजा कर रहे हैं।

लेकिन अकबर तो बादशाह हैं। उन्हें किस चीज की कमी है? उन्हें भला ईश्वर की पूजा की जरूरत क्यों पड़ी?

अरे भाई, वो हर सुबह इसी तरह अपने भगवान की उपासना कर अपने लिए खुशियाँ और शांति माँगते हैं। उन्हें भगवान पर भरोसा है कि वो उनकी हर मुराद पूरी करते हैं।

क्या कह रहे हो? क्या सचमुच सम्राट अकबर कुछ पाने के लिए भगवान पर आश्रित हैं? क्या वो उनसे माँगते हैं? अगर ऐसा है तो मुझे अब कुछ भी नहीं चाहिए। जो खुद माँगता है, उससे क्या लेना? अब मुझे जो माँगना होगा, मैं सीधे भगवान से माँगूँगा। पर यह तो बताओ कि भगवान होता कहाँ है?

यह तो मैं भी नहीं जानता। तुम महाराज के आने का इंतजार करो, उन्हीं से पूछ लेना।

वो आदमी शांति से बैठ गया। अकबर आए। उसे उनसे मिलाया गया। उस व्यक्ति ने उनसे कहा कि महाराज, मैं आया तो था आपसे कुछ माँगने, लेकिन अब मुझे कुछ चाहिए नहीं, बस इतना बता दीजिए कि आप हर रोज ईश्वर को याद करते हैं, क्या सचमुच ईश्वर होता है? और होता है, तो हमें कुछ क्यों नहीं देता, आप बड़े लोगों की ही क्यों सुनता है?

अकबर ने मुस्कुराते हुए कहा, ईश्वर है या नहीं, यह तो मैं नहीं जानता। लेकिन

अपने से ऊपर किसी और की सत्ता पर जो लोग भरोसा करते हैं, उनकी मुश्किलें आसान हो जाती हैं, यह सोच कर कि कहीं कोई है, जो उसकी रक्षा कर रहा है, उसकी मुश्किलों को सुन और समझ रहा है। यही भरोसा काफी है।

अमिताभ बच्चन को इस तरह तैयार होकर घर से निकलते हुए हाथ जोड़े पूजा करते हुए देखकर भला मैं कितनी देर चुप रहता। मैंने पूछ ही लिया, क्या आप हर बार घर से निकलते हुए पूजा करते हैं?

"हाँ, करता हूँ। लेकिन यह पूजा नहीं है। ये तो ईश्वर को याद करते हुए मन को अहसास दिलाना है कि हमारे ऊपर भी कोई है। कोई है जो हमारी देखभाल कर रहा है। कोई है, जिसे हमारे सुख-दु:ख का ध्यान है। अपने ऊपर किसी का हाथ होने का भरोसा ही कामयाबी का पहला पड़ाव है।

मैं सारे रास्ते सोचता रहा। बड़ी बात ईश्वर के होने और नहीं होने की नहीं। बड़ी बात है उस विश्वास की। जिन्हें अपने ऊपर किसी के हाथ होने का भरोसा होता है, उनका आत्मबल बड़ा होता है। जिनका आत्मबल बड़ा होता है वही कामयाब होते हैं।

बचपन में यह भरोसा माता-पिता का होता है। बड़े होने पर भले किसी अदृश्य शक्ति का हो जाता है। लेकिन जिनके मन में यह भरोसा होता है, वही राजा बनते हैं, वही अमिताभ बच्चन बनते हैं।

□

15 मार्च

आज मैंने सुबह से कई बार लिखने की कोशिश की। हर बार लिखकर डिलीट कर दिया। आम तौर पर ऐसा नहीं होता, मैं जब कंप्यूटर ऑन करता हूँ और किसी विषय पर लिखने लगता हूँ, तो एक कहानी बनती चली जाती है। लेकिन आज ऐसा नहीं हुआ। आज मैंने रवींद्रनाथ टैगोर पर लिखने की कोशिश की, यह बताने की कोशिश कर रहा था कि जब तक उन्हें नोबल पुरस्कार नहीं मिल गया था, उनके समकक्ष तमाम बंगाली कवि उन्हें रत्ती भर भी कवि नहीं मानते थे। मैंने यह भी लिखने की कोशिश की कि मेरी पत्नी कल से उदास है कि उसके किसी स्कूली मित्र का निधन हो गया है। हाल ही में उसके स्कूली दोस्तों ने फेसबुक पर एक ग्रुप बनाया है, और सभी लोग उसमें एक-दूसरे से जुड़े हैं। हालाँकि जिस मित्र के निधन की खबर उसे फेसबुक पर मिली है, उससे वो स्कूल के बाद कभी मिली ही नहीं। ऐसे में वो मित्र से अधिक एक परिचित ही था। पर मौत की खबर तो मौत की खबर होती है, उसका उदास होना लाजिमी है।

ऐसा नहीं होता कि हर मौत की खबर सुनकर हमारे भीतर एक ही तरह का भाव पैदा होता है। हम जिनके बीच रहते हैं, जिनके साथ उठते-बैठते हैं, उनकी मौत की खबर अलग तरीके से विचलित करती है। हम अपने किसी परिजन को खो देने के बाद अलग तरह से मौत पर प्रतिक्रिया जताते हैं। लेकिन जब हम अपने सहपाठी या हमउम्र की मौत की खबर सुनते हैं, तो हमारे भीतर एक भय भी व्याप्त होता है। भय इस बात का! कि हम उस सफर पर तो नहीं?

मैंने पत्नी के स्कूली परिचित की मौत और उसकी प्रतिक्रिया पर करीब-करीब पाँच सौ शब्द जरूर लिख लिये होंगे। लेकिन फिर मैंने उसे डिलीट कर दिया। मुझे लगा कि इस तरह की बातें क्यों लिखनीं?

मार्च के महीने में जब भी आसमान में बादलों को देखता हूँ, मैं खुद अवसाद में

घिर जाता हूँ। मेरे लिए मार्च कोई सुखद महीना नहीं। पिछले 35 वर्षों से मैं मार्च की उदासी को साथ लिये जी रहा हूँ। मार्च की हर तारीख मेरे लिए एक उपन्यास के बराबर कहानियों को अपने भीतर समेटे है। मैं चाहूँ तो सिर्फ मार्च की अपनी यादों को एक हजार पन्नों में दर्ज कर सकता हूँ। आपको उस छोटे-से बच्चे की कहानी सुना सकता हूँ, जो अपनी बीमार माँ की मौत की कामना करता था। जो हर सुबह उठकर सबसे पहले यह देखने की कोशिश करता था कि उसकी माँ जिंदा है या नहीं। माँ गई तो मार्च में ही। 29 मार्च को यों बारिश नहीं हुआ करती, लेकिन उस साल बारिश हुई थी। खूब हुई थी। 35 साल पहले की उस तारीख को मैंने बहुत बार कोशिश की कि मेरे जेहन से निकल जाए, और पहले कई बार लिख भी चुका हूँ कि किसी के चाहने से कभी कुछ नहीं होता। न वो तारीख मेरे मन से निकली, न मार्च का महीना आना बंद हुआ।

और यही वजह है कि लिख-लिखकर डिलीट करता रहा। मैं नहीं चाहता था कि रविवार की किसी सुबह उदासी की कहानी लिखूँ। लेकिन कहा न, मेरे चाहने से क्या होता है?

दिल्ली में मार्च का जाता हुआ महीना इतना ठंडा कभी नहीं होता। बादल छँट चुके होते हैं। लेकिन जैसे-जैसे मेरी यादों में माँ उमड़ने-घुमड़ने लगती है, आसमान बादलों से घिरने लगता है और फिर मैं मजबूर हो जाता हूँ, वही कहानी सुनाने के लिए।

मैं मार्च की ऐसी ही एक तारीख को देर रात तक माँ के सिरहाने बैठा था। कैंसर और उसके इलाज की वजह से उनके सिर के बाल काफी पतले हो गए थे। मैं उसके बालों को सहला रहा था। माँ आँखें ऊपर कर मेरी ओर देखती, कहती कि तुम निराश मत हुआ करो। मैं चली जाऊँगी तब भी निराश मत होना। माँ मौत की सेज पर लेटी थी, और मौत पर मुझे ज्ञान देती थी। कहती थी, जिसकी जितनी उम्र लिखी होती है, वो उतना ही जीता है।

मैं पूछता था कि आदमी मरता ही क्यों है?

वो कहती कि अगर आदमी मरे नहीं, और सिर्फ जीता रहे तो भी एक दिन उसे पूछना पड़ेगा कि आदमी मरता क्यों नहीं? आज भले दुनिया में सभी लोग यह पता लगाने की कोशिश कर रहे हों कि आदमी मरता क्यों है, लेकिन जब आदमी मरना छोड़ देगा, तो लोग यह जरूर पूछेंगे कि आदमी की मौत कैसे हो?

माँ को मौत से रत्ती भर भय नहीं था। उसे परम यकीन था कि मौत के बाद

आदमी मुक्त हो जाता है। बहुत ही अजीब स्थिति थी। माँ अपनी बीमारी से इतना टूट चुकी थी कि वो मरना चाहती थी। मैं कैंसर से उसके बदन में उठने वाले दर्द से इतने अवसाद में था कि मैं उसकी मौत चाहता था। दोनों एक ही चीज चाहते थे और दोनों एक-दूसरे को ढाढ़स बँधाते थे।

माँ कहती कि तुम मेरे जाने के बाद परेशान मत होना। मैं कहता कि आप मरेंगी नहीं। दुनिया के उस मुल्क में किसी डॉक्टर ने कैंसर का इलाज ढूँढ़ लिया है, आप ठीक हो जाएँगी। अब एक दस साल का बच्चा अपनी मरती हुई माँ के लिए इससे अधिक और क्या कह सकता था?

डॉक्टर ने कह ही दिया था कि मार्च का महीना नहीं निकलेगा।

तो उस साल मार्च की हर तारीख मेरे लिए माँ की मौत के इंतजार की तारीख थी। मुझसे उसकी तकलीफ नहीं देखी जाती थी। माँ मुझे जीवन और मुक्ति की बातें समझाया करती थी, मैं उसे उसी रूप में समझने की कोशिश करता।

कल पत्नी फेसबुक पर अपने स्कूली मित्र की मौत की खबर सुनकर विचलित हुई तो मेरे मन में आया कि माँ से मिला ज्ञान उसे दे दूँ कि जिसकी उम्र जितनी लिखी होती है, वो उतना ही जीता है।

पर मैं जानता था कि वो नहीं पूछेगी कि आदमी मरता क्यों है?

अगर मुझे यकीन होता कि वो मुझसे ऐसा पूछेगी तो मेरे पास जवाब तैयार था कि जब आदमी मरना छोड़ देगा तो यह सवाल उठेगा कि आदमी मरता क्यों नहीं?

मर जाना न्यूटन का तीसरा नियम है।

प्रत्येक क्रिया की समान और विपरीत प्रतिक्रिया होती है।

किसी भी दो भौतिक पदार्थों की पारस्परिक क्रियाएँ समान और विपरीत दिशा में होती हैं। यही माया है।

जीवन और मृत्यु दोनों माया हैं।

मैंने तो महीना भर माँ की मौत का इंतजार किया। हर रोज कमरे में झाँकता कि मौत कब होगी। माँ को कैंसर के दर्द से मुक्ति कब मिलेगी? लेकिन आदमी का मरना बंद हो जाए और उसे इस बात का इंतजार करना पड़े कि मौत क्यों नहीं होती, तो फिर क्या होगा?

कल मैंने लिखा था कि अमिताभ बच्चन ईश्वर में अगाध आस्था रखते हैं, रोज पूजा करते हैं, तो किसी ने कमेंट में लिखा कि वो मौत से डरते हैं। जो मौत से डरते हैं, वो ईश्वर में यकीन करने लगते हैं। मुझे लगता है कि यह सही नहीं है। जो लोग ईश्वर पर यकीन करते हैं, वो ज़िंदगी से प्यार करते हैं। ईश्वर तो सिर्फ एक माध्यम है धन्यवाद कहने का कि जो है, तुमसे है। जब आप किसी के घर जाते हैं, उसके आतिथ्य में जीते हैं, तो उसे थैंक्यू नहीं कहते क्या?

जब आप वहाँ से चलते हैं, तो उदास बेशक होते हैं, पर हाथ जोड़कर उसका अभिवादन नहीं करते क्या? हाथ जोड़ने को भय से नहीं, अभिवादन से जोड़कर देखना चाहिए। जो लोग फेसबुक पर मुझसे पहले से जुड़े हैं, उन्हें तो पता होगा कि मेरी माँ मरने से एक मिनट पहले अपने दोनों हाथ जोड़कर पिताजी को प्रणाम कर रही थी, ईश्वर को धन्यवाद कह रही थी। इसलिए नहीं कि वो मौत से डर रही थी। इसलिए क्योंकि वो सचमुच दोनों को धन्यवाद कह रही थी। एक को पूरे सफर में प्यार लुटाने के लिए, दूसरे को सफर में उससे मिलाने के लिए।

□

16 मार्च

मेरी एक परिचित किसी को कुछ भी कह सकती हैं। वो स्पष्टवादी हैं। उन्हें किसी को कुछ भी कह देने में कोई गुरेज नहीं है।

वो कोई भी बात कहने के बाद कहती हैं, माफ कीजिएगा, मैं साफ बोलती हूँ। मेरी बात आपको बुरी लगे तो लगे, लेकिन मैं लल्लो-चप्पो नहीं कर सकती। जो है, वो मैं बोल देती हूँ।

बहुत से लोग इस संसार में बेवजह स्पष्टवादी होते हैं। बहुत से लोग किसी को किसी भी हद तक आहत करने के बाद यह कहते हुए पाए जाते हैं, बुरा लगा, तो मैं क्या करूँ, मैंने सच कहा है। जो मुझे लगा, मैंने कह दिया।

पिछले दिनों मेरी वो परिचित बीमार पड़ गईं। बहुत बीमार।

हम लोग सोच ही रहे थे कि चाहे जो भी हो, एक बार उन्हें देख आना चाहिए। हालाँकि मेरे मन में उनकी वाणी को लेकर हमेशा संशय रहता है, और मेरी परिचित होने के बावजूद मैं नहीं चाहता कि उनसे मुलाकात हो।

कुछ साल पहले उनकी बेटी का एक्सिडेंट हो गया था और पाँव टूट गया था। मेरे दूसरे परिचित उनके घर गए, तो जाते ही उन्होंने ताना मारा—अब आए हैं आप? आपके बच्चे का एक्सिडेंट होगा, तब पता चलेगा। इतना बोल कर वो जोर से हँसीं, और कहने लगीं, भई मेरी बात का बुरा मत मानिए, मैं तो जो कहती हूँ, साफ-साफ कहती हूँ।

मेरे उस परिचित ने उस वक्त तो उनसे कुछ नहीं कहा, लेकिन वहाँ से लौटने के बाद मुझसे कह रहे थे, अब मैं उनके घर बिल्कुल नहीं जाऊँगा, चाहे जो हो। उनका ऐसा साफ बोलना मुझे जरा रास नहीं आता। पता नहीं कटु बोलने को लोग साफ बोलना क्यों कहते हैं?

मतलब उनका एक रिश्ता टूट गया।

उनकी स्पष्टवादिता का आलम यह है कि वो जिसके घर जाती हैं, वो उनसे कन्नी काटने लगता है। मसलन वो मोटे को मोटा, अंधे को अंधा, काने को काना, काले को काला बिना संकोच के कह सकती हैं, और फिर हँसकर कहती हैं, भई बुरा न मानना, मुझे साफ बोलने की आदत है।

अब जब वो बीमार पड़ ही गईं तो पत्नी ने कहा कि चलो एक बार देख आते हैं। मेरा तो रत्ती भर मन नहीं था। पर जाने की औपचारिकता करनी थी। मैं जाने को तैयार हो गया था, घर से निकल रहा था कि एक सज्जन मिल गए। पूछने लगे कि कहाँ जा रहे हैं। मैंने बताया कि फलाँ के घर।

फलाँ के घर?

हाँ, क्यों?

अरे बिल्कुल मत जाइए। मैं गलती से कल चला गया था, उन्होंने इतनी जली-कटी सुनाई है कि मन खट्टा हो गया है। उन्हें तो जो बीमारी है, वो है ही। लेकिन जो मिलने जाता है, उससे कहती हैं कि तुम्हें अगर यही बीमारी होगी तब पता चलेगा तकलीफ क्या होती है। अब किसी मरीज से हमदर्दी जताने जाएँ और उनकी ऐसी मंशा सुनकर आएँ, तो तकलीफ तो होगी ही।

ओह! उनका एक और रिश्ता टूटा।

मैं गाड़ी से उतर गया। पत्नी मेरी ओर देख रही थी। मैंने कहा कि वहाँ नहीं जाना। हम नहीं गए।

पिछले दिनों उनकी बेटी की शादी थी। हम तो नहीं जा पाए, लेकिन मेरे दो परिचित गए थे। वो बता रहे थे कि बस वही दो लोग पहुँचे थे। बाकी कोई रिश्तेदार या परिचित नहीं आया। जिसे भी उन्होंने बुलाया, कोई आया नहीं। जो दो लोग पहुँचे थे, वो भी शादी से पहले लौट आए, यह कहते हुए कि तौबा अब नहीं आएँगे। कभी नहीं। मतलब उनके सारे रिश्ते टूट चुके हैं।

संसार में ऐसे बहुत से लोग होते हैं, जो स्पष्टवादी होते हैं। वो फेसबुक पर भी किसी को कुछ भी लिख सकते हैं। वो किसी को कुछ भी मेसेज कर सकते हैं। वो कुछ भी लिखकर कह देते हैं, माफ कीजिएगा, आपको बुरा लगा हो तो, लेकिन मैं स्पष्ट बात करता हूँ।

मैं जानता हूँ कि सच अच्छा होता है। लेकिन सच या झूठ जिसे भी हम महत्त्वपूर्ण मानते हैं, उसका इस्तेमाल कैसे किया जा रहा है, यह भी जानना जरूरी है। एक दार्शनिक और आध्यात्मिक व्यक्ति के अनुसार संसार में जो भी हो रहा है, सब सच है। लेकिन एक सांसारिक व्यक्ति के लिए सच और झूठ दोनों अलग अलग हैं। व्यावहारिकता में इन दोनों का कैसे इस्तेमाल कैसे किया जाए, यह पता होना बहुत जरूरी है।

मैं सच-झूठ का पाठ पढ़ाने वाला गुरु नहीं हूँ, लेकिन इतना तो बता ही सकता हूँ कि आदमी मौन रह जाए, वो बेहतर है, बजाय इसके कि किसी को आहत करनेवाला सत्य वचन बोले। आदमी चाहे जितनी बार कह ले कि बुरा मत मानिएगा, मैं तो सच बोलता या बोलती हूँ। लेकिन एक सच यह भी है कि बुरा किसी के लिए नहीं बोलना चाहिए।

हर बोली गई बात सच या झूठ नहीं होती है। सच के नाम पर वो कटु बात होती है।

पहले भी लिखा था, फिर दोहरा रहा हूँ, ऐसे लोग जीवन में अकेले पड़ जाते हैं, बहुत अकेले, और अकेलापन किसी को अच्छा नहीं लगता।

वाणी तो ऐसी ही बोलनी चाहिए, जिससे सचमुच अपना मन शीतल हो और दूसरों को भी शीतलता मिले। याद रखिए, यह जुबान ही है जो आपको किसी के दिल में उतार देती है या किसी के दिल से उतार देती है।

□

17 मार्च

यह कहानी मैंने नहीं लिखी। कहीं सुनी थी, लेकिन इसमें संदेश इतना अच्छा छिपा था कि आपसे साझा किए बिना नहीं रह पाऊँगा। कहानी सुनाऊँगा, लेकिन पहले आपको एक सच्ची घटना सुनाता हूँ, जिन्हें मैंने खुद देखा है, महसूस किया है।

मेरे एक परिचित जो बिजनेसमैन थे, उनकी फैक्टरी में एक कर्मचारी का परिवार रहा करता था, जो पूरी फैक्टरी की देखभाल किया करता था। बहुत सालों से रह रहा था, इसलिए मेरे परिचित को उस परिवार से हमदर्दी सी थी। लेकिन परिचित का बेटा उन्हें बिल्कुल पसंद नहीं करता था। एक दिन पता चला कि वो परिचित बहुत बीमार हैं, मैं उनसे मिलने गया। पंद्रह साल पुरानी बात है, मेरे परिचित बिस्तर पर लेटे थे और आखिरी घड़ी का इंतजार कर रहे थे। मेरे वहाँ पहुँचते ही उन्होंने मेरी कलाई को पकड़कर बहुत थकी और निराश आवाज में गुहार लगाई, मेरे बेटे को समझाओ, उसे घर से न निकाले।

मैंने कहा, आप निश्चिंत रहें, ऐसा ही होगा।

कुछ देर बाद मैं उनके बेटे से मिला। मैंने उससे पूछा, तुम उस परिवार को क्यों निकाल रहे हो?

पापा ने उसे सिर पर चढ़ा रखा है। वह एक दिन इस फैक्टरी में दावेदार बन जाएगा। अभी ही कहता है, मुझे कोई निकाल नहीं सकता। चालीस साल से मैं यहीं हूँ। मेरा पूरा परिवार यहीं बना है। और तो और वो एक बैठा बिठाया दुश्मन मिलने जा रहा है मुझे।

मैंने पूछा कि वो काम क्या करता है?

वैसे तो वो पूरी फैक्टरी देखता है। फैक्टरी में काम करता है, यहीं रहता है तो

रखवाली भी करता है।

मैंने कहा कि तुम उसे मत निकालो। तुम उसे दुश्मन बनाने की जगह उसे दोस्त बना लो। बुजुर्ग आदमी है, वो भावनात्मक स्तर पर जुड़ा है तुम्हारे परिवार से। तुम उसे बुलाकर कहो कि वो तुम्हारे लिए परिवार की तरह है, और अब तक अपने कहे के लिए माफी माँग लो। उसे अपनी कमजोरी बनाने की जगह अपनी ताकत बना लो। वो तुम्हारी फैक्टरी के एक कोने में बने हुए मकान में पड़ा रहेगा, और कभी दावेदार नहीं बनेगा।

बहुत मुश्किल से मेरे परिचित का बेटा तैयार हुआ।

मैंने अपने परिचित को बताया कि आपका बेटा उसे अब नहीं निकालेगा।

मेरे परिचित ने चैन की आखिरी साँस ली, और मोक्ष को प्राप्त हुए।

बहुत दिन बीत गए। मैं एक बार अपने परिचित के बेटे से मिला। मैंने पूछा कि क्या हुआ उस परिवार का?

ओह! आपके कहे मुताबिक मैंने उस परिवार को अपना लिया। उसे उस दिन बुलाकर अपने कुछ भी कहे के बदले माफी माँगी, और कहा कि आप जब तक हैं, तब तक यहीं रहेंगे। आपका पूरा परिवार हमारे परिवार की तरह है। वह बहुत खुश हुआ। अब यह आलम है कि सारी फैक्टरी वही देखता है, उसका पूरा परिवार हमारा घर देखता है। उसकी पत्नी मेरी माँ की सेवा करती है। बच्चे बड़े हो गए हैं, सब इज्जत देते हैं, सेवाभाव से लगे रहते हैं। इस तरह वह एक 'विस्तृत परिवार' ही बन गया है, और सच कहूँ तो मेरी ताकत।

मैंने पूछा कि संपत्ति में दावेदारी तो नहीं की, जिसका तुम्हें डर था?

नहीं, नहीं। जब से मैंने कहा कि तुम हमारे साथ रहोगे, वो एकदम विनम्र हो गया, और अब तो मुझे अपनी सोच पर खुद ही शर्म भी आने लगी है। सच कहूँ तो सच यही है कि अगर मैंने उसे निकाल दिया होता, तो मेरा एक दुश्मन इसी शहर में तैयार रहता, आज मेरा शुभचिंतक साथ बैठा है।

अब इस बात को मैं यहीं रोक रहा हूँ। मैं वह छोटी सी कहानी सुनाता हूँ, जिसे मुझसे किसी ने साझा किया और मुझे वह कहानी अच्छी लगी। लिखने वाले का नाम मुझे नहीं मालूम, वरना मैं जरूर साझा करता।

एक बार नौ अंक ने आठ अंक को एक थप्पड़ लगा दिया। आठ अंक ने थप्पड़ का कारण पूछा तो नौ ने कहा कि मैं तुमसे बड़ा हूँ, तुम मेरे सामने कुछ नहीं, मैंने थप्पड़ मारकर तुम्हें अपनी ताकत दिखाई है। आठ को गुस्सा तो बहुत आया, लेकिन नौ का वो कुछ कर नहीं सकता था, उसने अपने बगल में बैठे सात को एक थप्पड़ मारा और यही कहा कि मैं तुमसे बड़ा हूँ, मेरी मर्जी। इस तरह सात ने छह को मारा, छह ने पाँच को मारा, पाँच ने चार को मारा, चार ने तीन को मारा, तीन ने दो को चाँटा लगाया। दो ने भी एक को दिया जमा के।

वैसे तो एक चाँटा खाकर बिलबिला उठा, लेकिन उसने अपने बगल में देखा कि शून्य बैठा है। एक ने बहुत सोचा। फिर उसने शून्य से कहा कि मैं तुम्हें थप्पड़ नहीं लगाऊँगा। मैं तुमसे प्यार करता हूँ। तुम आओ, मेरे पास आओ। तुम मेरी बगल में बैठो। और इस तरह एक ने शून्य को उठाकर अपनी बगल में बिठा लिया। जैसे ही शून्य एक की बगल में बैठा वो दोनों मिलकर 10 बन गए।

मुझे कहानी बहुत सारगर्भित लगी। सचमुच हम अगर अपनी ताकत दिखाने की जगह, किसी को थप्पड़ लगाने की जगह अपनी बगल में बिठा लें तो न सिर्फ खुश रह सकेंगे, बल्कि ताकतवर भी बन सकते हैं।

□

18 मार्च

मेरी पत्नी की सास इस संसार में नहीं है, इसलिए मैं नहीं कह सकता कि एक सास की निगाह में वो कैसी बहू होती, लेकिन इतना तय है कि मैं अगर लड़की होता तो सचमुच एक अच्छी बहू होता।

मुझे कई लोग मिलते हैं, जिनकी शिकायत होती है कि उनकी पत्नी और माँ यानी बहू और सास में नहीं बनती। मैंने कई बहुओं से बात भी की है, उनका कहना है कि सास अपने अहं की तुष्टि या फिर अपनी असुरक्षा की भावना की वजह से बहू को नीचा दिखाती हैं, और इस वजह से बहू चाहकर भी सास को पसंद नहीं करती।

इस झगड़े में दोनों पिसते हैं। सास दुःखी रहती है, रोती है। बहू दुःखी रहती है, रोती है। दोनों एक-दूसरे से चिढ़ती हैं। सास को लगता है, बहू उसकी इज्जत नहीं करती, बहू को लगता है सास उसे प्यार नहीं करती।

मैं पुरुष हूँ। लेकिन मेरा यकीन कीजिए, मुझे रसोई से बहुत प्यार है। मैं किसी के घर जाता हूँ तो कोशिश करता हूँ कि रसोई में खाना बनानेवाली का हाथ बँटाऊँ। इस काम को करने में मेरा पुरुषार्थ कभी आड़े नहीं आता। आज भी जब कभी घर में काम करनेवाली न आए तो मुझे बर्तन धोना एक अच्छा काम लगता है। कपड़े धोने में तो मुझे बेइंतहा खुशी मिलती है। बहुत देर तक साबुन और झाग से खेलता हूँ। पर सच यह है कि मुझे न तो बालटी में कपड़े भिगोकर धोने की आजादी है, न वाशिंग मशीन में। पत्नी कहती है कि मुझे रंगों की समझ नहीं और मैं सफेद और रंगीन कपड़े साथ-साथ भिगो देता हूँ, ऐसे में अक्सर सफेद कपड़ों पर दूसरे रंग लग जाते हैं।

यह सच है कि मुझे रंगों की पहचान नहीं। लेकिन मुझे कपड़े धोना, घर साफ करना, बिस्तर बनाना, खाना पकाना, बर्तन धोना सब बहुत अच्छा लगता है।

अहा! बच्चे को नहलाना, तैयार करना, स्कूल छोड़ना, ये सब तो मैंने किया भी

है। जब बेटा छोटा था, तब उसे रोज नहलाता था, तैयार करता था और एक भी दिन ऐसा नहीं गुजरा होगा जब मैं खुद उसे स्कूल छोड़ने नहीं गया होऊँगा। अब घर में सब है, वाशिंग मशीन, वैक्यूम क्लीनर। इनके साथ ही बर्तन धोनेवाली, खाना बनाने वाली, कपड़े धोनेवाली, गाड़ी चलानेवाला भी हमारे पास हैं। लेकिन मेरा मन अब भी करता है कि कभी खाना पकाऊँ, कभी बिस्तर ठीक करूँ। और मौका मिलते ही मैं ये सब करने को तत्पर हो जाता हूँ। अपनी इसी आदत के कारण मैं किसी के घर जाता हूँ, तो कोशिश करता हूँ कि काम में उनका हाथ बँटाऊँ।

मैं पुरुष हूँ, इसलिए मुझे हर घर में रसोई में घुसने की अनुमति नहीं मिलती। लेकिन अगर मैं लड़की होता, तो अपनी इस आदत के चलते सबका दिल जरूर जीत लेता।

मुझे हैरानी होती है यह देखकर, जब तमाम महिलाएँ काम करने और न करने को लेकर झगड़ा करती हैं। एक-दूसरे पर दोषारोपण करती हैं। कितना ही अच्छा होता, जो संसार की सारी महिलाएँ मिलकर रहतीं—सास-बहू, देवरानी-जेठानी, ननद-भाभी, बहनें। अरे, रोज के काम करना भी कोई काम होता है?

मेरी एक परिचित ने पिछले दिनों अपने बेटे की शादी की। अब उनकी अजीब सी शर्त है कि उनकी बहू को उनके आगे कुरसी पर नहीं बैठना चाहिए। उनकी बहू को उनकी तेल मालिश करनी चाहिए। बहू को दिन-रात खाना पकाना चाहिए। बहू को यह नहीं करना चाहिए, वो नहीं करना चाहिए।

ये सारी बातें सुनकर मुझे लगता है कि मुझे किसी की बहू बनना चाहिए था। सास की हर मुराद पूरी करता या फिर मुझे बहू की सास होना चाहिए था। बहू की हर मुराद पूरी करता।

मेरा अपना कोई अहंकार नहीं होता। मैं कोशिश करता कि हर हाल में दिल जीत लूँ।

सोचता हूँ, जब दो महिलाओं को एक-दूसरे की शिकायत करता देखता हूँ तो क्या हासिल होता है उन लोगों को, जो आपस में झगड़ा करके, मनमुटाव रख के ज़िंदगी की कोई बहस जीत भी लेते हैं तो! मुझे तो लगता है कि हर उस बहस को हार जाने में फायदा है, जिसकी जीत से हमें हकीकत में कोई फायदा नहीं होता।

एक ठाकुर साहब थे। ठाकुर साहब की घनी-घनी मूँछें थीं। एक दिन ठाकुर साहब ने देखा कि गाँव का एक साधारण सा नौजवान अपनी लंबी-लंबी मूँछों पर

ताव देता हुआ चला जा रहा है। ठाकुर साहब ने उसे बुलाया और पूछा, मूँछों पर ताव काहे दे रहा है बे? कौन जात है?

लालाजी हूँ।

अबे, लाला लोग कब से मूँछों पर ताव देने लगे? जा मूँछें कटवाकर आ। मूँछें तो ठाकुरों की शान हैं।

नहीं कटवाता। मेरी मूँछें हैं, चाहे जैसे रखूँ।

कटवाता है कि निकालूँ तलवार?

लो जी मूँछों पर तलवार? तो ठाकुर साहब ऐसा कीजिए कि कल फैसला हो ही जाए कि मूँछें किसकी शान होंगी। कल हम गाँव के उस मैदान में तलवार लेकर मिलते हैं, और जो जीता वो मूँछें रखेगा, जो हार गया उसकी मूँछें गईं।

मंजूर है, लाले।

और हाँ, ठाकुर साहब, अब कल तो हममें से कोई एक ही जिंदा रहेगा। तलवार युद्ध में तो एक की मौत तय है। चाहे आप या फिर मैं। तो क्यों नहीं हम अपने परिवार वालों को पहले मार दें, ताकि हम में से किसी एक की मौत हो, तो उन्हें दुःख न हो।

मंजूर है।

तो ठीक है। मैं अपनी पत्नी-बच्चे को मारकर कल वहीं मिलता हूँ।

मैं भी अपनी पत्नी-बच्चे को मारकर कल वहीं मिलता हूँ।

अगले दिन लालाजी मैदान में पहुँचे। ठाकुर साहब भी मूँछों पर ताव देते हुए पहुँचे।

क्यों ठाकुर साहब, अपनी पत्नी और बच्चो को सलटा दिए?

हाँ लाले। और तूने?

ठाकुर साहब, हमने बहुत सोचा। बहुत सोचा तो यही लगा कि मूँछें तो ठाकुरों की शान होती हैं। मेरा क्या है, मैं अपनी मूँछें अभी काट लेता हूँ।

और लाले ने मूँछें काट लीं।

इस तरह ठाकुर साहब मूँछों की लड़ाई जीत गए।

बहुत छोटे अहंकार के कारण हम परिवार गँवाने को तैयार हो जाते हैं, पर मूँछें कटाने को नहीं। मुझे लगता है कि शान की जंग में परिवार गँवाने की जगह मूँछों को कटवा लेना बेहतर विकल्प है, बजाय इसके कि रिश्तों को काट दिया जाए। आज मैं उन सबसे गुहार लगा रहा हूँ, जो अहं की जंग जीतने के लिए अपनी खुशियों को हार जाना कबूल करते हैं। मैं बताना चाहता हूँ कि कुछ युद्ध हार जाना ही दरअसल जीत जाना होता है।

जो रणछोड़ होना जानते हैं, वही असली योद्धा होते हैं।

□

19 मार्च

पिछले साल मैं अमृतसर में वाघा बॉर्डर गया था। वाघा बॉर्डर पर हर शाम एक खेल होता है। देशभक्ति का खेल।

वहाँ अटारी सीमा पर शाम के पाँच बजे भारत और पाकिस्तान, दोनों मुल्कों के गेट खुलते हैं और दोनों देशों के सैनिक अपने सैन्यबल का प्रदर्शन करते हैं। लंबे छरहरे सैनिक एक-दूसरे के सामने जाते हैं, एक-दूसरे के सिर तक अपने पाँव उठाते हैं, उन्हें चिढ़ाते हैं, ललकारते हैं और फिर टोपी ठीक करते हुए लौटते हैं, मानो यह सबकुछ उन्होंने अपनी टोपी ठीक करने के लिए किया हो।

बूटों की टक-टक आवाज, इधर से वंदे मातरम् और उधर से पाकिस्तान जिंदाबाद की गूँज कुछ देर के लिए उन्माद सा माहौल तैयार कर देती है। मुझे यकीन है कि दर्शकों को लुभाने वाले इस शो के बाद दोनों देशों के सैनिक आपस में बतियाते होंगे, खाना-पीना साझा करते होंगे, एक-दूसरे के दुःख-सुख को महसूस करते होंगे। आदमी का मूल स्वभाव ऐसा ही होता है।

पर जो हमें दिखाया जाता है, वो उन्माद होता है, नफरत होती है।

मुझसे कई लोगों ने कहा कि उन्हें वाघा बॉर्डर का वह शो बहुत अच्छा लगता है। पर मुझे वह शो बिल्कुल पसंद नहीं। मुझे नफरत पर आधारित कोई शो पसंद नहीं। मैं दो बार वह शो देख चुका हूँ और दोनों दफा शो देखने के बाद बीएसएफ की ओर से आयोजित चाय पार्टी के बाद दोनों मुल्कों के बीच कँटीली तारों का जो बेड़ा है, वहाँ तक गया हूँ। पाकिस्तान और हिंदुस्तान दोनों तरफ के लोग कुछ मिनट के लिए दो कदम के फासले से एक-दूसरे को देख पाते हैं, तस्वीरें ले पाते हैं। हालाँकि आपस में बातचीत करने पर मनाही है, और मेरा कोई रिश्तेदार पाकिस्तान में है भी नहीं, लेकिन पता नहीं क्यों, उस पार के लोगों को देखकर दिल में हूक सी उठती है। मुझे पता नहीं क्यों, लगता है कि किसी का कोई सगा इधर या उधर रह गया होगा,

और वो इस तरह कँटीली तारों के आर-पार आपस में एक-दूसरे को देखकर भी बातें नहीं कर पाते होंगे तो दिल पर क्या गुजरती होगी।

आदमी की सबसे बड़ी बेबसी यही होती है। अपनों को देखकर भी अपने दिल का हाल बयाँ न कर पाना।

मैं जानता हूँ कि पाकिस्तान पर लिखना और दोनों मुल्कों के बीच सौहार्द की कल्पना करना कई बार अपने लिए नापसंदगी को निमंत्रण देना है। मेरे छोटे भाई के ससुर पाकिस्तान का नाम सामने आते ही चिढ़ जाते हैं। अपनी गर्दन पर कुल्हाड़ी के उस निशान को दिखाते हैं, जो उन्हें बँटवारे के वक्त दिया गया था। उनके कई सगे-संबंधी बँटवारे के समय मारे गए थे, ऐसे में उनका निजी दुःख बड़ा हो जाता है और सुनने को मिलता है कि जाके पाँव न फटे बिवाई, सो का जाने पीर पराई। यानी जिसने उस दुःख को नहीं देखा, वो उस दर्द को समझ भी नहीं सकता।

मैं मानता हूँ कि जिनके अपने भारत-पाक बँटवारे में खो गए, मारे गए, उनके लिए यह झगड़ा न भूलने वाले गहरे घाव की तरह है। गहरा घाव तो गहरा होता है, रिश्तों में तो छोटा घाव भी बड़ा होता है। लेकिन किसी घाव को रोज रगड़ने से तो वो कैंसर ही बनता है, बजाय ठीक होने के। वाघा बॉर्डर पर होने वाला यह खेल नई नस्लों के मन में नफरत के पौधे को वृक्ष बनाने का खेल है। ऐसे में पता नहीं आपने टीवी पर फेवीक्विक का विज्ञापन देखा है या नहीं, जिसमें वाघा बार्डर पर उन दो सैनिकों को एक-दूसरे के सामने जूता दिखाते हुए दिखाया जाता है और एक सैनिक का फटा हुआ जूता सामने आने पर दूसरा सैनिक उसे जूते को चिपकाने का इशारा करता है और अपनी जेब से फेवीक्विक निकालकर उसे देता है। बाद में दूसरा सैनिक पहले को सलामी ठोकता है और फिर सामने लिखा हुआ आता है, तोड़ो नहीं, जोड़ो।

* * *

अंगुलिमाल डाकू लोगों को मारकर उनकी उँगलियाँ काट लेता था और उनकी माला बनाकर पहनता था। लोग उससे बहुत डरते थे। उसका नाम सुनते ही उनके प्राण सूख जाते थे। एक बार भगवान बुद्ध उपदेश देते हुए उधर आ निकले। लोगों ने बुद्ध से अंगुलिमाल डाकू के बारे में चर्चा की और कहा कि प्रभु कुछ करें। बुद्ध ने लोगों की बात सुनी और वन में घूमने लगे। जब अंगुलिमाल को इसका पता चला तो वह बुद्ध के पास आया। बुद्ध को मुस्कुराकर प्यार से स्वागत करते देख उसका पत्थर दिल कुछ मुलायम हो गया। बुद्ध ने उससे कहा, ‘‘सुनो भाई, सामने के पेड़ से चार पत्ते तोड़ लाओगे?’’ अंगुलिमाल के लिए यह क्या मुश्किल था, वह गया ढेर सारे पत्ते

तोड़कर ले आया। बुद्ध ने कहा, ''अब जहाँ से इन पत्तों को तोड़कर लाए हो, वहीं इन्हें लगा आओ।''

अंगुलिमाल ने आश्चर्य से पूछा, ''ये कैसे हो सकता है?''

बुद्ध ने कहा, ''जब तुम जानते हो कि टूटा जुड़ता नहीं, तो फिर तोड़ते क्यों हो?''

□

20 मार्च

माँ कहती थी कि मेरे पाँव में चक्कर बना हुआ है, इसलिए मैं घूमता रहूँगा।

तो क्या बड़ा होकर मैं गोल-गोल घूमूँगा? लेकिन गोल-गोल क्यों घूमूँगा, उससे तो मुझे चक्कर आने लगता है। फिर पाँव में चक्कर का मतलब क्या हुआ?

कल मैंने वाघा बार्डर की चर्चा की थी और आज मैंने सोचा था कि उस खूबसूरत लड़की की आँखों की कहानी बयाँ करूँगा, जो मुझे भारत-पाक की कँटीली सीमा के उस पार मिली थी, जिससे मैं कोई बात नहीं कर पाया था सिवाय उसकी तस्वीर खींचने के। और वो भी मुझसे एक शब्द नहीं बोल पाई थी, सिवाय मेरी तस्वीर लेने के। उसने मेरी तस्वीर का क्या किया, मैं नहीं जानता, पर मेरे लिए उसकी वो तस्वीर एक उपन्यास से भी अधिक बड़ी कहानी बन सकती है। कल मैं अचानक दिल्ली से मुंबई चला आया। सुबह से होटल में बैठकर अपने कंप्यूटर में उस लड़की की तस्वीर तलाश रहा था, जिसकी एक तस्वीर मेरे लिए पूरा उपन्यास है। काफी मशक्कत करने के बाद याद आया कि तस्वीर तो मैंने हार्ड डिस्क में ट्रांसफर कर दी है। मतलब तस्वीर दिल्ली में है और मैं मुंबई में। तो आज पाकिस्तानी लड़की की कहानी उधार रही। पर आज माँ की सुनाई गजेंद्र हाथी की कहानी याद आ रही है, मन कर रहा है कि आपको सुनाऊँ, हालाँकि मैं जानता हूँ कि आपने यह कहानी जरूर सुनी होगी। फिर भी मेरी जुबानी सुन लीजिए—एक हाथी था। उसका नाम था गजेंद्र। वो बहुत बड़ा था, बहुत ताकतवर था। उसका पूरा परिवार उससे बहुत प्यार करता था। उसके बच्चे, उसकी पत्नी सब उसकी बात मानते थे। गजेंद्र हाथी सबका ध्यान रखता था। एक बार गजेंद्र हाथी अपने बच्चों और पत्नी को साथ लेकर सरोवर में गया। वह अपनी सूँढ से बच्चों पर पानी फेंकता, उन्हें नहलाता, हँसाता। पूरा परिवार सरोवर में मस्ती कर रहा था। उस मस्ती में गजेंद्र को ध्यान नहीं रहा कि वह कितने गहरे पानी में उतरता चला जा रहा है। अचानक एक मगरमच्छ ने गजेंद्र का पाँव पकड़ लिया और उसे नीचे खींचने लगा। उसके बच्चों और पत्नी ने उसे छुड़ाने की

बहुत कोशिश की, लेकिन नाकाम रहे। वह समझ गए कि मगरमच्छ से उसका बच पाना अब मुमकिन नहीं। बल्कि उन्हें ये डर भी लगने लगा कि कहीं और नीचे गए और किसी और मगरमच्छ ने उन्हें पकड़ लिया तो क्या होगा। ऐसे में बाकी सभी हाथियों ने गजेंद्र को छोड़ दिया और सरोवर से बाहर निकलकर चल पड़े।

गजेंद्र ने बहुत सोचा। उधर गजेंद्र सोचता, इधर मैं सोचता। माँ इतनी कहानी सुनाकर पता नहीं क्यों चुप हो जाती। मैं मन-ही-मन फड़फड़ाता कि उफ! कितनी तकलीफ में होगा गजेंद्र। उसका पाँव मगरमच्छ के मुँह में है और उसके परिजन उसका साथ छोड़कर चले गए, उसे अकेला मरने के लिए छोड़कर। फिर माँ कहती कि गजेंद्र ने भगवान को याद किया और भगवान ने गजेंद्र को मगर के मुँह से छुड़ाया और अपने साथ ले गए। ऐसा कहकर माँ मेरी ओर देखती और यह यकीन दिलाने की कोशिश करती कि जिन्हें भगवान पर भरोसा होता है, वह हर मुसीबत से निकल जाते हैं। मैं छोटा था। मुझे लगता है कि अगर मैं बड़ा होता तो माँ इस कहानी को सुनाने के बाद यह भी कहती, जो लोग जीवन की मस्ती में डूबकर माया रूपी गहरे पानी में उतरते ही चले जाते हैं, वह एक दिन मगर के मुँह में फँस जाते हैं। और जब वह मगर के मुँह में फँस जाते हैं, तो उनके नाते-रिश्ते सब उन्हें छोड़ देते हैं। कोई किसी के बदले मरने को तैयार नहीं होता। मैंने इस कहानी से ढेर सारे संदेश लिये थे। कुछ संदेश तो आपने भी लिये ही होंगे।

□

21 मार्च

पिताजी के साथ बड़ौदा में आखिरी फिल्म मैंने रंगीला देखी थी।

पता नहीं क्यों पिताजी को फिल्म बहुत पसंद आई थी। जब हम फिल्म देखकर लौट रहे थे, तो पिताजी ने कहा कि इस फिल्म में उर्मिला मातोंडकर ने बहुत अच्छी एक्टिंग की है। मुझे तो उर्मिला का डांस याद था, आमिर खान का मुन्ना बनना अच्छा लगा था और जैकी श्रॉफ की एक्टिंग भी बहुत भाई थी। फिल्म फुल मनोरंजन वाली कैटेगरी में थी, लेकिन पिताजी उसकी तारीफ करते नहीं थक रहे थे।

वापसी में मुझे उन्होंने एक कहानी सुनाई। उन्होंने सुनाया कि एक आदमी किसी रेडियो स्टेशन में सफाई का काम किया करता था। था तो वो सफाई कर्मचारी, लेकिन उसे रेडियो अनाउंसर बनने का बहुत शौक था। अब कहाँ सफाई कर्मचारी और कहाँ रेडियो अनाउंसर?

एक दिन अचानक बहुत बड़ा तूफान आ गया। सुबह का अनाउंसर वहाँ पहुँच नहीं पाया। कार्यक्रम शुरू होने वाला था। सिर्फ वो सफाई कर्मचारी उस वक्त वहाँ था। उसने देखा कि अनाउंसर नहीं आया है तो और दो मिनट बचे हैं कार्यक्रम शुरू होने में, तो उसने स्टेशन हेड को फोन किया और बताया कि कोई कर्मचारी वहाँ नहीं पहुँच पाया है।

हेड के तो हाथ-पाँव फूल गए।

सफाई कर्मचारी ने कहा, क्योंकि मैं रात में यहीं रुका था, इसलिए मैं हूँ, अन्यथा इतने तूफान में तो कोई नहीं पहुँच पाएगा।

स्टेशन हेड सोच में पड़ गया कि अब क्या होगा।

तभी सफाई कर्मचारी ने कहा, अगर आप कहें तो मैं कोशिश करता हूँ। आज के

लिए मैं रेडियो जॉकी का काम कर सकता हूँ।

तुम और रेडियो जॉकी का काम करोगे?

हाँ, कर सकता हूँ। इतने वर्षों से मैं लगातार देख रहा हूँ। मैं घर जाकर आईने के सामने रोज बोलने की प्रैक्टिस करता हूँ। मैंने यहाँ की सारी मशीनें चलानी सीख ली हैं।

स्टेशन मास्टर के पास और कोई उपाय नहीं था। उसने बहुत बुझे हुए मन से सफाई कर्मचारी को हाँ कह दिया।

उस दिन उस सफाई कर्मचारी ने रेडियो जॉकी का काम बखूबी सँभाल लिया। जो स्टेशन उस सुबह नहीं खुलने के कगार पर था, वो नया शो कर रहा था। और बताने की जरूरत नहीं कि लोगों ने उस सफाई कर्मचारी के शो को बहुत पसंद भी किया। और वह सफाई कर्मचारी एक दिन बहुत बड़ा रेडियो जॉकी बना।

कहानी अच्छी थी। पर रंगीला से उसका क्या मतलब?

पिताजी ने कहा कि रंगीला में उर्मिला मातोंडकर हीरोइन के पीछे भीड़ में नाचने का काम करती है। भीड़ में पीछे नृत्य करनेवाली बाकी लड़कियाँ, जहाँ खाली समय में बैठकर समय खर्च करती नजर आती हैं, वहाँ उर्मिला लगातार प्रैक्टिस करती है, और एक मौके पर कहती भी है कि वो एक दिन बहुत बड़ी डांसर बनना चाहती है। बाकी लड़कियाँ उसका मजाक उड़ाती हैं, और कहती हैं कि परदे पर भीड़ में नाचने वालों का कोई कॅरियर नहीं होता।

एक दिन हीरोइन के नखरों से तंग आकर निर्माता उसे फिल्म से ही निकाल देता है और तलाश शुरू होती है एक नई हीरोइन की। ऐसी ही एक सुबह जैकी श्रॉफ उर्मिला को डांस की प्रैक्टिस करते देखता है, और उसके पैशन को सलाम करता है। और यहीं से कहानी मुड़ती है, एक ऐसी लड़की, जो फिल्म में दस सेकेंड के रोल में सिर्फ परदे पर भीड़ का एक हिस्सा होती है, उसे मौका मिलता है हीरोइन बनने का। कहानी कुछ भी हो, उसमें जीवन का संदेश जरूर होना चाहिए।

ओह! तो पिताजी ने इस फिल्म से यह संदेश निकाल लिया है।

मैं चुपचाप चल रहा था। पिताजी कह रहे थे कि आदमी को सिर्फ बड़ा बनने के सपने नहीं देखने चाहिए, उन सपनों को सच करने के लिए अभ्यास भी करना चाहिए। जो अभ्यास करते हैं, उन्हीं के सपने साकार होते हैं, चाहे वो फिल्म में

उर्मिला के सपने रहे हों, या फिर रेडियो जॉकी बनने वाले सफाई कर्मचारी के।

जो कुछ पाने के लिए नियमित अभ्यास करते हैं, वही अर्जुन बनते हैं।

एक महान चलताऊ फिल्म से पिताजी ने जो ज्ञान निकालकर मुझे दिया, वह मेरे लिए गुरु मंत्र बना। पिताजी कहते थे कि भाग्य को दोष देने वालों को एक बार खुद में झाँककर जरूर देखना चाहिए कि कहीं उनके प्रयास में कमी तो नहीं रह गई थी। जो किसी चीज को पाने का अथक प्रयास करते हैं, उन्हें वो चीज जरूर हासिल होती है। जो नहीं करते, उन्हें जब वो चीज नहीं हासिल होती तो भाग्य का दोष मान लेते हैं।

पिताजी के साथ यह मेरी आखिरी फिल्म थी। इसके बाद पिताजी बड़ौदा में छोटे भाई के पास रुक गए थे, मैं दिल्ली चला आया था। हफ्ते भर बाद फाल्सीफेरम मलेरिया से उनकी मृत्यु हो गई। पिताजी की मौत पर मैंने लिखा है कि कैसे डॉक्टर से बीमारी पहचानने में देर हुई।

सुबह-सुबह जब मैं आपके लिए कुछ लिखता हूँ, तो मेरे जेहन में सिर्फ कहानी होती है, वह तो आप हैं, जो उसमें से कुछ-न-कुछ संदेश भी निकाल लेते हैं, एकदम मेरे पिताजी की तरह।

□

22 मार्च

दिल्ली में तो सुबह-सुबह नींद खुल ही जाती है, लेकिन मुंबई आकर मैं चाहता हूँ कि कुछ देर और होटल के बिस्तर में दुबका रहूँ। फिर तो जब सुबह होगी तो हो ही जाएगी। एक बार उठ जाओ, तो यह शहर भगाने लगता है। लेकिन पत्नी साथ में हो तो मुंबई आकर भी देर तक सोना मुमकिन नहीं। कभी-कभी मैं सोच में पड़ जाता हूँ कि मेरी पत्नी मुझसे अधिक प्यार करती है या आप लोगों से।

आज नींद तो खुल गई थी, लेकिन मैं मटियाया हुआ सो रहा था और सोच रहा था कि उठकर पहले स्वीमिंग करने जाऊँगा, फिर होटल की पहली मंजिल वाले रेस्तराँ में छककर नाश्ता करूँगा और उसके बाद लिखने बैठूँगा। मतलब आज मेरे लिए भी रविवार और आपके लिए भी रविवार। रोज एक ही समय लिखने और रोज एक ही समय पढ़ने के रुटीन को तोड़ देने के ख्याल ने अभी मन के गर्भ में आकार लेना शुरू भी नहीं किया था कि अचानक पत्नी ने मुझे जगाना शुरू कर दिया—संजय, संजय! संजय उठो, आज लिखोगे नहीं क्या?

अरे, एक दिन देर से लिख दूँगा तो क्या हो जाएगा? फेसबुक के लोग मेरे परिजन हैं, वो समझते हैं कि संजय भी एक दिन देर तक सो सकता है, किसी और काम में उलझ सकता है, जरा आराम करने दो।

हाँ-हाँ, आराम कर लो।

मैंने मन-ही-मन सोचा, कितनी सीधी है बेचारी, एक बार में मेरी बात मान लेती है। पर पाँच मिनट भी नहीं बीते होंगे, उसके फोन का अलार्म फिर बजा, टुंई-टुंई-टुंई। मतलब उसने अपने फोन में मुझे जगाने के लिए अलार्म लगा रखा था, और हाँ-हाँ आराम कर लो कहने के बाद पाँच मिनट तो मुझे आराम करने दिया, और फिर शुरू हो गई—संजय, संजय। उठो संजय, सात बजने वाले हैं।

एक नेपोलियन बोनापार्ट की पत्नी थी, जब नेपोलियन कभी घर आता और सुबह उठकर अपने घोड़े पर सवार हो, कमर में तलवार लटकाए युद्ध के लिए निकलता तो वह टोकती, तुम सुबह-सुबह घोड़े पर सवार होकर, कमर में तलवार लटकाए कहाँ निकल पड़ते हो?

मैं विश्वविजेता बनने निकल रहा हूँ।

ओह! कभी आराम भी कर लिया करो। दिन भर दुनिया के बारे में सोचते हो!

एक मेरी पत्नी है, जो कहती है कि दुनिया के बारे में सोचो। अपने आराम को भूल जाओ और फेसबुक परिजनों के लिए कुछ लिखो। मुझे यकीन है कि अगर मैंने ये बात दिल्ली जाकर केजरीवाल को बताई तो वो पक्के तौर पर कहेंगे कि आपकी पत्नी और फेसबुक के परिजन मिले हुए हैं। उनके बीच सेटिंग है। वरना किसी की पत्नी होटल के इतने मोटे गद्दे पर आराम को छुड़वाकर कंप्यूटर पर टुक-टुक करने को क्यों उकसाएगी? सब मिले हुए हैं जी, सब।

अब जो हो। नींद खुल ही चुकी है। और लिखना भी है ही। सोच रहा था कि मुंबई की कहानी लिखूँगा। लिखूँगा कि मुंबई में अभी भी टैक्सीवाला दो रुपए, पाँच रुपए की इज्जत क्यों करता है। अगर आपके बिल में चार रुपए बचते हैं, तो वो उसे वापस करने की कोशिश क्यों करता है। यहाँ कभी कोई टैक्सी वाला, ऑटो वाला कहीं जाने से मना क्यों नहीं करता। यहाँ देर रात तक घूमते हुए डर क्यों नहीं लगता। यहाँ मुहल्लों के नाम साकीनाका, मुलुंड, बांदरा क्यों हैं। यहाँ दो परिवार इस बात पर क्यों लड़ते हैं कि मुंबई उनकी है, मुंबई वाले उनके हैं।

बहुत कुछ सोच रहा था। सोच रहा था कि उन दोनों माँओं और उस एक बच्चे की कहानी लिखूँगा, जो एक राजा के पास लड़ते हुए गई थीं कि यह उसका बच्चा है, उसका बच्चा है। राजा उलझन में था कि एक छोटा बच्चा, जो माँ को नहीं पहचानता, उसकी दो-दो माँएँ हैं, तो आखिर कौन माँ असली है, कौन नकली, कैसे पता चले?

आखिर में राजा ने कह दिया कि बच्चे को काट कर आधा-आधा कर लो। एक हिस्सा तुम रख लो, एक हिस्सा तुम। एक महिला राजा के इस फैसले पर तैयार हो गई कि ठीक है इसे दो हिस्सों में बाँट दो। लेकिन जो बच्चे की असली माँ थी, वो पलट गई और कहने लगी—राजन्, मुझे माफ करना, यह बच्चा मेरा नहीं है। यह बच्चा इस दूसरी महिला का ही है। मैं झूठ बोल रही थी। राजा मुस्कुराया। वह समझ

गया कि असली माँ के सीने में ही इतना दर्द हो सकता है, जो बच्चे को छोड़ सकती है, पर मरने नहीं दे सकती। और उसने फैसला सुना दिया।

मैं सोच रहा था कि मुंबई उसकी कैसे हो सकती है, जो यहाँ इस बात पर तोड़-फोड़ मचा देते हैं, बसों-टैक्सियों में आग लगा देते हैं कि यह उनकी मुंबई है।

काश कोई ऐसा राजा होता, जो इस विवेक को समझ पाता कि मुंबई सिर्फ उनकी है जो यहाँ सचमुच ईमानदारी और मेहनत से काम करते हैं, और लोगों को बताते हैं कि इस देश में चलने वाला एक रुपया, दो रुपए का सिक्का भी कितना अनमोल है। वरना मेरी दिल्ली में तो टैक्सी वाले दस-बीस-पचास रुपए तक वापस करते हुए गुर्राते हैं कि क्या छुट्टे के पीछे पड़े हो? जहाँ के लोग मेहनत से पैसे कमाते हैं, वहीं के लोग एक-एक पैसे की इज्जत करते हैं। जिस पैसे को कमाने में खून और पसीना खर्च होता है, उसी पैसे की इज्जत होती है। और जो लोग मेहनत करते हैं, शहर उनका होता है। शहर उनका नहीं होता, जो उनकी मेहनत पर आँखें गड़ाए रहते हैं।

सबकुछ सोच रहा था कि आज लिखूँगा, लेकिन मेरे सोचने से क्या होता है?

पत्नी के फोन का अलार्म और आपके साथ उसकी मिलीभगत ने मुझे पूरी तरह सोचने ही नहीं दिया। संजय, संजय उठो, उठो लिखो। ऐसा लग रहा था कि मैं अपनी पहली किताब हिंदी बाल पोथी के रानी-मदन-अमर का पात्र हूँ, जिसमें बार-बार एक ही लाइन लिखी होती है, रानी उठो, मदन उठो, अमर उठो। सवेरा हो गया है।

लो जी, सवेरा हो गया है! जो मन में आया, मैंने लिख भी दिया है। अब फिर चला रजाई में मुँह घुसेड़ने। यह सोचने कि बंबई, बॉम्बे और मुंबई होने का मतलब क्या होता है। वैसे इसमें सोचने वाली बात है नहीं, क्योंकि बॉम्बे नाम पुर्तगालियों ने दिया था। बॉम मतलब अच्छा और बे मतलब खाड़ी—यानी अच्छी खाड़ी। और मुंबई का अर्थ है—मुंबा यानी दुर्गा और आई मतलब माँ। इस तरह माँ दुर्गा का शहर है मुंबई।

और जिस पर माँ का आशीर्वाद हो, वो तो फलेगा-फूलेगा ही। इसीलिए तमाम मुश्किलों के बाद भी मुंबई हिंदुस्तान का सबसे खुशहाल शहर है।

□

23 मार्च

राज कपूर की फिल्म 'प्रेम रोग' जब मैं देख रहा था, तब मैं स्कूल में रहा होऊँगा। फिल्म में जब पद्मिनी कोल्हापुरे विधवा हो जाती है, तब उसके ससुराल वाले उसके बाल मुड़वाने की कोशिश करते हैं, उसे सिर्फ सफेद कपड़े पहनने और घर के बाहर एक छोटे से कमरे में रहने पर मजबूर करते हैं। पद्मिनी कोल्हापुरे मेरी पसंदीदा हीरोइनों में से एक थी, और उसके साथ होने वाले इस अत्याचार से मैं बहुत आहत हुआ था। तब मुझे फिल्मों की कहानी सच लगा करती थी। फिल्म के एक सीन में विधवा पद्मिनी कोल्हापुरे के साथ जब उसके जेठ रजा मुराद ने बलात्कार की कोशिश की, तो सिनेमा हॉल में मैंने खूब मुक्के भाँजे। मुझे लगता था कि इस तरह मैं पद्मिनी कोल्हापुरे को बचा सकता हूँ।

मैं उम्र के उस पड़ाव पर किसी लड़की के विधवा होने पर इस तरह के अत्याचार से इतना आहत था कि एक बार मैंने पिताजी से कहा था कि अगर कोई लड़की विधवा हो तो आप मेरा विवाह उससे करा दीजिएगा। मेरे मन पर फिल्म प्रेम रोग ने गहरा असर किया था, और असर इतने दिनों तक रहा कि पूरे बॉलीवुड को जानने वाले संजय सिन्हा ने रजा मुराद से कभी मिलना ही नहीं चाहा। हालाँकि कई मौकों पर हम आमने-सामने हुए, दुआ-सलाम भी हुई, लेकिन मुझे उनका वो चेहरा जैसे ही याद आता, मैं सिहर उठता।

पद्मिनी कोल्हापुरे के बाल काटने के प्रयास पर भी मेरा गुस्सा मन-ही-मन खूब भड़का। मुझे तब से लगने लगा कि सचमुच यह ज्यादती है।

लेकिन अभी अपने मुंबई प्रवास में, जब मैंने एक लड़की के साथ बलात्कार के बाद सुना कि उसकी माँ ने बेटी का मुंडन करा दिया तो मुझे गुस्सा नहीं आया। जो खबर मैंने पढ़ी, उसके बाद उस अनजान लड़की की माँ के साथ पूरी सद्भावना रखते हुए आज मैं एक खुला पत्र उस लड़की के नाम लिख रहा हूँ। मैंने सुना कि माँ ने

बेटी का मुंडन इसलिए करा दिया, ताकि वो लोगों को सुंदर न लगे, और समाज के दरिंदों से महफूज रहे।

प्रिय बेटी,

तुम संसार की सबसे सुंदर बेटी हो। तुम किसी की भी बेटी हो सकती हो। मेरी भी। तुम जब पैदा हुई थी, तो ऐसा लगा था जैसे आसमान से चाँद जमीं पर उतर आया है। तुम्हारी बड़ी-बड़ी आँखें, तुम्हारा गोरा चेहरा सदैव मुझे आसमान से बिखरने वाली चाँदनी का अहसास कराते रहे। तुम ठुमक-ठुमककर चलती तो पूरा घर मानो तुम्हारे कदमों से झंकृत हो उठता था। तुम जब माँ कहती, पापा कहती, तो लगता कि कहीं सरगम बज रही है।

बेटी, तुम सचमुच संसार की सबसे सुंदर बेटी थी। तुम किसी के लिए गौरव थी, तुम किसी के लिए दुलार थी। तुम क्या नहीं थी।

तुम पहली बार स्कूल गई तो माँ की खुशी देखते ही बनती थी। कहती थी कि बिटिया बड़ी होकर पायलट बनेगी। हवाई जहाज उड़ाएगी। आसमान में सितारों से मिलेगी, और उन्हें बताएगी कि तारे सिर्फ आसमान में ही नहीं होते, जमीन पर भी टिमटिमाते हैं। कुछ अपनी उनसे कहेगी, कुछ उनकी सुनेगी। मेरी बेटी सारे जहाँ में मेरा नाम रौशन करेगी।

फिर तुम स्कूल से कॉलेज चली गई। तुम पर मुहल्ले के मनचलों की नजरें पड़ने लगीं। तुमने खुद को बहुत बचाया। तुमने मुझे बताया। तुमने माँ को बताया। तुमने पुलिस में शिकायत भी दर्ज कराई, लेकिन मेरी प्रिय बेटी, तुम उन दरिंदों की हवस से बच नहीं पाई। उन्होंने तुम्हरी सुंदरता को नोच-नोचकर तुम्हें छोड़ दिया जीवन भर सिसकने के लिए।

आज मैं तुम्हारा पिता, ईश्वर से गुहार लगाता हूँ कि किसी पिता को, किसी माँ को सुंदर बिटिया मत देना। बेटियाँ चाँद जैसी किसी को अच्छी नहीं लगतीं। यह संसार फूलों से प्यार नहीं करता, उन्हें तोड़ लेता है। उन्हें अपने बिस्तर पर सजा लेता है। मेरी बेटी, बहुत पहले एक विधवा के सिर के बाल मुंडे जाने पर मैंने बहुत आक्रोश जताया था। पर आज मैं समझ पा रहा हूँ कि क्यों विधवाओं के बाल मूड़ दिए जाते थे। क्यों उन्हें अच्छे कपड़े पहनने की छूट नहीं मिलती थी। क्यों उन्हें परहेजी खाना खाना पड़ता था। और तो और, बहुत साल पहले क्यों उन्हें पति के साथ सती तक होने के लिए उकसाया जाता था। तब उस घर के बड़े-बुजुर्ग जानते थे कि

यह दुनिया ऐसे दरिंदों से भरी है, जिन्हें खूबसूरती को कुचलने में ही मजा आता है।

बेटी, अपनी माँ के किए का बुरा न मानना। उसने तुम्हारी रक्षा में कोशिश की है कि तुम अब सुंदर न लगना, तुम सुंदर न लगना, ताकि इन वहशियों से तुम बची रह सको। मेरी बेटी, लड़कियों का सुंदर होना हमारे देश में गुनाह है। जब मुंबई जैसी नगरी में लड़कियाँ सुरक्षित नहीं, तो मुझे और कहीं से कोई उम्मीद नहीं। बेटी, तुम कुछ ऐसा करना कि तुम बदसूरत दिखो। तुम बदसूरत दिखो, ताकि तुम सुरक्षित रहो।

मुझे माफ करना। मैंने ईश्वर से सुंदर बिटिया माँगी थी, इसलिए तुम्हारा दोषी मैं भी हूँ। जिन लोगों ने तुम्हें रौंदा, वो भी पुरुष ही थे, उस लिहाज से भी तुम्हारा दोषी मैं ही हूँ।

माफ कर सको तो करना। वैसे मेरा गुनाह माफी के लायक नहीं। जो पिता खूबसूरत बिटिया चाहते हैं, वो सभी गुनाहगार होंगे, तुम्हारे और उन सभी बेटियों के। वो सभी गुनाहगार होंगे, जो कुछ नहीं कर पाते और बेटियों को लाचार टूटते देखते हैं, दरिंदों की हवस के आगे।

माफी सहित,

कोई भी एक लाचार पापा

□

24 मार्च

लगता है मैं कभी बड़ा नहीं होऊँगा।

उम्र के इस पड़ाव पर भी मैं आसमान में चाँद को देखकर उसे निहारने बैठ जाता हूँ, ध्रुव तारे को देखकर बचपन की कहानियाँ याद करने लगता हूँ, और सात तारों के उड़नखटोले को देखकर सप्त ऋषियों की सुनी हुई कहानी पत्नी को सुनाने लगता हूँ। कभी पत्नी के साथ छत पर बैठता हूँ, तो उसे जरूर उम्मीद रहती होगी कि मैं कुछ रोमांटिक बातें करूँ, कभी उसकी जुल्फों की घनेरी छाँव की चर्चा करूँ, कभी उसकी बड़ी-बड़ी आँखों की तारीफ करूँ, जैसा कि लड़कियाँ चाहती हैं।

पर हाय री किस्मत! मैं उसे चाँद-तारों की कहानियाँ सुना-सुनाकर उबाता रहता हूँ। बेचारी कभी कुछ कहती नहीं, लेकिन मैं जब उसे ऐसी-वैसी कहानियाँ सुनाता हूँ, तो बाद में मुझे ही बड़ी कोफ्त होती है कि इतनी उम्मीद से उसने कहा होगा कि चलो डिनर के बाद आज छत पर बैठते हैं और मैं छत पर बैठकर उसे चंदा मामा की कहानी सुना रहा हूँ। चाँद-तारों का वर्णन सुनने की मंशा तो उसकी कतई नहीं होगी, पर मैं भी क्या करूँ, जैसे ही मैं ऊपर जाता हूँ, आसमान में मेरा इतना बड़ा परिवार मुझे नजर आने लगता है कि मैं सबकुछ भूल जाता हूँ।

माँ जब कभी ध्रुव तारे की कहानी सुनाती थी, तो मेरे मन में यह बात घर कर जाती कि एक दिन मैं भी तारा बन जाऊँगा। और मेरा यकीन कीजिए, मेरे बालमन में बैठी वो कल्पना आज भी जिंदा है। मैं आज भी खुले आसमान के नीचे बैठकर अपने लिए वहाँ यों ही जगह तलाशता रहता हूँ। सोचता हूँ कि यहाँ नहीं, वहाँ ठीक रहेगा। नहीं-नहीं, इधर कुछ कम तारे हैं, मेरे लिए उधर जगह ठीक रहेगी।

मेरा चंद्रमा कमजोर है, लेकिन सूर्य मजबूत है। माँ मुझे दिन में अक्सर सरसों का तेल लगाकर धूप में बिठा देती थी। जब मैं बड़ा हुआ और सूर्य तथा चंद्रमा के ज्योतिष पहलुओं को जाना तो मेरे मन में यह बात बैठने लगी कि मैंने सूर्य की रोशनी

को बहुत आत्मसात् किया है, शायद इसीलिए सूर्य मजबूत हो गया है, और चंद्रमा की रोशनी में कम बैठा हूँ, इसलिए चंद्रमा कमजोर हो गया है।

लेकिन मैं भी क्या करता। सूरज तो रोज उगता है, चंद्रमा तो कभी पूरा आता है, कभी आधा ही आता है, कभी-कभी आता भी नहीं। ऐसे में सूरज से दोस्ती ठीक थी, चंद्रमा उतना भरोसेमंद नहीं लगता था। लेकिन माँ कहा करती थी कि आदमी को चंद्रमा को अपना गुरु बना लेना चाहिए। माँ आकाश का कोई विज्ञान पढ़ी होगी, मुझे नहीं लगता, लेकिन उसे आसमान में घटने वाली सारी घटनाओं की जानकारी पुख्ता थी।

वो कहती थी कि चंद्रमा कभी लुप्त नहीं होता। वो कभी घटता या बढ़ता नहीं। ये उसकी कलाएँ हैं। वो मुझे पुचकारती हुई कहती—अगर तुमने चंद्रमा को गुरु मान लिया तो तुम बड़े होकर समझने लगोगे कि घटने-बढ़ने वाली चीज शरीर है, आत्मा नहीं। चंद्रमा को गुरु मान लोगे तो तुम इस सच को भी जान लोगे कि जीवन में कभी सबकुछ होगा, कभी कुछ नहीं भी होगा। एकदम पूर्णमासी और अमावस्या की तरह। तुम यही मानना कि जैसे चाँद सचमुच में कम-ज्यादा हुए बिना हमें यह अहसास कराता है कि वो घट या बढ़ रहा है, वैसे ही जीवन में भी हमें लगता है कि कुछ ऐसा हुआ, कुछ वैसा हुआ, पर दरअसल बहुत सी घटनाएँ घटकर भी नहीं घटती हैं। ऐसे में जब कभी मन उदास हो तो आसमान में चाँद की ओर देखना, न दिखे तो सोचना कि कोई बात नहीं, फिर दिखेगा। पूरा चाँद भी दिखेगा।

अमावस की कई रातों में मैं माँ से पूछता, माँ, अगर अब चाँद कभी लौटा ही नहीं तो?

ऐसा कभी नहीं होगा। चाँद कहीं जाता ही नहीं। वो तो हमारी नजरें उसे नहीं देख पातीं बस। जैसे तुम्हें लगेगा कि मैं चली गई हूँ, बहुत दूर, लेकिन मैं कहीं जाऊँगी थोड़े ही न! मैं हमेशा तुम्हारे आसपास रहूँगी। कभी इसमें नजर आऊँगी, कभी उसमें। जैसे चाँद कहीं नहीं जाता, सूरज कहीं नहीं जाता, तारे कहीं नहीं जाते, वैसे ही तुम जिनसे प्यार करते हो, जो तुमसे प्यार करते हैं, वो कहीं नहीं जाते।

लेकिन माँ, सूरज तो रोज अस्त होता है, रोज उगता है।

नहीं, सूरज तो वहीं है। हमें लगता है कि वो चला गया, फिर चला आया। तुम अभी बच्चे हो, लेकिन बड़े हो जाओगे तो समझ जाओगे कि जैसे चाँद और सूरज कहीं आते-जाते नहीं, सिर्फ आँखों से ओझल हो जाते हैं, वैसे ही आत्मा भी कहीं

आती-जाती नहीं, सिर्फ शरीर आँखों से ओझल हो जाता है।

माँ इतना कहती और मैं संतुष्ट भाव से रात में घर के आँगन से चाँद को निहारता रहता। मुझे यकीन हो जाता कि न चाँद कहीं जाएगा, न सूरज कहीं जाएगा, न माँ कहीं जाएगी। एक दिन माँ चली गई। यही मार्च का महीना था। उस दिन सूरज भी नहीं उगा था। सूरज मेरा दोस्त है, लेकिन उस दिन काले-काले बादलों ने उसे ढक लिया था।

लेकिन वे तो बचपन की बातें थीं। अब तो मैं बड़ा हो गया हूँ, पत्नी के साथ छत पर बैठकर चाँद को देखते हुए आत्मा और शरीर की बातें करके उसे दु:ख देता होऊँगा, ऐसा मुझे लगता है। पत्नी संकोची है, इसलिए उसने कभी कुछ कहा तो नहीं, लेकिन आप परिजन कुछ तो बता ही सकते हैं मुझे। क्या सचमुच मैं बड़ा नहीं हो रहा हूँ?

□

27 मार्च

मेरे आज के लिखे को पढ़कर प्लीज नाक–भौं मत सिकोड़िएगा। इन दिनों इस विषय को सरकार जोर–शोर से उठा रही है। यह आदमी की नैसर्गिक जरूरत है। आदमी की उत्पत्ति के साथ ही इस विषय की उत्पत्ति हुई होगी, लेकिन पता नहीं क्यों, इन दिनों इसपर चर्चा चल रही है। मुद्दा गरम है और हमारे दफ्तर में भी इस पर चर्चा चलती है। इस विषय पर हमें काफी कुछ करना है। बस मुश्किल इतनी है कि इस विषय पर अक्सर लंच टाइम में हमारी चर्चा शुरू होती है। हो भी क्यों न! आखिर यह सरकारी चिंता का विषय बना हुआ है।

मैं लंच टाइम में आपसे इसपर चर्चा नहीं करना चाहने की वजह से सुबह–सुबह अपनी बात आपके सामने रख रहा हूँ। आप नाक पर रूमाल रखकर ही सही, प्लीज ब्रेकफास्ट से पहले अपना कमेंट जरूर पोस्ट कर दीजिएगा। देखिए, विषय को हल्का समझकर टाल–मटोल की कोशिश मत कीजिए, यह आजकल बुद्धिजीवियों की चिंता का विषय है। इश्क–मुहब्बत, खाना–पीना और रिश्ते सब के सब धरे रह जाएँगे, अगर इस पर मुकम्मल चर्चा न हुई तो।

वैसे भी आज क्रिकेट जैसे राष्ट्रीय विषय पर चिंता की सुबह नहीं, क्योंकि जो होना था, कल हो चुका है। और सुना है कि आलिया भट्ट ने कह दिया है कि आदमी को उम्मीद नहीं छोड़नी चाहिए। सेमीफाइनल में हार गए तो कोई बात नहीं, फाइनल में ठीक से खेलने की सलाह उन्होंने टीम इंडिया को दे दी है।

मुझे याद नहीं कि पहली बार कब मैंने अपनी पॉटी खुद धोई होगी। लेकिन माँ बताती थी कि बहुत दिनों तक मैं इस काम के लिए माँ पर निर्भर करता था। फिर पता नहीं वो कौन सी तारीख आई, जब पहली बार मैं इस मामले में एकदम आत्मनिर्भर हो गया।

खैर, सभी लोग इस मामले में एक दिन आत्मनिर्भर हो जाते हैं, मैं भी हुआ।

पर आज का मेरा विषय पॉटी धोने के मामले में आत्मनिर्भर होना नहीं। मेरा विषय शौचालय को लेकर उठ रहे सवाल पर है।

बचपन में जब एक बार मैं अपने गाँव गया तो मेरे मनोज चाचा सुबह-सुबह मुझसे पूछने पहुँच गए, तुम्हें खेत जाना है क्या?

मैंने पूछा, इतनी सुबह खेत जाकर क्या करेंगे?

अरे, तुम एक लोटा ले लो, और खेत चलो।

हम खेत में पहुँच गए और पहली बार मैंने देखा कि गाँव के कई लड़के खेत में इधर-उधर लोटा लिये बैठे हैं और बिना लज्जा-शर्म के एक-दूसरे से बात करते हुए पॉटी कर रहे हैं। तब गाँव में शायद कम ही घरों में शौचालय की व्यवस्था थी, पर हमारे घर में थी। मैंने चाचा से कहा कि चाचा, मैं यहाँ खेत नहीं कर सकता, मैं घर में ही करूँगा। चाचा ने कहा, अरे! वो महिलाओं के लिए होता है, हम लड़कों के लिए तो खेत ही है। आराम से खुले में करो, फिर लोटे में पानी है, उससे धो लो, और फिर तालाब चलेंगे, वहाँ तैरते हुए नहा लेंगे।

नहीं चाचा, मुझसे नहीं होगा।

तुम लोग शहर में रहकर ना मऊगा हो गए हो।

चाचा ये मऊगा क्या होता है?

जो जनानियों की तरह काम करते हैं, वो मऊगा होते हैं। देखो यहाँ कितने लड़के बैठे हैं।

मुझे ठीक से याद नहीं कि चाचा के ललकारने के बाद भी मैंने किया या नहीं, पर जब भी चाचा की बातें याद आती हैं, हँसी छूट जाती है।

खैर, जब मैं इंटरमीडिएट में था, तब अपने एक मित्र उदय की बहन की शादी में बिहार के एक गाँव चला गया। बिहार में बक्सर और दिलदारनगर के बीच किसी गाँव में शादी थी। रात में खूब पूड़ी-सब्जी खाना हुआ और सुबह मैंने उदय से पूछा कि टॉयलेट कहाँ है, तो वह हँस पड़ा। अरे, दिशा फिरने के बारे में पूछ रहे हो न?

अब ये दिशा फिरना क्या है?

अरे, वही टॉयलेट करना।

मैं समझ गया कि संजय बेटा आज फिर फँसे खेत में।

मैंने कहा कि यह मुमकिन नहीं।

उदय मुस्कुराता रहा, अरे शहरी बाबू, जरा गाँव के मजे भी लो। यहाँ पूरी बारात सुबह-सुबह लोटा लेकर निकल पड़ी है, दूल्हा भी गया है, और तुम कह रहे हो कि नहीं जाओगे?

दूल्हा भी?

काहे, दूल्हा आदमी नहीं है क्या?

अरे उदय, घर में महिलाओं के लिए तो शौचालय होगा ही।

नहीं, महिलाएँ भी दिशा खेत में ही फिरती हैं।

महिलाओं को शर्म नहीं आती?

नहीं, रात में एक झुंड बनाकर जाती हैं।

मतलब उनका शौच-चक्र ही बदल गया है।

ई सब हमको नहीं पता। जाना है तो खेत में, नहीं तो तुम जानो!

मुझे अचानक लगा कि जो पेट गुड़-गुड़ कर रहा था, वो एकदम शांत हो गया है और अब मुझे कब्ज की बीमारी हो गई है। अब मैं पूरा दिन नहीं जाऊँ, तब भी चलेगा।

खेत और दिशा वाली घटना के बीच में और भी कई घटनाएँ घटीं, जिसमें मुझे नानी के घर समझाया गया कि इसे खेत या दिशा नहीं कहते, बल्कि पखाना करना कहते हैं। पर माँ ने समझाया था कि ये सारे गंदे शब्द हैं, टट्टी करना सबसे मुफीद है। माँ ने बचपन में हमें टट्टी बोलना ही सिखाया था। घर में टट्टी, गाँव में खेत, उदय के गाँव में दिशा फिरने की इस कहानी में एक बार किसी ने कहा कि मैदान

जाना भी वही होता है। समझाने वाले ने समझाया कि विशेषण जब क्रिया बन जाए तो उसका अर्थ बदल जाएगा। बड़ी लंबी कहानी है शौच के इस चक्रव्यूह की।

दिन बीतते जा रहे थे, मेरे लिए कहीं आने-जाने में सबसे बड़ी समस्या यही थी कि मैं खेत नहीं जा सकता था, दिशा नहीं फिर सकता था, मैदान होना मुमकिन नहीं था। छोटे शहर से मझोले शहर और मझोले से बड़े शहर के बीच की दूरी में शौच क्रिया के जितने नाम बदले, उतने मैंने किसी और चीज के बदलते नहीं देखे। मैं जानता हूँ कि आपके पास और भी कई नाम होंगे, जिसमें एक शब्द हगना भी है, जिसे सुनते ही मेरी पत्नी नाक-भौं सिकोड़ने लगती है। कहती है, इतने घिनौने शब्दों का इस्तेमाल नहीं करना चाहिए।

बेशक शब्द घिनौने हैं, पर विकल्प क्या है?

पॉटी ठीक शब्द है।

पर पॉटी तो शहरी बच्चे करते हैं। गाँव के लोग?

वो गाँव वालों की समस्या है।

नहीं वो गाँववालों की समस्या नहीं है। देश की समस्या है।

टट्टी, पखाना, शौच, हगना, पॉटी बोलना देश की समस्या है? क्या देश के पास दूसरी समस्याएँ नहीं बचीं?

''नहीं, समस्या बोलना नहीं है, समस्या यह है कि गाँव के लोग आज भी इस काम के लिए खेत में जाते हैं, मैदान में जाते हैं, सड़क के किनारे बैठते हैं। और सरकार कह रही है कि उनके लिए शौच का पूरा प्रबंधन नहीं होना समस्या है।''

''क्या कह रहे हो? आजादी के इतने सालों बाद भी तुम्हारे लोगों के घर शौच की जगह नहीं, और तुम कह रहे को कि शौच की जगह नहीं होना समस्या है? फिर तो समस्या हमारे हुक्मरान हैं। जो भी व्यक्ति आजादी के अड़सठ सालों के बाद इस समस्या को उठाता है, वो समस्या है। जिसने इस नैसर्गिक क्रिया से निपटने की सुविधा मुहैया कराने में अड़सठ साल लगा दिए, वो समस्या है। समस्या शौच की नहीं, सोच की है। कोई इस पर भी राजनीतिक रोटी सेंके, समस्या वो है। इस पर कोई पोस्ट मत लिखना। पहले मुझे ऐसे शब्दों से घिन आती थी, अब शर्म आ रही है। शर्म

इस बात कि हम आज भी इस बुनियादी जरूरत पर बहस कर रहे हैं। तुम्हारे गाँव, शहर में इस क्रिया के नाम चाहे जितने बदल जाएँ, पर सच तो यही है कि आज भी समस्या नहीं बदली है। जो समस्या इतने सालों बाद भी खड़ी रहे, उसे समस्या नहीं कहते, उसे षड्यंत्र कहते हैं। और जब सोच षड्यंत्रकारी होती है, तो समस्या चिंता का विषय नहीं नहीं रह जाती, चिंता का विषय वो सोच ही बन जाती है।''

□

28 मार्च

दुनिया में दो तरह के लोग होते हैं। एक वो जो चुटकुला सुनकर हँसते हैं, दूसरे वो जो चुटकुला सुनकर सहम उठते हैं।

बचपन में जब हम रेलगाड़ी के सेकेंड क्लास में चला करते थे, तब मैंने बहुत बार नोट किया कि कोई आदमी हाथ में एक पर्चा लिये हर सीट पर घूमता और लोगों को पढ़ने के लिए देता। लोग पर्चे को पढ़ते और उसे एक रुपया, आठ आना, जो संभव होता, दे देते।

मैंने एक दफा पिताजी से पूछा कि उस पर्चे पर क्या लिखा होता है जो लोग उसे पैसे देते हैं। पिताजी ने कहा कि उस पर लिखा होता है कि वह जन्म से गूँगा और बहरा है, शरीर से लाचार है, उसे मदद की जरूरत है। क्योंकि वह बोल नहीं सकता, इसलिए लिखकर मदद की गुहार लगाता है। मैंने पिताजी से कहा कि वह झूठ भी तो बोल सकता है, हो सकता है वह गूँगा न हो! पिताजी कहते, नहीं, ऐसे मामलों में कोई झूठ क्यों बोलेगा?

मैंने पर्चे वाले गूँगे की बात को सच मान लिया।

बहुत दिनों बाद एक दिन मैंने एक चुटकुला पढ़ा। एक आदमी गाड़ी से कहीं जा रहा था, रास्ते में लाल बत्ती के पास एक गूँगा उसके पास आया और ऊँ-ऊँ-ऊ कर भीख माँगने लगा। गाड़ीवाला आदमी दयालु था, उसने उसे एक रुपए का नोट दिया और पूछा, भाई कब से गूँगे हो? गूँगा नोट जेब में रखता हुआ बोला, जनम से गूँगा हूँ, साहब।

मैंने जिसे यह चुटकुला सुनाया, वह हँस पड़ा, लेकिन इस एक चुटकुले से मेरा विश्वास हिल गया। मुझे पता नहीं क्यों यकीन हो गया कि ट्रेन में पर्चे से भीख माँगने वाला गूँगा भी वैसे ही जनम से गूँगा रहा होगा। और न भी हो तो भी मेरा विश्वास तो डिगा ही। जिन दिनों मैं भारतीय जनसंचार संस्थान में पढ़ाई कर रहा था, एक दफा

जेएनयू वाली रोड पर कुतुब एन्क्लेव के पास मुझे एक महिला सड़क पर लेटी दिखी, जिसका पेट बहुत फूला हुआ था और वह तड़प रही थी। मेरे उधर से गुजरते ही एक दूसरी महिला सामने आ गई कि साहब, इसे बच्चा होने वाला है, अस्पताल पहुँचाना जरूरी है, कुछ मदद कर दीजिए। मैंने देखा, उसकी तबीयत वाकई खराब थी, मैंने तीन सौ रुपए उसे दे दिए कि तुम इसे फौरन अस्पताल ले जाओ।

मेरा कर्तव्य पूरा हो गया था। लेकिन हफ्ते भर बाद मुझे वही महिला दिल्ली में ही मुनिरका के पास उसी पोज में मिल गई। साहब, इसे बच्चा होने वाला है, कुछ मदद कर दो। जाहिर है मैं सच समझ गया, लेकिन इस सच के खुलासे के साथ ही मेरा मन भी फट गया।

अपनी पढ़ाई पूरी करके मैं पत्रकारिता में आया था। मुझे परम यकीन था कि मैं कुछ अलग करने जा रहा हूँ। देश-दुनिया के लिए, समाज के लिए कुछ अच्छा लिखूँगा, कुछ संतोषजनक करूँगा। लेकिन पत्रकारिता में आने के बाद मेरा पाला ऐसे-ऐसे गूँगों और ऐसी-ऐसी गर्भवतियों से पड़ा कि मुझे लगने लगा कि मैं कहाँ आ फँसा। मेरा पाला एक ऐसे सज्जन से पड़ा, जो किसी का काम करा देने का वादा करते और फिर उनसे कुछ रुपए ऐंठ लेते। जिन दिनों फैक्स मशीन नई-नई आई थी, उन सज्जन ने एक फैक्स मशीन अपने बेडरूम में लगा ली, और दूसरी ड्राइंग-रूम में। जब कोई उनके पास काम लेकर आता तो वो कहते कि लिखकर दो, मैं फलाँ मंत्री को अभी भेजता हूँ। काम हो जाएगा। वो लिखकर देता, हमारे वो पत्रकार साथी ड्राइंग-रूम वाली फैक्स मशीन से अपनी बेडरूम में फैक्स भेजते और कहते कि देखो पहुँच गया। ओके की रिपोर्ट आ गई है। अब काम हो जाएगा।

कभी कुछ काम खुद ब खुद हो जाते तो उनकी तो चाँदी ही हो जाती। नहीं हुआ तो नहीं हुआ, उन्होंने तो कोशिश की। इस तरह आधुनिक पत्रकारिता में जन्म हुआ नए अंदाज की दलाली का। धीरे-धीरे इस पेशे में कम पढ़े-लिखे लोग, जो कहीं क्लर्क भी नहीं बन सकते थे, आने लगे। खबर लिखकर नहीं, काम कराने का झाँसा देकर या काम कराकर पैसे कमाने लगे। राजनेताओं से दोस्ती गाँठने लगे। ऐसे लोगों ने राजनीति और पत्रकारिता के बीच ऐसा घालमेल बना लिया कि पता चलना ही मुश्किल होने लगा कि कौन नेता है और कौन पत्रकार। सारा खेल जुगाड़ का बन गया।

खैर, पिछले दिनों जुगाड़ पर एक चुटकुला पढ़ा। चुटकुला पढ़ा और हँसने की जगह सोच में पड़ गया। पहले चुटकुला सुन लीजिए, फिर आप तय कीजिएगा कि हँसना है या सचमुच सोचना है—

एक आदमी ने अपने बेटे से पूछा कि तुम मेरी मर्जी से शादी करोगे?

बेटे ने कहा, नहीं, मैं अपनी मर्जी से करूँगा।

आदमी ने कहा कि सोच लो, मैं अंबानी की बेटी से बात चला रहा हूँ।

ओह! अंबानी की बेटी, तब ठीक है। मुझे आपकी मर्जी मंजूर है, मैं शादी के लिए तैयार हूँ।

आदमी अंबानी के पास गया और उसने उनसे कहा कि आप मेरे बेटे से अपनी बेटी की शादी कर दें।

अंबानी ने कहा, असंभव।

सोच लीजिए, मेरा बेटा विश्व बैंक में सीईओ है।

ओह, विश्व बैंक में सीईओ है? तब ठीक है, कर दूँगा।

आदमी तुरंत विश्व बैंक के अध्यक्ष के पास पहुँचा और कहा कि आप मेरे बेटे को अपने यहाँ सीईओ बना दीजिए।

अध्यक्ष ने कहा, पागल हो गए हो क्या? ऐसा कभी हो सकता है?

आदमी ने कहा, सोच लीजिए, मेरा बेटा अंबानी का दामाद है।

अंबानी का दामाद है? ओके, बना दूँगा।

चुटकुला खत्म।

लेकिन इस चुटकुले को सुनने के बाद से ट्रेन में पर्चा पकड़ाकर भीख माँगने वाला वो भिखारी, जनम से गूँगा कहने वाला वो भिखारी, रोड पर पड़ी वो गर्भवती महिला और फैक्स भेजकर काम कराने वाले वो पत्रकार बहुत याद आ रहे हैं। मेरा यकीन है कि कहीं कोई स्कूल है, जहाँ इस तरह की विद्या सिखाई जाती होगी। कहीं कोई ऐसा संस्थान है, जहाँ लोगों को ठगी का इस तरह का पाठ पढ़ाया जाता है। कहीं कोई है, जो गाँव, कस्बे, शहर और महानगर तक में ऐसी शिक्षा देता है, जहाँ विश्वास को छलना बुरा नहीं माना जाता। कहीं कोई डिग्री ऐसी है, जिसे पा लेने के बाद अपने निखट्टू बेटे को अंबानी का दामाद और विश्वबैंक में सीईओ बनाने वालों की पोल कभी नहीं खुलती है।

अब यह आप पर निर्भर करता है कि यह चुटकुला सुनकर हँसें या सहम उठें। ध्यान रखिएगा, चुटकुलों में बहुत से संदेश भी छिपे रहते हैं।

□

31 मार्च

विरोधाभासों और कल्पनाओं के अथाह सागर का नाम ज़िंदगी है। सुना है कि मृत्यु के तीन दिन बाद ईसा मसीह फिर से जी उठे थे। मेरी माँ ने 29 मार्च को संसार छोड़ा था। मेरे लिए वो तीसरा दिन तकनीकी रूप से 31 मार्च की तारीख ही होना चाहिए था।

मैंने बहुत पहले लिखा था कि जब मैं बहुत छोटा था, तब जिस पहली महिला ने मुझे अपनी ओर आकर्षित किया था, वो मेरी माँ ही थी। मैं माँ को कभी खुद से दूर नहीं होने देना चाहता था, इसलिए मैंने चार-पाँच साल की उम्र में माँ से कहा था कि मैं तुमसे शादी करना चाहता हूँ। माँ हँस पड़ी थी, कहने लगी कि मैं तुम्हारे लिए परी लोक की राजकुमारी लाऊँगी। मैं कह रहा था कि माँ, तुमसे सुंदर कोई और हो ही नहीं सकती।

फिर माँ चली ही गई। मैं बड़ा होने लगा। मेरी निगाहें माँ को ढूँढ़ती रहती थीं।

मैंने इससे पहले कभी किसी के लिए जन्मदिन की शुभकामना देने के लिए कोई कार्ड नहीं खरीदा था। लेकिन 31 मार्च, 1990 को मैंने पहली बार दिल्ली की सुंदर नगर मार्केट से जन्मदिन की बधाई देने वाला कार्ड खरीदा। मेरे साथ मेरे साथी संजय कुमार सिंह थे, उन्होंने पूछा था, "कार्ड किसके लिए खरीद रहे हो?"

मैंने कहा, "उस लड़की के लिए।"

"अच्छा-अच्छा, इंडियन एक्सप्रेस वाली के लिए?"

मैंने कहा, "उसका नाम दीप है।" संजय सिंह ने आगे कुछ नहीं पूछा। आम तौर पर किसी बात को बहुत खोदकर पूछने की उनकी आदत नहीं। हम दोनों ने वहीं सुंदर नगर मार्केट के स्वीट कॉर्नर नामक रेस्तराँ में छोले-भठूरे खाए और निकल पड़े इंडियन एक्सप्रेस बिल्डिंग की ओर। तीन बजे दोपहर से हमारी ड्यूटी होती थी, मैंने

संजय सिंह से सिर्फ इतना कहा था कि उसने दो बजे आने को कहा है।

बहादुर शाह जफर मार्ग पर सबसे पहली बिल्डिंग में तब पॉयनियर अखबार का दफ्तर था। हम समय पर वहाँ पहुँच गए और शुरू हो गया इंतजार। एक घंटा बीत गया, संजय सिंह ने कहा, ''अरे यार, चलो दफ्तर चलते हैं। ड्यूटी का समय हो गया है।''

मैंने कहा था, ''थोड़ा और इंतजार करते हैं।''

लेकिन सच में ड्यूटी का समय हो गया था। ऐसे में संजय सिंह ने कहा कि तुम और इंतजार करो, मैं दफ्तर का मोर्चा सँभालता हूँ, और वह चले गए।

मैं खड़ा रहा। करीब चार बजे छम-छम करती एक लड़की उतरी। देर से आने का कोई अपराध-बोध नहीं। उसे उम्मीद थी कि मैं उसका इंतजार कर ही रहा होऊँगा। आते ही मैंने उसे जन्मदिन की बधाई वाला कार्ड दे दिया और कहा, हैप्पी बर्थ डे!

''थैंक्यू।''

यह मेरी तीसरी मुलाकात थी। इससे पहले एक दिन वह कहीं से भीगकर आई थी और मैंने अपना मॉस्को वाला जैकेट उसे पहनने के लिए दिया ही था, जिसकी कई बार चर्चा यहाँ फेसबुक पर कर चुका हूँ। मतलब एक बार जैकेट देने के लिए मिला था। एक बार जैकेट लेने के लिए मिला। और तीसरा दिन था आज का।

माँ की मौत के ठीक दस साल तीन दिन बाद का।

ईसा मसीह ने सलीब पर लटकाए जाने के तीन दिन बाद दुबारा आँखें खोली थीं।

यहूदियों के कट्टरपंथी रब्बियों को ईसा में मसीहा जैसा कुछ खास नजर नहीं आता था। ईसा का खुद को ईश्वरपुत्र बताना उनकी नजर में भारी पाप था। इसलिए उन्होंने उस वक्त के रोमन शासक पिलातुस से इस बात की शिकायत की थी। और पिलातुस ने ईसा को सलीब पर लटकाए जाने की दर्दनाक सजा सुनाई थी। मैंने ऐसा सुना है कि सलीब पर मरते समय ईसा मसीह ने सभी इंसानों के पाप अपने ऊपर ले लिये थे।

मृत्यु से एक रात पहले माँ ने मुझे बताया था कि वो कल चली जाएगी।

मैंने माँ से पूछा था, तुम चली जाओगी, फिर मैं अकेला कैसे रहूँगा?

माँ ने कहा था, मैं तुम्हारे आसपास रहूँगी। हर पल।

तो 31 मार्च को हम मिले। मैंने उसे जन्मदिन का कार्ड दिया और पूछा कि शादी कब करोगी?

शादी? बहुत अजीब सी बात थी। अभी हम मिले ही नहीं थे। एक-दूसरे का पूरा नाम भी नहीं जानते थे, और यह सवाल कि शादी कब करोगी? उसने मुझसे कहा कि अभी शादी क्यों करनी है? अभी उम्र ही क्या है?

बात सही थी। मेरी दाढ़ी-मूँछ आनी शुरू ही हुई थी।

* * *

कहते हैं रामकृष्ण परमहंस को पत्नी में माँ दिखने लगी थी।

एक औरत में माँ का दिखना ही चेतना का सबसे बड़ा सागर होता है। संसार की हर औरत को इस बात के लिए गौरवान्वित होने का हक है कि वो माँ बन सकती है। उसके पास अपने भीतर से एक मनुष्य को जन्म देने का माद्दा है। उसे बहुधा इस काम के लिए किसी पुरुष की भी दरकार नहीं।

* * *

मरियम के पास आकर स्वर्गदूत ने कहा था, ''तुम्हारी जय हो, तुम पर ईश्वर मेहरबान हुआ है, प्रभु तुम्हारे साथ है। हे मरियम, डरो नहीं, क्योंकि परमेश्वर का अनुग्रह तुम पर हुआ है। तुम गर्भवती होगी और तुम्हें एक पुत्र होगा, तुम उसका नाम यीशु रखना। वह महान् होगा और 'परमेश्वर का पुत्र' कहलाएगा।''

मरियम ने स्वर्गदूत से कहा, ''यह क्योंकर होगा? मैं तो किसी पुरुष को जानती ही नहीं।''

पवित्र आत्मा की सामर्थ्य तुम पर छाया करेगी, इसलिए वह जो उत्पन्न होगा, परमेश्वर का पुत्र कहलाएगा।

* * *

मैं दफ्तर की कैंटीन में बैठकर अपने मित्र अरुण कुमार त्रिपाठी से चर्चा कर रहा था कि मुझे इंडियन एक्सप्रेस वाली लड़की पसंद है।

अरुण ने कहा था कि हाँ, वो बहुत घरेलू सी दिखती है। लगता ही नहीं कि अंग्रेजी वाली है। आमतौर पर अंग्रेजी वाली तो बहुत 'शूं शांय हाय-बाय' वाली होती हैं। लेकिन उसे देखकर लगता है कि वो 'अपने घर' की लड़की है। उसका उठना-बैठना, चलना, कपड़े सब ऐसे हैं, जो तुम्हारी पसंद के अनुरूप हैं।

* * *

बर्थडे का कार्ड देने वाले दिन ही मैंने पूछ लिया था कि तुम शादी कब करोगी?

उसने नजरें उठाकर मेरी ओर देखने की कोशिश की। एक बहुत दुबला-पतला लंबा सा बच्चा एक बहुत छोटी सी बच्ची से अजीब सा सवाल कर रहा था। ऐसी बात कहने की न तो कोई दरकार थी, न उम्र। अभी अगले दस साल और शादी न होती तो भी देर नहीं होती।

नजरें ऊपर उठीं।

माँ कह रही थी, "मैं तुम्हारे लिए परीलोक से राजकुमारी लाऊँगी। मैं कह रहा था कि माँ शादी तुमसे करूँगा। नहीं तो तुम मुझे छोड़कर चली जाओगी।"

माँ कह रही थी, "मैं कहीं नहीं जाऊँगी। तुम्हारे पास रहूँगी हमेशा।"

* * *

सलीब पर ईसा का जन्म दुबारा हुआ था। उनकी आँखें फिर से खुली थीं।

जन्मदिन के दिन मैंने उन उठती हुई आँखों में माँ को देखा। "मैंने कहा था न कि मैं कहीं नहीं जाऊँगी। मैं हमेशा तुम्हारे पास रहूँगी। लो मैं आ गई हूँ।"

अरुण कुमार त्रिपाठी कह रहे थे, उसे देखकर लगता है 'अपने घर' की लड़की है।

मैं कह रहा था मुझसे शादी कर लो।

* * *

25 साल पहले मिला था। तारीख यही थी। 31 मार्च।

बीच के दस साल तीन दिनों को छोड़ दूँ, तो माँ कभी मुझे छोड़कर गई ही नहीं। शादी के बाद जो भी मेरी पत्नी से मिला, सबने कहा, यह तुम्हारी माँ का पुनर्जन्म है।

तो क्या सचमुच माँ इस संसार को छोड़ने से पहले एक और काया में समाहित हो चुकी थी? माँ ने अपने दोनों हाथ जोड़कर जब संसार को अलविदा कहा था, उस समय मेरी होने वाली पत्नी दस साल की तो रही ही होगी।

* * *

मेरे दफ्तर में आने वाला एक पंडित कहता है कि मनुष्य के रिश्ते जन्म-जन्मांतर के होते हैं। आदमी चला जाता है, फिर किसी और रूप में उसी घर में लौट आता है। एक आत्मा के कई हिस्से होते हैं, वो एक बार में कई शरीरों में भी समाहित हो सकते हैं।

* * *

मुझे ईसा पर भरोसा है। मुझे मरियम पर भरोसा है। मुझे रामकृष्ण परमहंस की बातों पर यकीन है। मुझे अपनी माँ के कहे पर यकीन है। मुझे पंडित की बातों पर भी विश्वास है कि आदमी का पुनर्जन्म होता है, और आदमी अपनी चाहतों से फिर मिलता है। मुझे शीतल हवाओं के होने का अहसास है। मुझे अपनी चाहत पर यकीन है। मुझे यकीन है कि माँ ने मृत्यु से दस साल पहले एक और काया में खुद को धारण कर लिया था मेरे लिए। माँ ने कहा था कि वह परीलोक की राजकुमारी लाएगी मेरे लिए।

आज उसी परीलोक की राजकुमारी का जन्मदिन है।

□□□